2014年度河南大学基础科研业务费新兴交叉及特色学科培育项目（编号：xxjc20140025）
2015年度河南省教育厅人文社会科学研究项目（编号：2015-ZD-108）

社会主义核心价值观
融入精神文明建设问题研究

崔志胜 著

中国社会科学出版社

图书在版编目(CIP)数据

社会主义核心价值观融入精神文明建设问题研究/崔志胜著.—北京：中国社会科学出版社，2015.12

ISBN 978-7-5161-7294-0

Ⅰ.①社… Ⅱ.①崔… Ⅲ.①社会主义精神文明建设—研究—中国 Ⅳ.①D648

中国版本图书馆 CIP 数据核字(2015)第 300916 号

出 版 人	赵剑英
责任编辑	田 文
特约编辑	陈 琳
责任校对	张爱华
责任印制	王 超

出　　版	中国社会科学出版社
社　　址	北京鼓楼西大街甲 158 号
邮　　编	100720
网　　址	http://www.csspw.cn
发 行 部	010-84083685
门 市 部	010-84029450
经　　销	新华书店及其他书店
印刷装订	三河市君旺印务有限公司
版　　次	2015 年 12 月第 1 版
印　　次	2015 年 12 月第 1 次印刷
开　　本	710×1000　1/16
印　　张	16.75
插　　页	2
字　　数	285 千字
定　　价	59.00 元

凡购买中国社会科学出版社图书，如有质量问题请与本社营销中心联系调换
电话：010-84083683
版权所有　侵权必究

目　　录

导论　社会主义核心价值观——精神文明建设的思想灵魂 …………（1）

第一章　社会主义核心价值观融入精神文明建设的必然性 …………（19）
　一　精神文明建设领域存在的问题亟须核心价值观的主导
　　　和引领 ……………………………………………………………（19）
　二　经济全球化背景下文化多元发展趋势所带来的影响 …………（34）
　三　资本主义意识形态对我国文化和精神文明建设的渗透
　　　和冲击 ……………………………………………………………（36）
　四　提升国家软实力，建设社会主义文化强国的客观需要 ………（38）
　五　促进社会主义现代化建设目标顺利实现的必然要求 …………（40）
　六　保持文化先进性，推进文化建党的内在要求 …………………（43）

第二章　中国共产党探索精神文明建设实践的历史进程
　　　　与基本经验 ……………………………………………………（46）
　一　中国共产党探索精神文明建设实践的历史进程 ………………（46）
　二　中国共产党探索精神文明建设实践的基本经验 ………………（74）

第三章　社会主义核心价值观与精神文明建设的统一性阐释 ………（89）
　一　社会主义核心价值观与社会主义精神文明的辩证关系 ………（89）
　二　社会主义核心价值观在精神文明建设中的主导和引领作用 …（92）

第四章　社会主义核心价值观融入精神文明建设的政策依据 ………（101）
　一　坚持重在建设的文化方针 ………………………………………（101）
　二　坚持"二为"方向和"双百"方针 ……………………………（103）

三　弘扬主旋律，提倡多样化的文化发展方针 …………………（107）
　四　提倡同志式的批评、反批评和自我批评的方针 ……………（109）
　五　坚持古为今用、洋为中用、以我为主、为我所用的文化方针 …（111）
　六　坚持先进文化的前进方向，大力发展先进文化 ……………（114）
　七　在思想文化领域应重视划清政策界限，引领社会思想的
　　　健康发展 …………………………………………………………（116）

第五章　社会主义核心价值观融入精神文明建设的方法论 ………（120）
　一　坚持现代与传统的统一 …………………………………………（120）
　二　坚持价值观破与立的统一 ………………………………………（122）
　三　坚持义与利的统一 ………………………………………………（123）
　四　坚持先进性与广泛性的统一 ……………………………………（128）
　五　坚持一元与多样的统一 …………………………………………（129）
　六　坚持人文与科学的统一 …………………………………………（131）

第六章　将社会主义核心价值观融入国民教育之中 ………………（134）
　一　国民教育在社会主义精神文明建设中的作用 ………………（134）
　二　社会主义核心价值观与国民教育 ………………………………（140）
　三　将社会主义核心价值观融入校园文化建设之中 ……………（143）
　四　将社会主义核心价值观融入教材体系和课堂教学之中 ……（150）
　五　将社会主义核心价值观融入学生的社会实践之中 …………（152）
　六　着力构建学校、家庭、社会紧密协作的教育网络 ……………（154）

**第七章　将社会主义核心价值观融入群众性精神文明创建
　　　　活动之中** …………………………………………………（157）
　一　群众性精神文明创建活动的内涵及特点 ……………………（157）
　二　开展群众性精神文明创建活动的理论根据 …………………（161）
　三　中国共产党探索群众性精神文明创建活动的历史进程
　　　与基本经验 ………………………………………………………（168）
　四　群众性精神文明创建活动对精神文明建设的重要意义 ……（174）
　五　将社会主义核心价值观融入群众性精神文明创建活动
　　　之中 ………………………………………………………………（177）

第八章　将社会主义核心价值体系融入精神文化产品创作生产之中 (183)
　一　精神文化产品的本质内涵及价值意蕴 (183)
　二　马克思主义关于精神文化生产的理论 (189)
　三　精神文化产品创作生产的评价标准和原则 (194)
　四　将社会主义核心价值观融入精神文化产品的创作生产之中 (198)

第九章　将社会主义核心价值观融入经常性的思想政治教育之中 (205)
　一　思想政治教育是贯穿精神文明建设的一条红线 (205)
　二　社会主义核心价值观与思想政治教育的统一性 (208)
　三　科学构建以社会主义核心价值观为主导内容的思想政治教育内容体系 (210)
　四　社会主义核心价值观融入思想政治教育的科学方法 (216)
　五　社会主义核心价值观融入思想政治教育的基本路径 (218)

第十章　以社会主义核心价值观引领多样化社会思潮 (230)
　一　社会思潮的一般特点及功能 (230)
　二　社会思潮对我国精神文明建设的影响 (232)
　三　做好社会主义核心价值观对多样化社会思潮的引领工作 (234)
　四　坚决抵制和批判错误思潮 (239)

主要参考文献 (249)

后记 (259)

导 论

社会主义核心价值观——精神文明建设的思想灵魂

2012年11月，党的十八大报告提出，要倡导富强、民主、文明、和谐，倡导自由、平等、公正、法治，倡导爱国、敬业、诚信、友善，积极培育和践行社会主义核心价值观。2014年2月，习近平在中共中央政治局第十三次集体学习时强调指出，要"把培育和弘扬社会主义核心价值观作为凝魂聚气、强基固本的基础工程"[1]，"使核心价值观的影响像空气一样无所不在、无时不有"[2]。社会主义核心价值观是我们党于新的历史时期在思想文化领域提出的一项重大的战略任务和创新理论。社会主义核心价值观是社会主义文化发展的根本，对于推进我国社会主义文化繁荣发展和社会主义精神文明建设纵深发展具有十分重要的意义。在当前我国正在大力发展社会主义文化和建设精神文明，实现社会主义文化强国战略目标的思想文化背景下，培育社会主义核心价值观无疑就显得异常重要。当前，培育和践行社会主义核心价值观的一项最重要、最紧迫的任务就是要将社会主义核心价值观融入精神文明建设全过程，并将其转化为人民的自觉追求。

一

从十六届六中全会提出建设社会主义核心价值体系到十八大提出积极培育和践行社会主义核心价值观的战略任务，体现了我们党在思想理论上的与时俱进性。党的十六届六中全会通过的《中共中央关于构建社会主义

---

[1] 习近平：《习近平谈治国理政》，外文出版社2014年版，第163页。
[2] 同上书，第165页。

和谐社会若干重大问题的决定》明确提出，社会主义核心价值体系由四个基本的组成部分构成，即马克思主义指导思想、中国特色社会主义共同理想、以爱国主义为核心的民族精神和以改革创新为核心的时代精神和社会主义荣辱观。这四方面基本内容，是社会主义意识形态最重要的部分，是社会主义思想道德的核心部位，是从我们党领导人民在长期实践中形成的丰富思想文化成果中提炼和概括出来的精华。建设社会主义核心价值体系，对于进一步搞好和谐文化与精神文明建设，形成全民族奋发向上的精神力量和团结和睦的精神纽带，对确保实现构建社会主义和谐社会和全面建设小康社会的奋斗目标，开创中国特色社会主义事业新局面，具有重大而深远的意义。作为党思想精神上的一面旗帜，社会主义核心价值体系具有深刻的思想内涵和科学的逻辑体系。从思想内涵来看，社会主义核心价值体系是集思想、理想、精神和道德于一体的价值认同体系。从其内在的结构和逻辑体系来看，社会主义核心价值体系的基本内容并不是简单机械地相加或组合，而是多类型、多向度、多层次地构成一个内容体系或系统，它们之间存在着不可分割的内在联系，并呈现出一定的结构关系。正是因为这种结构关系的存在，才使得核心价值体系成为有机整体，进而成为推动社会和谐发展的精神力量。从其基本内容来看，社会主义核心价值体系的结构体系大体可分为三个层次：

首先，马克思主义指导思想是社会主义核心价值体系中的主导性内容，处于结构的最高层次。作为灵魂，马克思主义指导思想是社会主义核心价值体系的基础和根本性内容，在整个体系当中位居主导层次。做这样的判断，是基于三方面的原因：一是马克思主义是我们立党立国的根本指导思想。正是在马克思主义的指导下，中国特色社会主义事业才得以蓬勃发展和兴旺发达，建设社会主义核心价值体系，必须坚持马克思主义的指导地位。二是马克思主义指导思想从根本上规定着社会主义核心价值体系的性质和方向。"一个社会的核心价值体系反映了社会意识的本质。它首先要回答，对社会发展规律的认识、社会发展目标的判断，以及世界观和方法论问题。如何回答这些问题，怎样看待社会的发展，确立什么样的指导思想，表明了一个社会意识形态的性质，决定着社会前进的方向。"[①] 马

[①] 本报评论员：《铸就灵魂 坚持马克思主义指导地位——二论全面准确理解社会主义核心价值体系》，《人民日报》2006年12月22日第1版。

克思主义是严密而完整的科学思想体系，是全世界无产阶级和人民群众争取自身解放的锐利思想武器，集中回答了社会发展规律、社会发展目标，以及世界观和方法论等首要的基本问题。马克思主义"作为学说和理论，是一个具有勃勃生机的，并在马克思主义者的现实实践中不断自我更新、自我发展、自我丰富而创造出自己的新形态的思想价值体系，它也是一个善于且敢于吸收历史和现实中的人类一切积极的、伟大的文化思想成果的开放的思想价值体系"[1]，绝不会因时代条件的变化而失去科学性。在建设社会主义核心价值体系的过程中，马克思主义为我们提供了正确的世界观和方法论以及认识世界和改造世界的强大思想武器。只有用马克思主义的立场、观点、方法分析错综复杂的社会现象，才能正确认识经济社会发展的内在规律，科学把握其历史走向。三是马克思主义指导思想在社会主义核心价值体系中起着主导作用，统领着社会主义核心价值体系其他组成部分的建设。马克思主义是社会主义核心价值体系的灵魂。中国特色社会主义共同理想是现阶段中国人民追求的社会理想目标，是在马克思主义的指导下，并从中国社会主义初级阶段的实际出发而做出的价值选择。以爱国主义为核心的民族精神和以改革创新为核心的时代精神是当代中国价值精神的"精髓"所在，是马克思主义同中国优秀传统文化价值观念与时代价值观相结合的理论结晶。社会主义荣辱观作为社会主义道德规范的具体体现，是对马克思主义伦理道德观的凝练和概括。

其次，中国特色社会主义共同理想、以爱国主义为核心的民族精神和以改革创新为核心的时代精神，分别揭示了社会主义核心价值体系的价值目标和动力，处于结构的中间层次。人类社会历史的发展是有规律的，在一定的发展阶段上必然有自己的主题。只有充分把握每一阶段的历史主题，人们才能更加自觉地从事历史创造活动，推动人类社会的进步和发展。列宁曾经指出："因为具体的社会政治形势改变了，迫切的直接行动的任务也有了极大的改变，因此，马克思主义这一活的学说的各个不同方面也就不能不分别提到首要地位。"[2] 中国社会之所以能够稳步向前发展，正是由于中国共产党正确把握了不同历史发展阶段的主题。新民主主义革

---

[1] 李鹏程：《建设社会主义核心价值体系的重要性和迫切性》，《中国社会科学院院报》2007年2月15日第3版。

[2] 《列宁选集》第2卷，人民出版社1995年版，第279页。

命时期,中国的历史主题是进行反帝反封建的民主革命,推翻帝国主义和封建主义的统治,建立新民主主义社会。依据这个历史主题,中国共产党制定了一条新民主主义革命的总路线,取得了新民主主义革命的胜利。在社会主义建设和改革开放时期,中国共产党充分认识到历史主题的转换,提出在整个社会主义历史时期,贯穿中国共产党人全部理论和全部实践的一个主题就是建设"中国特色社会主义"。自邓小平在中共十二大开幕词中提出"走自己的道路,建设有中国特色的社会主义"以来,中共十三大、十四大、十五大、十六大、十七大都始终强调高举中国特色社会主义伟大旗帜。在改革开放和建设社会主义现代化的实践进程中,我们党提出的一系列新思想、新理论,制定的社会主义初级阶段基本路线、基本纲领、重大战略,所采取的许多重大举措,也都是围绕"中国特色社会主义"这个主题而展开的。主题就是主线,"中国特色社会主义"是贯穿中国社会主义理论和实践的一条主线,也应当是贯穿社会主义核心价值体系基本内容和建设的一条主线。中国特色社会主义是社会主义核心价值体系所追求的社会价值理想目标。作为现阶段中国社会的共同理想,中国特色社会主义的目标是要实现物质文明、政治文明和精神文明的全面发展,不断发展生产力,改善人民群众的物质文化生活,最终走向共同富裕。这一社会发展目标与每个人的切身利益密切相关,个人必须遵循这种价值体系目标,并为这一目标的实现作出自己的努力。

精神的力量有时是其他任何事物都无法比拟的,民族精神和时代精神是推动社会发展的强大精神动力,在社会主义核心价值体系中处于动力层次。作为精髓,以爱国主义为核心的民族精神和以改革创新为核心的时代精神,是贯穿社会主义核心价值体系的基本内容。马克思主义在中国的确立与发展离不开时代精神与中华民族精神的弘扬。马克思主义之所以能够在中国传播和发展,就是因为它同我们的民族精神和时代精神的价值诉求相契合。马克思主义中国化的理论成果,都是马克思主义与包括传统文化精华在内的中国实际相结合的产物,都是在中华民族精神的社会氛围中形成的。马克思主义同以改革创新的时代精神在价值诉求上也有契合之处。马克思主义具有与时俱进的理论品质,是在实践中不断创新和发展的,进行理论创新是马克思主义的应有之义。中国特色社会主义共同理想是中华民族精神与时代精神在现时代追求的价值目标,它只有同中华民族精神与时代精神相结合,才有实现的可能。社会主义荣辱观是社会主义道德的时代体现和基本要求,是民族精神和时代精神在个体行为规范和道德标准上的要求。社会主义荣辱观教化功能的发挥,离不开民族精神和时代精神的积极培育。以爱国主义为核心的民族精神和以改革创新为核心的时代精神渗透于社会主义核心价值体系其他内容之中,为其创新和发展提供了不竭的动力之源。主题和精髓、目标和动力构成了人类社会发展的两大关键性因素,是联结社会主义核心价值体系其他基本内容的纽带,其地位仅次于马克思主义的指导思想,从而位居社会主义核心价值体系结构的中间层次。

最后,社会主义荣辱观是指导人们行为的具体规范和准则,是社会主义核心价值体系中最基础、最基本的内容,处于结构的最底层。社会主义荣辱观集中体现了社会主义核心价值体系其他部分的内容,是社会主义核心价值体系中最基础、最基本内容,也是社会主义核心价值体系的出发点和落脚点。"社会主义核心价值体系不是抽象的,而是体现在社会成员的具体行为中,体现在现实生活里。确立和实践社会主义核心价值体系,必须以全体社会成员的道德修养和素质为基础。只有分清荣辱,明辨善恶,一个人才能形成正确的价值判断,一个社会才能形成良好的道德风尚。"[①]社会主义荣辱观是社会主义思想道德体系全面系统、准确通俗的表达,集中体现了社会主义的价值导向,是规范人们行为最基本的价值规范和准则,在社会主义核心价值体系中起着基础性作用。只有在全社会积极践行社会主义荣辱观,才能打牢社会主义价值体系的基础,使马克思主义深入人心,使中国特色社会主义成为人们共同的理想追求,使以爱国主义为核心的民族精神和以改革创新为核心的时代精神成为大多数社会成员认同和信守的思想品格和价值准则。从这个意义上来说,社会主义荣辱观是社会主义核心价值体系的基础,是马克思主义指导思想、中国特色社会主义共同理想、以爱国主义为核心的民族精神和以改革创新为核心的时代精神在公民行为规范和道德标准上的具体体现。动摇了这个基础,社会主义核心价值体系及其他部分的建设也就失去了根基。我们说社会主义荣辱观处于社会主义核心价值体系的结构最底层,道理也在于此。

总之,社会主义核心价值体系所包含的四个方面的基本内容,在功能

---

① 本报评论员:《打牢基础 践行社会主义荣辱观——五论全面准确理解社会主义核心价值体系》,《人民日报》2006年12月25日第1版。

上集灵魂、主题、精髓、基础于一体，在内涵上把思想、理想、精神、道德相融合，从最高层次到最低层次，构成了一个逻辑严整的社会主义核心价值体系的层次性结构。

然而，推进社会主义核心价值体系大众化，用社会主义核心价值体系巩固全社会的共同思想基础，就必须用简洁、通俗易懂，便于人们记忆的语言凝练和概括出能够反映时代和社会发展进步的基本要求和广大人民群众的呼声，且能够涵盖经济社会发展各个领域，体现社会主义的本质，贯穿社会主义核心价值体系的四个基本组成部分的社会主义核心价值观。这也是我们党之所以提出社会主义核心价值观理论命题的一个十分关键的因素之一。社会主义核心价值观分为三个层面，即国家层面、社会层面、个人层面。其中，国家层面的四个核心价值，即"富强、民主、文明、和谐"是社会主义的基本价值理念分别在经济、政治、文化、社会领域中的具体价值指向。"富强、民主、文明、和谐"凝结了中国特色社会主义的要义，其内容涵盖经济、政治、文化、社会四大领域，既体现了共产主义的远大理想和最高价值，又反映了现阶段我国社会主义现代化建设的宏伟目标和总体布局，主导并引领着中国特色社会主义整体事业的发展。"富强、民主、文明、和谐"是我们当前培育和践行必须彰显的价值理想和价值主题。社会层面的四个核心价值，即"自由、平等、公正、法治"体现了社会层面的价值追求，是社会层面的核心价值理念在人的发展、社会地位、利益分配与制度安排以及治国理政等方面的具体价值指向；"爱国、敬业、诚信、友善"体现了个人层面的价值追求，是个人作为一个社会人在实现人生的最大价值以及在处理人与社会、人与人之间关系方面所应具备的核心价值理念和伦理要求。三个层面的核心价值是对社会主义核心价值体系的高度凝练和概括，内在地反映了社会主义核心价值体系的基本要求。这些核心价值紧紧围绕我国当前社会发展的主题，既体现了我国社会主义的基本价值追求，又反映了广大群众的真实呼声和愿望，既承继了中华民族的优秀传统价值观念，又充分借鉴和吸收了世界各国的优秀价值观成果，从而形成了符合时代要求且独具中国特色的社会主义核心价值观。同时，三个层面之间存在着不可分割的内在联系，并呈现出一定的结构关系，这种结构关系的存在使得社会主义核心价值观成为一个逻辑严谨、层次分明的有机整体，进而成为推动社会进步与发展的强大精神力量。

二

从根本上讲，人类社会价值观的演进与变革是由人类社会生产方式的变革决定的。有学者指出："人类社会生产方式在人类的进化中经历了由低级向高级发展的不同阶段，与之相应的是，人类对生命价值的追求，人类的价值观念及价值体系也由低级阶段向高级阶段演化。"① 人类社会是由经济结构、政治结构、文化结构等要素相互联系、相互作用而构成的有机统一整体。"人们在自己生活的社会生产中发生一定的、必然的、不以他们的意志为转移的关系，即同他们的物质生产力的一定发展阶段相适合的生产关系。这些生产关系的总和构成社会的经济结构，即有法律的和政治的上层建筑竖立其上并有一定的社会意识形式与之相适应的现实基础。"② 作为思想上层建筑的一部分和意识形态的本质体现，价值观自然是构成人类社会这个整体的不可或缺的有机组成部分。然而，"社会不是坚实的结晶体，而是一个能够变化并且经常处于变化过程中的有机体"③。社会生产力的发展和生产关系的变革，推动着人类社会不断地向前发展，也推动着人类社会价值观的变迁。这就是说，每一种社会形态都需要有一套与其生产力发展状况及其生产关系相适应的价值观。资本主义生产关系建立在生产资料私有制基础之上，与之相适应，资本主义价值观也是以一个阶级对另一个阶级的价值剥夺为根本内容的，这就从根本上损害了大多数价值主体合理的生存需求，是对人类理性的扭曲和对人本原则的破坏。只要资本主义社会生产资料的私人占有与生产社会化之间的矛盾一天得不到解决，这种状况就会依然存在。这是资本主义社会自身无法医治的痼疾。马克思、恩格斯曾就资本主义生产关系的狭隘性和存在的暂时性进行了深刻的论述，从而也揭示了资本主义价值观必然发生变革的深刻根源。他们认为，人类社会的发展是由生产力与生产关系、经济基础与上层建筑这对基本矛盾推动的，"社会的物质生产力发展到一定阶段，便同它们一直在其中运动的现存生产关系或财产关系（这只是生产关系的法律用语）发生矛

---

① 李从军：《价值体系的历史选择》，人民出版社2004年版，第38页。
② 《马克思恩格斯选集》第2卷，人民出版社1995年版，第32页。
③ 同上书，第102页。

盾。于是这些关系便由生产力的发展形式变成生产力的桎梏。那时社会革命的时代就到来了。随着经济基础的变更，全部庞大的上层建筑也或慢或快地发生变革。"① 资本主义社会，"因为社会上文明过度，生活资料太多，工业和商业太发达。社会所拥有的生产力已经不能再促进资产阶级文明和资产阶级所有制关系的发展；相反，生产力已经强大到这种关系所不能适应的地步，它已经受到这种关系的阻碍；而它一着手克服这种障碍，就使整个资产阶级社会陷入混乱，就使资产阶级所有制的存在受到威胁。资产阶级的关系已经太狭窄了，再容纳不了它本身所造成的财富了。"② "资本的垄断成了与这种垄断一起并在这种垄断之下繁盛起来的生产方式的桎梏。生产资料的集中和劳动的社会化，达到了同它们的资本主义外壳不能相容的地步。这个外壳就要炸毁了。资本主义私有制的丧钟就要响了。剥夺者就要被剥夺了。"③ 随着资本主义生产关系的变革，作为思想上层建筑的资本主义价值观也必然随之发生深刻变革，并由一种全新的社会价值观所替代。社会主义生产关系的产生正是适应生产力进一步发展，对资本主义生产关系进行根本性变革的必然结果。社会主义生产关系的实质是以生产资料公有制和按劳分配为基础，消灭剥削，消除两极分化，实现共同富裕，这就克服了资本主义社会所存在的生产资料的私人占有与生产社会化之间的矛盾。与之相适应，社会主义核心价值观是以维护广大劳动人民群众的价值和价值创造为根本目的。它的为人民服务的基本价值观以及构成它主要内涵的革命人道主义思想、集体主义思想、爱国主义奉献精神、社会主义民主法制观念等集中体现了人本原则，反映了人类社会劳动者共同的精神追求。生产力的发展对社会关系的否定、阶级剥夺与反剥夺的对抗和斗争，使资本主义的价值观及其社会基础最终会瓦解而过渡到社会主义生产及其价值观，这是历史发展的必然。

社会主义核心价值观是对资本主义价值观的超越与扬弃。从本质上讲，资本主义价值观是一种以个人主义价值观为核心的价值观，个人主义是整个资本主义社会的价值基础。作为一种资产阶级的价值观，个人主义价值观是以"我"为中心的个人至上主义，将个人凌驾于国家、集体和社

---

① 《马克思恩格斯选集》第 2 卷，人民出版社 1995 年版，第 32—33 页。
② 《马克思恩格斯选集》第 1 卷，人民出版社 1995 年版，第 278 页。
③ 《马克思恩格斯选集》第 2 卷，人民出版社 1995 年版，第 269 页。

会之上，主张人生活的目的就是要促进个体利益的最大化。在资本主义社会，个人主义的价值观表现在经济领域是一种生产资料的私人占有形式，正如马克思、恩格斯所言，资本家"在所有文明国家里现在已经几乎独占了一切生活资料和生产这些生活资料所必需的原料和工具（机器、工厂）"[1]，而广大的工人阶级则一无所有，"他们为了换得维持生存所必需的生活资料，不得不把自己的劳动出卖给资产者"[2]。同时，个人主义价值观还表现为资本主义社会经济上的放任主义和自由主义的经济政策。此外，个人主义价值观表现在政治领域，是一种政治上的自由主义，主张国家的政治生活要以维护个人自由为目的；表现在思想文化领域，是一种道德上的利己主义。如恩格斯所说："所有这些人愈是聚集在一个小小的空间里，每一个人在追逐私人利益时的这种可怕的冷淡、这种不近人情的孤僻就愈是使人难堪，愈是可恨。虽然我们也知道，每一个人的这种孤僻、这种目光短浅的利己主义是我们现代社会的基本的和普通的原则，可是，这些特点在任何一个地方也不像在这里，在这个大城市的纷扰里表现得这样露骨，这样无耻，这样被人们有意识地运用着。人类分散成各个分子，每一个分子都有自己的特殊生活原则，都有自己的特殊目的，这种一盘散沙的世界在这里是发展到顶点了。"[3] 马克思在《共产党宣言》中也明确讲道："资产阶级在它已经取得了统治的地方把一切封建的、宗法的和田园诗般的关系都破坏了。它无情地斩断了把人们束缚于天然尊长的形形色色的封建羁绊，它使人和人之间除了赤裸裸的利害关系，除了冷酷无情的'现金交易'，就再也没有任何别的联系了。它把宗教虔诚、骑士热忱、小市民伤感这些情感的神圣发作，淹没在利己主义打算的冰水之中。它把人的尊严变成了交换价值，用一种没有良心的贸易自由代替了无数特许的和自力挣得的自由。"[4] 然而，与资本主义社会不同，社会主义社会是以集体主义价值观作为其价值基础和最根本的价值原则。集体主义价值观在处理个人与国家、集体和社会的关系方面，强调国家和集体利益的至上性，但同时也并未抹杀人的个性发展，反而是以此为目的。关于这一点，马克思、恩格斯曾明确指出："个人力量（关系）由于分工而转化为物的力量

---

[1]《马克思恩格斯选集》第 1 卷，人民出版社 1995 年版，第 231 页。
[2] 同上书，第 232 页。
[3]《马克思恩格斯全集》第 2 卷，人民出版社 1957 年版，第 304 页。
[4]《马克思恩格斯选集》第 1 卷，人民出版社 1995 年版，第 274—275 页。

这一现象，不能靠人们从头脑里抛开关于这一现象的一般观念的办法来消灭，而是只能靠个人重新驾驭这些物的力量，靠消灭分工的办法来消灭。没有共同体，这是不可能实现的。只有在共同体中，个人才能获得全面发展其才能的手段，也就是说，只有在共同体中才可能有个人自由。在过去的种种冒充的共同体中，如在国家等等中，个人自由只是对那些在统治阶级范围内发展的个人来说是存在的，他们之所以有个人自由，只是因为他们是这一阶级的个人。从前各个人联合而成的虚假的共同体，总是相对于各个人而独立的；由于这种共同体是一个阶级反对另一个阶级的联合，因此对于被统治的阶级来说，它不仅是完全虚幻的共同体，而且是新的桎梏。在真正的共同体的条件下，各个人在自己的联合中并通过这种联合获得自己的自由。"① 这就是说，集体是促进人个性自由发展的一个十分关键的前提条件。同个人主义强调个人利益至上不同，集体主义是一种调节个人利益与集体利益的价值原则，其核心要求是坚持集体利益和个人利益的统一。集体主义价值观一方面强调集体利益高于个人利益，强调个人对集体、对国家、对社会的义务感和责任心，要求个人应把国家、集体的利益放在首位；另一方面也不忽视个人的利益，把个人利益和集体利益结合起来，承认个人利益的正当性以不损害国家、集体、他人的正当利益为前提，对于调节个人与集体、社会、国家之间的利益冲突，具有十分重要的作用。

资本主义价值观代表的是少数人的利益，其价值主体是在资本主义社会中占有生产资料的资产阶级，资本主义的基本价值就在于满足资本家对个人利益和资本利润的追逐，维护资本对劳动的统治。与资本主义价值观不同，社会主义核心价值观代表的是多数人的根本利益。社会主义，无论从社会理想、社会运动还是社会制度来说，都表征着一种与无产阶级和广大劳动人民的自由解放息息相关的价值诉求，是一种有别于资本主义的价值选择，有着自己独特的核心价值观。从根本上来说，社会主义核心价值观是对社会主义属性的价值表达，体现的是社会主义的价值主体与价值客体之间的特定利益关系。相对于资本主义价值观，社会主义核心价值观具有自身的一些优势。主要体现在以下两点：一是社会主义核心价值观的终极价值追求是促进社会的共同富裕。资本主义价值观是一种剥削阶级的价

---

① 《马克思恩格斯选集》第 1 卷，人民出版社 1995 年版，第 118—119 页。

值观，由于建立在资本主义生产资料私有制基础之上，维护的是少数资产阶级的利益和资本对劳动的剥削，因此，在这种价值观主导下的社会只能走向劳资对立和两极分化，即"在一极是财富的积累，同时在另一极，即在把自己的产品作为资本来生产的阶级方面，是贫困、劳动折磨、受奴役、无知、粗野和道德堕落的积累"①。而社会主义核心价值观主导下的社会却能够摆脱资本主义社会的两极分化现象，最终实现共同富裕的目标。正如邓小平所说："在中国现在落后的状态下，走什么道路才能发展生产力，才能改善人民生活？这就又回到是坚持社会主义还是走资本主义道路的问题上来了。如果走资本主义道路，可以使中国百分之几的人富裕起来，但是绝对解决不了百分之九十几的人生活富裕的问题。而坚持社会主义，实行按劳分配的原则，就不会产生贫富过大的差距。再过二十年、三十年，我国生产力发展起来了，也不会两极分化。"②"社会主义与资本主义不同的特点就是共同富裕，不搞两极分化。"③"社会主义最大的优越性就是共同富裕，这是体现社会主义本质的一个东西。如果搞两极分化，情况就不同了，民族矛盾、区域间矛盾、阶级矛盾都会发展，相应地中央和地方的矛盾也会发展，就可能出乱子。"④ 在社会主义核心价值观下，社会之所以能够走向共同富裕，其根本原因在于社会主义核心价值观建立在生产资料公有制基础之上，从根本上消除了劳资之间的对立和资本对劳动的剥削。"社会主义的经济是以公有制为基础的，生产是为了最大限度地满足人民的物质、文化需要，而不是为了剥削。由于社会主义制度的这些特点，我国人民能有共同的政治经济社会理想，共同的道德标准。以上这些，资本主义社会永远不可能有。资本主义社会永远不可能摆脱百万富翁的超级利润，不能摆脱剥削和掠夺，不能摆脱经济危机，不能形成共同的理想和道德，不能避免各种极端严重的犯罪、堕落、绝望。"⑤ 二是社会主义核心价值观能够推动社会生产力的快速发展。邓小平指出："社会主义的优越性归根到底要体现在它的生产力比资本主义发展得更快一些、更高

---

① ［德］马克思：《资本论》第 1 卷，人民出版社 1975 年版，第 707—708 页。
② 《邓小平文选》第 3 卷，人民出版社 1993 年版，第 64 页。
③ 同上书，第 123 页。
④ 同上书，第 364 页。
⑤ 《邓小平文选》第 2 卷，人民出版社 1994 年版，第 167 页。

一些，并且在发展生产力的基础上不断改善人民的物质文化生活。"① 社会主义条件下，由于生产资料全社会共同占有，整个社会的消费品按照人的劳动这一尺度进行分配，人们在生产过程中易于形成一种平等、和谐的经济利益关系，这就从根本上摆脱了资本主义社会劳资对立的现象。同时，在社会主义社会，社会生产由全社会有组织、有计划地进行，这就消除了资本主义社会由于资本家的无序竞争而造成的社会生产秩序混乱的局面，因而，社会主义的生产关系能够在最大程度上促进生产力的迅猛发展。

作为一个创新理论，社会主义核心价值观具有鲜明的科学性、先进性、现实性、主导性。首先，社会主义核心价值观是一种科学的价值观。马克思、恩格斯指出："共产党人的理论原理，决不是以这个或那个世界改革家所发明或发现的思想、原则为根据的。这些原理不过是现存的阶级斗争、我们眼前的历史运动的真实关系的一般表述。"② 社会主义核心价值观是对社会主义运动规律的科学揭示，是社会主义制度的灵魂，规定着社会主义的历史价值。社会主义核心价值观的科学性是由其体系和内容的科学性两方面决定的。从体系来说，社会主义核心价值观是由一系列内涵明确、联系紧密的社会主义基本价值思想、核心价值理念构成的有机整体。它将马克思主义的基本原则同中国特色社会主义的实践有机结合起来，实现了国家的价值理想、社会的价值诉求以及对个人的基本价值要求的有机统一，鲜明体现了社会主义先进文化所特有的科学性特点。从内容来说，社会主义核心价值观以科学的世界观和方法论为指导，坚持马克思主义的基本原则，内在地蕴含着以人为本和科学发展的价值理念，能够适应当代中国社会发展的基本要求。

其次，社会主义核心价值观是一种先进的价值观，其先进性是由社会主义核心价值观理论自身的先进性所决定的。2003年7月1日，胡锦涛在"三个代表"研讨会上的重要讲话中指出，实现物质财富极大丰富、人民精神境界极大提高、每个人自由而全面发展的共产主义社会，是马克思主义最崇高的社会理想。社会主义核心价值观所追求的社会目标就是要实现共产主义，其价值目标就是要实现"人的自由而全面的发展"。而实现"人的自由而全面的发展"正是马克思、恩格斯为未来共产主义社会设定

---

① 《邓小平文选》第3卷，人民出版社1993年版，第63页。
② 《马克思恩格斯选集》第1卷，人民出版社1995年版，第285页。

的基本价值目标,是贯穿整个马克思主义理论体系的一条主线。马克思曾在他的社会发展"三形态"说中从人的发展状况角度把人类社会划分为三个时期,即人的依赖性时期、物的依赖性时期和建立在人的全面发展基础上的自由个性时期。第一个时期鲜明特点是存在着人的依附性关系,人完全依附于他人,没有自己的自由和独立性;第二个时期的鲜明特点是虽然人摆脱了第一阶段的人身依附关系,但同时人又落到了物的控制之中,人受商品和资本的控制。在这一时期,人只是获得了形式上的独立和自由,没有获得真正意义上的独立和自由,人的发展仍然是一种畸形、片面的发展;第三个时期的鲜明特点是人既摆脱了第一阶段的人身依附关系,同时也摆脱了第二阶段的物的依赖性关系,人获得了真正的独立与自由,实现了自由而全面的发展。而马克思所讲的第三个时期的社会即是他所提出的共产主义社会。

再次,社会主义核心价值观既坚持了其最高的价值追求,又立足于我国的现实国情,实现了价值理想性与现实性的统一。其现实性体现在两方面:一是社会主义核心价值观的最高价值追求虽然是共产主义理想,然而共产主义理想不是空想,它又总是与一定的社会现实相联系。正如马克思、恩格斯所说:"共产主义对我们来说不是应当确立的状况,不是现实应当与之相适应的理想。我们所称为共产主义的是那种消灭现存状况的现实的运动。这个运动的条件是由现有的前提产生的。"① 在当代中国,共产主义理想具体体现为中国特色社会主义的现实理想。二是社会主义核心价值观理论具有实践性和现实性,是以解决实际问题为中心的。江泽民所明确指出:"确立以实际问题为中心研究马克思主义的方法,是我们党一贯倡导的科学方法论。"② "一定要从我国改革开放和现代化建设的实际问题、以我们正在做的事情为中心,着眼于马克思主义理论的运用,着眼于对实际问题的理论思考,着眼于新的实践和新的发展。"③ 这表明,社会主义核心价值观绝不是虚无缥缈的东西,而是有着实际的内容,是对社会现实的一种具体反映。社会主义核心价值观的意义绝不仅仅在于它是人们对人生的一种终极价值追求,更重要的在于,它的目的是要改造世界,解决人类

---

① 《马克思恩格斯选集》第 1 卷,人民出版社 1995 年版,第 87 页。
② 江泽民:《论党的建设》,中央文献出版社 2001 年版,第 539 页。
③ 《十五大以来重要文献选编》(上),人民出版社 2000 年版,第 13 页。

社会发展中所遇到的实际问题。

最后,社会主义核心价值观是我国社会的主导价值观,体现了主导性与包容性的统一。社会主义核心价值观的主导性体现在它是我国社会主义意识形态领域的一面旗帜,是我们认识和指导社会发展的理论基础。推进建设中国特色社会主义事业,最根本的是确立社会主义核心价值观的主导地位,使社会成员认同、接受并践行社会主义核心价值观。然而,强调社会主义核心价值观对社会发展的主导性,并不是社会主义核心价值观自身所具有的包容性。社会主义核心价值观是一种开放的价值理论和思想体系,中国特色的社会主义实践会不断地为其增添一些新的内容和要素。同时,社会主义核心价值观只有海纳百川,充分汲取人类社会一切优秀文明成果,才会在与资本主义价值观的竞争中显示出自身强大的生命力和巨大的优势。

三

价值观是文化的核心,是文化建设的根本。习近平在谈到核心价值观和文化软实力的辩证关系时曾明确讲道:"核心价值观是文化软实力的灵魂、文化软实力建设的重点。这是决定文化性质和方向的最深层次要素。一个国家的文化软实力,从根本上说,取决于核心价值观的生命力、凝聚力、感召力。"[①] 而文化又是通过什么来发挥它对提升综合国力的巨大作用呢?对此,约瑟夫·奈曾经讲过:"软实力不仅仅是影响,也不仅仅是说服,它是引诱和吸引的能力。而吸引经常导致默许或模仿。软实力很多产生于我们的价值观。这些价值观通过我们的文化、我们在国内所实行的政策以及我们处理国际问题的方式表现出来。"[②] 这就是说,文化的作用最终体现在价值观的作用上。从二者的辩证关系来看,价值观是文化的核心,是软实力的本质体现,决定着文化的性质和发展方向。一个社会的主导价值观构成它所特有的文化、文明的精神实质和显著标志。确立适应社会与时代发展要求的核心价值观,是确保社会和谐发展,保持主流文化先进性

---

① 习近平:《习近平谈治国理政》,外文出版社2014年版,第163页。
② [美]约瑟夫·奈:《美国霸权的困惑:为什么美国不能独断专行》,世界知识出版社2002年版,第10页。

的基本前提。

　　社会主义核心价值观是建设社会主义精神文明的根本。提出培育社会主义核心价值观，鲜明体现了我们党在推进现代化建设过程中对社会主义精神文化建设规律的科学把握，对于新时期推进精神文明建设具有重大的战略意义。社会主义核心价值观是精神文化建设的思想内核，规定着精神文明建设的性质和发展方向。社会主义核心价值观在我国精神文明建设中具有至关重要的地位和作用，它从根本上揭示了社会主义文化与封建主义、资本主义文化的本质不同，鲜明地体现了我国精神文明发展的前进方向。只有坚持以社会主义核心价值观为指导，才能不断推进精神文明建设，实现社会主义核心价值体系主导下的思想文化和谐。从这个意义上说，社会主义核心价值体系是精神文明建设的思想内核，从根本上规定着精神文明的性质和发展方向。社会主义核心价值观在精神文明建设中的重要地位，是由社会主义核心价值观的基本内容和性质决定的。社会主义核心价值观中国家层面、社会层面及个人层面的12个核心价值，即富强、民主、文明、和谐、自由、平等、公正、法治、爱国、敬业、诚信、友善从根本上明确了精神文明建设的发展方向与目标，规定了精神文明建设的基本道德规范和行为准则。

　　由上述可知，当前将社会主义核心价值观融入精神文明建设无疑具有重大的理论和现实意义。从理论意义上看，将社会主义核心价值观融入精神文明建设有利于推动我国精神文明建设工作，为新时期构建以社会主义核心价值观为主导的精神文明建设体系提供坚实的理论支撑。社会主义核心价值观集思想、理想、精神、道德于一体，涵盖了我国社会主义最基本的思想理论和价值理念，为我国精神文明建设指明了正确方向，提供了强有力的精神支撑和思想道德保证。尤其是在当前社会思想文化和价值观念多元的复杂背景下，更应该加强社会主义核心价值观的宣传与教育，发挥其对精神文明建设的主导和引领作用。因此，新时期建设精神文明，必须坚持以社会主义核心价值观为指导，将社会主义核心价值观融入精神文明建设实践之中，从而形成以社会主义核心价值观为核心内容的精神文明建设体系。同时，将社会主义核心价值观融入精神文明建设也有助于进一步在全社会推动社会主义核心价值观的理论建设和宣传工作，为积极培育和践行社会主义核心价值观提供科学的理论指导。从实践意义上看，将社会主义核心价值观融入精神文明建设有助于促进马克思主义特别是马克思主义中国化的最新理论成果在全社会的宣扬和传播，巩固马克思主义在社会主义文化和意识形态领域的指导地位；有助于为当前人们抵御各种错误的社会思潮和价值观提供重要的理论基础和有力武器，从而有助于思想政治教育工作者在复杂多变的社会思想文化环境中，牢牢把握思想政治教育的主动权，提高思想政治教育工作的质量和有效性；有助于在精神文明建设中突出社会主义核心价值观主旋律，不断增强社会主义文化的创造活力与凝聚力，推进我国精神文明建设事业的深入发展，从而为和谐社会的构建提供良好的文化生态环境；有助于为社会培养合格的社会主义建设者和接班人，从而为中国特色社会主义事业的发展提供源源不断的人才支撑。

四

党中央关于将社会主义核心价值观融入精神文明建设全过程的政策和指导性意见对推进我国社会主义精神文明建设具有重要的意义。培育和践行社会主义核心价值观是我们党于新的历史时期在思想文化领域提出的一项重大战略任务和目标，其目的在于统一人们的价值意识，巩固全党全社会共同的思想基础。2006年，党的十六届六中全会通过的《中共中央关于构建社会主义和谐社会的若干重大决定》首次提出建设社会主义核心价值体系的重大命题，并就社会主义核心价值体系的基本内容、重要作用及建设途径作了阐释，同时明确指出社会主义核心价值体系是建设和谐文化的根本。2007年10月，党的十七大报告强调要"切实把社会主义核心价值体系融入国民教育和精神文明建设全过程，转化为人民的自觉追求"[①]。这就从根本上指明了把社会主义核心价值体系大众化的基本途径就是将其融入国民教育和精神文明建设全过程，通过融入，进一步推进我国国民教育和精神文明建设的健康发展，从而为社会主义现代化目标的实现提供更好的智力支持、精神动力和思想保证。2008年1月，胡锦涛在全国宣传思想工作会议上的讲话中就社会主义核心价值体系融入国民教育和精神文明建设全过程问题又作了进一步阐述，指出要加强社会主义核心价值体系的宣传教育，把社会主义核心价值体系的要求贯穿到媒体传播之中，落实到精神文化产品创作生产之中，融会到日常工作生活之中，体现到政策法规制

---

① 《十七大以来重要文献选编》（上），中央文献出版社2009年版，第26—27页。

定和社会管理之中，使之转化为人民的自觉追求。2008年12月，胡锦涛在纪念中国科协成立50周年大会上的讲话中再次强调将社会主义核心价值体系融入精神文明建设全过程的必要性和重要性，指出："社会主义核心价值体系是我国指导思想、共同理想、民族精神、道德观念的集中体现，是社会主义精神文明建设的基本内容。建设社会主义核心价值体系，形成全民族奋发向上的精神力量、团结和睦的精神纽带，是增强民族凝聚力和国家软实力的客观需要。"① 2011年10月，党的十七届六中全会通过的《中共中央关于深化文化体制改革的决定》明确指出："社会主义核心价值体系是兴国之魂，是社会主义先进文化的精髓，决定着中国特色社会主义发展方向。必须强化教育引导，增进社会共识，创新方式方法，健全制度保障，把社会主义核心价值体系融入国民教育、精神文明建设和党的建设全过程，贯穿改革开放和社会主义现代化建设各领域，体现到精神文化产品创作生产传播各方面，坚持用社会主义核心价值体系引领社会思潮，在全党全社会形成统一指导思想、共同理想信念、强大精神力量、基本道德规范。"② 2011年12月，李长春在全国精神文明建设工作表彰大会上的讲话中强调指出，深入推进学习实践社会主义核心价值体系是精神文明建设的根本任务。要抓紧制定颁布《社会主义核心价值体系建设实施纲要》，把社会主义核心价值体系作为精神文明建设的"魂"，体现到各种创建活动和工作载体之中，贯穿于精神文明建设全过程，切实增强创建活动的思想内涵和教育功能。2012年11月，党的十八大提出：社会主义核心价值体系是兴国之魂，决定着中国特色社会主义发展方向。要深入开展社会主义核心价值体系学习教育，用社会主义核心价值体系引领社会思潮、凝聚社会共识。同时强调要在全社会倡导富强、民主、文明、和谐、自由、平等、公正、法治、爱国、敬业、诚信、友善的核心价值，积极培育和践行社会主义核心价值观。此外，党中央还就社会主义核心价值观融入精神文明建设全过程的主要目的、任务、着力点、立足点等问题开展了论述，提出了指导性的意见。在主要目的方面，着重强调要增强"四个认同"、打牢"一个基础"和抵制"三风"。增强"四个认同"即增强各族人民对"伟大祖国的认同、对中华民族的认同、对中华文化的认同、对中

---

① 胡锦涛：《在纪念中国科协成立50周年大会上的讲话》，《新华月报》2009年第2期。
② 《十七大以来重要文献选编》（下），中央文献出版社2013年版，第564页。

国特色社会主义道路的认同"①，打牢"一个基础"即打牢民族团结的思想基础，抵制"三风"就是要坚决抵制"庸俗、低俗、媚俗之风"②；在主要任务方面，强调要积极培育和践行社会主义核心价值观，倡导"富强、民主、文明、和谐、自由、平等、公正、法治、爱国、敬业、诚信、友善"的核心价值理念；在着力点方面，强调要积极探索用社会主义核心价值观引领社会思潮的有效途径；在立足点方面，强调做好融入工作，必须强根固本，"继承和发扬中华优秀传统文化和传统美德"③，同时"要处理好继承和创造性发展的关系，重点做好创造性转化和创新性发展"④。

---

① 《十七大以来重要文献选编》（中），中央文献出版社2011年版，第691页。
② 胡锦涛：《在十七届中共中央政治局第22次集体学习时的讲话》（2010年7月23日），《人民日报》2010年7月24日。
③ 习近平：《习近平谈治国理政》，外文出版社2014年版，第163页。
④ 同上书，第164页。

第一章

社会主义核心价值观融入
精神文明建设的必然性

社会主义核心价值观是社会主义文化发展的根本,对于推进我国社会主义文化繁荣发展和社会主义精神文明建设纵深发展具有十分重要的意义。在当前我国深入推进社会主义文化强国战略目标实现的思想文化背景下,将社会主义核心价值观融入精神文明建设无疑就显得异常重要。

一 精神文明建设领域存在的问题 亟须核心价值观的主导和引领

应当看到,目前我国社会主义精神文明建设的主流是好的。随着我国经济社会的持续发展,人民群众的精神文化需求逐步增长,文化生活日益丰富;政治民主意识增强,对党和国家基本路线、方针政策的认可程度显著提高;社会公德意识明显加强,社会主义荣辱观已成为社会的主流道德价值观。这些都为我们推进社会主义精神文明建设提供了良好的思想文化环境。但同时也必须看到,精神文明建设还有很多与我国当前社会发展不相适应的地方,"社会的一些领域和一些地方道德失范,是非、善恶、美丑界限混淆,拜金主义、享乐主义、极端个人主义有所滋长,见利忘义、损公肥私行为时有发生,不讲信用、欺骗欺诈成为社会公害,以权谋私、腐化堕落现象严重存在"①。人们思想活动的独立性、选择性、多变性、差异性的明显增强,也为我国社会主义精神文明建设的发展提出了挑战和更高层次的要求。因此,在这样一个"思想观念深刻变化"的时期,我国的社会主义精神文明建设既面临着前所未有的发展机遇,也面临着巨大的挑

---

① 《十五大以来重要文献选编》(下),人民出版社2003年版,第1981页。

战。当前我国在社会主义精神文明建设领域所存在的问题主要表现为以下几个方面：

（一）精神贫困和精神污染现象在一定程度和范围内还存在

"精神贫困"是指对社会上一些人存在的思想保守、精神空虚、消极厌世以及信仰缺失等现象的一种形象说法。"精神贫困"的出现是我国经济社会转型带来的副产品，随着改革开放的日益深入，原有的传统体制被彻底打破，这就使社会上一部分人对原来所受的传统共产主义教育产生怀疑，从而导致对马克思主义信仰的缺失和对社会主义理想信念的动摇。我国物质文明建设与精神文明建设的不同步发展也是造成一些人出现"精神贫困"的原因。随着物质生活的不断提高，人们精神上的需求会日益增多。然而，由于精神文明建设的相对滞后造成文化服务设施和文化产品的相对匮乏，满足不了人们多样化的精神需求，造成一部分人内心空虚，精神世界日益匮乏，甚至消极厌世，从而给社会造成不良的影响。有学者曾于2002年在其撰写的文章中对社会上存在的"精神贫困"现象进行了批判，并列举了它的种种表现："有的忽视政治理论学习，思想上缺乏'主心骨'，不能正确看待形势，消极悲观，随波逐流；有的放弃理想追求，不是奋发有为、锐意创新，而是因循守旧、贪图安逸，满足于'当一天和尚撞一天钟'；有的忘记了党的宗旨和自身责任，私心杂念作祟，争名于朝，逐利于市，斤斤计较，欲壑难填；有的解除科学武装，不辨是非正误，精神无所寄托，传播封建迷信，听信歪理邪说。更有甚者，丧失尊严，不顾名节，把腐朽当神奇，把痈疽当宝贝，蜕化变质，腐化堕落。"[①]这些不良的现象时至今日无疑还在一定程度和范围内存在。"精神贫困"会给社会带来各种问题，同时也是造成很多个人及家庭悲剧的根源，其危害是可想而知的。

"精神污染"是指社会上的一切消极因素以及落后腐朽的文化导致人们在思想观念和整个社会思想文化领域所出现的种种不良倾向。邓小平曾于1983年《党在组织战线和思想战线上的迫切任务》的讲话中谈到当时我国理论界和文艺界存在的严重的"精神污染"问题，并列举了它的种种表现。他指出，在思想战线上大多数人都能高举马克思主义和社会主义的

---

① 胡线勤、赵元方：《警惕"精神贫困"》，《人民日报》2002年8月27日第9版。

旗帜，但也有一些人却"同时代和人民对他们的要求背道而驰，用他们的不健康思想、不健康作品、不健康表演，来污染人们的灵魂"①。在理论界主要表现为："有相当一部分理论工作者，对于社会主义现代化建设实践中提出的种种重大的理论问题缺乏兴趣，不愿意对现实问题进行调查和研究，表示要同现实保持距离，免得犯错误，或者认为没有学术价值。在对现实问题的研究中，也确实产生一些离开马克思主义方向的情况。有一些同志热衷于谈论人的价值、人道主义和所谓异化，他们的兴趣不在批评资本主义而在批评社会主义。"② 这些人不是从我国社会的实际出发，采用马克思主义的立场、观点和方法对人道主义和人的价值问题进行认真分析和研究，而是抽象地去宣传人道主义和人的价值问题，究其原因就在于"他们不了解，不但在资本主义社会，就是在社会主义社会，也不能抽象地讲人的价值和人道主义，因为我们的社会内部还有坏人，还有旧的社会渣滓和新的社会渣滓，还有反社会主义分子，还有外国和台湾的间谍。我们的人民生活水平和文化水平还不高，这也不能靠谈论人的价值和人道主义来解决，主要地只能靠积极建设物质文明和精神文明来解决。离开了这些具体情况和具体任务而谈人，这就不是谈现实的人而是谈抽象的人，就不是马克思主义的态度，就会把青年引入歧途"③。针对我们党内有些人认为社会主义社会同资本主义社会一样也存在着异化现象，并主张用克服这种所谓异化的观点来解释我们当前改革的错误言论，邓小平指出："这样讲，不但不可能帮助人们正确地认识和解决当前社会主义社会中出现的种种问题，也不可能帮助人们正确地认识和进行在社会主义社会中为技术进步、社会进步而需要不断进行的改革。这实际上只会引导人们去批评、怀疑和否定社会主义，使人们对社会主义、共产主义的前途失去信心，认为社会主义和资本主义一样地没有希望。"④ "精神污染"在文艺界主要表现为："一些人对党中央提出的文艺为人民服务，为社会主义服务的口号表示淡漠，对文艺的社会主义方向表示淡漠，对党和人民的革命历史和他们为社会主义现代化而奋斗的英雄业绩，缺少加以表现和歌颂的热忱，对社会主义事业中需要解决的问题，很少站在党的积极的革命的立场上提高群众的

---

① 《邓小平文选》第3卷，人民出版社1993年版，第40页。
② 同上书，第40—41页。
③ 同上书，第41页。
④ 同上书，第41—42页。

认识，激发他们的热情，坚定他们的信心。相反，他们却热心于写阴暗的、灰色的以至胡编乱造、歪曲革命的历史和现实的东西。有些人大肆鼓吹西方的所谓'现代派'思潮，公开宣扬文学艺术的最高目的就是'表现自我'，或者宣传抽象的人性论、人道主义，认为所谓社会主义条件下人的异化应当成为创作的主题，个别的作品还宣传色情。这类作品虽然也不多，但是它们在一部分青年中产生的影响却不容忽视。"① 而产生这种现象的主要原因就是一些文艺工作者对马克思主义理论的学习不够深入，不能深入群众的生活实际。同时，邓小平还尖锐指出，"一切向钱看"的歪风也开始在文艺界传播，把精神产品商品化的错误倾向体现在精神生产的各个方面。如不少表演团体的演员用一些庸俗低级的内容和形式去捞钱；在金钱的利诱下，有些混迹于艺术界、出版界、文物界的人成了唯利是图的商人。此外，邓小平还深刻揭露了在理论界和文艺界存在的这种"精神污染"的实质和危害。指出："精神污染的实质是散布形形色色的资产阶级和其他剥削阶级腐朽没落的思想，散布对于社会主义、共产主义事业和对于共产党领导的不信任情绪。"② 精神污染的危害也是显而易见的，"它在人民中混淆是非界限，造成消极涣散、离心离德的情绪，腐蚀人们的灵魂和意志，助长形形色色的个人主义思想泛滥，助长一部分人当中怀疑以至否定社会主义和党的领导的思潮"③。在当前社会，"精神污染"在一定的范围内还存在，尤其是一些反马克思主义、反社会主义思潮，如民主社会主义、新自由主义、历史虚无主义、儒化思潮、宪政思潮等的存在给人们在思想和价值观念上造成了严重的混乱。主要表现为：在理论界有一些别有企图和用心的人公开撰文为民主社会主义、资本主义张目，宣扬资本主义的一套价值观和民主模式，否定社会主义制度，把中国特色的社会主义发展道路或说成是民主社会主义道路，或说成是资本主义道路；有人肆意扭曲和抹黑党和国家的领导人，否定中国近代以来的革命史，美化近代以来外国对中国的侵略；有人甚至提出用儒学取代马克思主义在中国的指导地位等等。这些都给我国思想战线和文化领域造成了一定程度的冲击，极大危害了我国的主流思想文化和意识形态。表现在党内，"现在，有的党

---

① 《邓小平文选》第3卷，人民出版社1993年版，第42—43页。
② 同上书，第40页。
③ 同上书，第44页。

员干部在报刊书籍和讲坛上,对党的路线方针政策,对中央已经作出决定的重大理论问题和历史结论,公开发表反对意见。有的公然歪曲党的历史、诋毁党的领袖人物和党的优良传统,散布违反马克思主义的错误观点,在干部群众中和意识形态领域造成了恶劣的影响。"①

(二) 社会上存在着一定程度和范围的道德失范现象

思想道德建设是文化建设的灵魂,是精神文明建设的根本。从根本上说,一个社会道德水平的高低,直接影响着一个国家的社会秩序、社会风气、社会凝聚力,是一个社会文明程度的外部标志。大力弘扬社会公德、倡导文明新风,对于培养人的高尚品质,树立良好的社会道德风尚,创造安定和谐的社会环境,促进精神文明建设健康发展,具有十分重要的意义。改革开放以来,我国在思想道德教育方面取得了重大成就。"随着改革开放和现代化建设事业的深入发展,社会主义精神文明建设呈现出积极健康向上的良好态势,公民道德建设迈出了新的步伐。爱国主义、集体主义、社会主义思想日益深入人心,为人民服务精神不断发扬光大,崇尚先进、学习先进蔚然成风,追求科学、文明、健康生活方式已成为人民群众的自觉行动,社会道德风尚发生了可喜变化,中华民族的传统美德与体现时代要求的新的道德观念相融合,成为我国公民道德建设发展的主流。"②然而,近些年来,我国在社会的一些领域和一些地方也出现了严重的道德失范现象。主要表现在:一些人的是非、善恶、美丑界限混淆,缺乏社会责任感,对社会上出现的一些丑恶现象和不道德行为漠然视之。有些人自身做了有悖社会公德的事不仅不反思自己的行为,反而坦然处之,一副无所谓的样子。有些人甚至违背社会伦理道德,肆意制造和传播低级粗俗的文化,毒害青少年的身心健康成长。尤其是社会上一些人对需要援助的人所表现出来的普遍道德冷漠现象值得我们关注和深思。一些人的拜金主义、享乐主义和极端个人主义倾向有所滋长。有些人见利忘义、损公肥私,将个人利益置于集体利益、社会利益、国家利益之上,为了个人的利益,不择手段,甚至铤而走险,给他人和社会带来极大危害。有些人在生

---

① 《江泽民同志在中央纪委第四次全体会议上的讲话》(2000年1月14日),《新华月报》2000年第5期。
② 《十五大以来重要文献选编》(下),人民出版社2003年版,第1981页。

活中丧失最起码的道德良心，不讲信用，或采取欺诈手段盗骗他人或集体、国家财产；等等。在道德领域存在的这些问题如果得不到及时解决，就会导致整个社会的道德水准下降，从而影响到社会秩序的和谐与稳定。近些年来社会上出现的诸多不道德的行为和道德失范现象在一次次地挑战着社会的道德底线。如，2008 年的三鹿奶粉事件，许多奶厂在奶制品中掺入有害物质"三聚氰胺"，造成很多婴儿出现胆结石，甚至导致一些婴儿死亡，这个事件折射出了在市场经济的冲击下商业诚信的失守以及道德良心和社会责任感的严重缺失。2008 年汶川大地震期间，在地震来临之际置学生而不顾首先冲出教室的"范跑跑"事件也在拷问着人们的职业道德操守，"范跑跑"在其博文中写道："我是一个追求自由和公正的人，却不是先人后己勇于牺牲自我的人！在这种生死抉择的瞬间，只有为了我的女儿我才可能考虑牺牲自我，其他的人，哪怕是我的母亲，在这种情况下我也不会管的。因为成年人我抱不动，间不容发之际逃出一个是一个，如果过于危险，我跟你们一起死亡没有意义；如果没有危险，我不管你们你们也没有危险，何况你们是十七八岁的人了！"2009 年湖北三名大学生因救落水儿童溺水身亡，有渔船停留在离落水者不到 5 米的地方。当参与施救的学生下跪请求渔船老板帮忙救助落水的大学生时，渔船老板却伸手向岸上的师生要钱，"活人不救，捞尸体，白天每人 1.2 万元，晚上 1.8 万元"，渔船老板的这种行为和做法从根本上违背了社会道德的底线。2011 年的"小悦悦事件"则凸显了一些人的人性与道德的冷漠。小悦悦被车撞倒后两次被碾压，而从其身边走过的 18 个路人却冷眼漠视，始终都没有人伸出援手，致使小悦悦被多次碾压致死。"小悦悦事件"再一次引发公众对社会道德问题的深刻反思，使人们认识到重塑良好社会道德规范的重要性。社会上所出现的其他不良现象，如官员的塌方式腐败、高校一些师生的学术造假、医院收受红包、散播虚假新闻等无一不在考量着整个社会的道德底线。社会上出现的种种道德失范现象凸显了我们当前加强道德建设，提高公民道德素质的重要性。而社会主义核心价值观作为道德建设的根本，在提高公民道德素质，提升整个社会的道德水平具有十分关键的作用和意义。因此，新时期将社会主义核心价值观融入精神文明建设，在全社会大力倡导"24 字"的社会主义核心价值观，促进社会主义核心价值观的培育和践行就显得异常重要。这也是我们当前扭转社会风气，祛除道德失范现象的根本所在。

(三) 社会生活的世俗化、个人功利化带来的影响

改革开放的日益深入，尤其是我国市场经济体制的建立给人们的社会生活方式和价值观念带来了一定程度的影响。作为商品经济的发展产物，市场经济对人的生活方式、思想观念和价值取向的影响往往具有双重效应。一方面，在市场经济的条件下，由于经济活动要靠价值规律来调节，集体的自主权和个人的选择权不断扩大，人们的自主性、积极性得到发挥。随着市场机制的日益完善，一些新观念诸如竞争观念、效益观念和平等观念等正在逐步形成与不断增强，落后、封闭、保守和狭隘的观念明显消退。另一方面，市场经济也容易膨胀个人的私欲，导致人们的社会生活和价值取向的日趋世俗化和功利化。这是市场经济的重利性在人们思想上的反映。利益最大化是市场经济的价值目标，是人们社会行为的原始驱动力。在市场经济条件下，人们奉行的是一种重实利、重实效的功利主义原则。功利主义片面强调利益的作用与价值，而忽视道德的相对独立的社会功能与价值，带有明显的以利为义的倾向，从而导致人们在社会实践中片面地以利益作为价值取舍的标准。在市场功利主义的驱动下，注重物质利益的满足，片面地讲究物质享受，成为许多人的价值追求。对物质利益的片面追求，又引发社会上物质主义、利己主义、极端主义、拜金主义和享乐主义等不良思想极为盛行，致使一些人国家意识淡化，集体观念和社会责任感减弱。社会生活的世俗化和个人功利化在社会的很多领域都有所体现。比如，在大学生的择业方面，当代大学生以个人需要为中心，以实用为标尺的自我发展的择业取向表现得尤为突出。尤其是在市场经济大潮的冲击下，当前大学生在择业方面务实化、功利化倾向日趋明显，大学生在择业方面更加注重物质利益和经济价值。在教育领域，教育功利化和世俗化的倾向也在日益增长，严重阻碍了我国教育事业的健康发展。当前，教育领域的功利化主要表现为：从整个教育体制来看，我国目前实行的基本还是应试教育，而应试教育本身就带有很大的功利性。从中小学教育来看，存在的问题是"唯分数论"十分盛行，很多学校片面地追求高的升学率，而忽视学生素质的全面发展。有的学校甚至剥夺学生周末的休息时间，使学生长时间处于一种极度的学习压力之下。还有的学校存在着乱收费、向择校生收取高额转学费等不良现象。这些都是功利化的一些典型表现。从大学教育来看，也存在功利化和世俗化的严重倾向。有学者指出，

大学功利主义产生的根源在于大学的"官本位"体制。"大学的主要领导是由行政任命，大学自治的传统难觅踪影；由内部而言，大学过于追求内部的行政等级，不少大学里，厅级干部一走廊，处级干部一礼堂，科级干部一操场。同时，大学的各种学术组织同样为行政所垄断，学术委员会按行政级别为大学行政官员所瓜分，大学教授的学术权力得不到充分重视，在学校发展的重大决策中，他们常常处于失语或半失语的状态。"[1]"大学呈金字塔结构，以行政命令来治理学校，大学的职能更多趋向于管理职能。大学的行政长官就会投政府官员所好，大学的各级官僚投校长所好来管理学校，大学的运行以行政机关的模式来运行，大学'民主与科学'管理、大学的学术化，都被弱化。"[2] 由这种"官本位"衍生的大学的功利化和世俗化主要表现为："行政官员希望大学超速发展，希望赶超世界名校，希望更快地出政绩。而大学自身有其发展规律，学术更是不能拔苗助长。大学的行政长官为满足政府官员所好，就只能通过外在东西来不断地扩充：不管负债累累，大学的大楼越建越大、越建越高，以致祸及学生，全然不顾当年梅贻琦所警言：'大学之大，非大楼之大，乃大师之大'；大学疯狂地追求论文的发表数量，以致造假者不断被曝光；大学不惜花费重金挖掘人才，冒牌'海归'不断涌现；不惜花尽心思'跑部进委'，争取博士点与重点课题，以致败坏大学风气。如今的许多大学，只求外表光鲜，数字好看，以满足行政官员的政绩与脸面，全然不管在这光鲜的外表中，在这好看的数字中，到底有多少学术含量，能否担当'时代和社会的灯塔'。"[3] 在科技管理方面的功利化和世俗化主要体现为评价体系的功利化和世俗化，有学者指出："科技管理的评价体系是功利化的指标，成果转化率、奖励等级、论文数量、期刊层次等；科研人员的工作动力是功利的价值取向，评职称，涨待遇，晋职务；学术界内部环境是功利的氛围，以利己主义的心态参与学术活动，学术道德的约束力下降。"[4] 表现在党内和政府内，就是一些党员干部"为了片面的追求政绩工程和形象工程，以

---

[1] 杨涛：《"官本位"是大学功利化的根源》，新华网 2007 年 9 月 10 日（http://news.xinhuanet.com/comments/2007-09/10/content_6691984.htm）。

[2] 同上。

[3] 同上。

[4] 赵蓓蓓：《治学术不端，须改变功利的评价体系——访教育部科技发展中心主任李志民》，人民网 2014 年 10 月 21 日（http://politics.people.com.cn/n/2014/1021/c1001-25872911.html）。

牺牲环境资源，破坏生态环境为代价。为了得到顺利的升迁，进行所谓的上下走动，大肆行贿、私下拉票，最终受到了法律的严惩。一些巨贪巨腐官员少时家境贫寒，刻苦求学，终于出人头地后，觉得自己之前有艰辛的付出，应该是力求回报的机会到了，开始疯狂地追求功名利禄。在这种扭曲心态的驱使下，他们开始近乎疯狂的贪腐，最终走上损害国家利益和人民利益的犯罪道路。"[1]

（四）意识形态淡化现象及其对社会主义意识形态的消解

20世纪80年代末90年代初，随着苏联东欧社会主义国家的剧变，"意识形态终结"思潮曾在西方一度盛行。其主要的论点代表是兹比格涅夫·布热津斯基的失败论、弗兰西斯·福山的终结论和塞缪尔·亨廷顿的文明冲突论。1989年，布热津斯基撰写《大失败——二十世纪共产主义的兴亡》一书，声称21世纪共产主义将不可逆转地在历史上衰亡。书中还对苏联的社会主义制度进行了攻击和污蔑，同时把中国正在实践的社会主义称作是"商业共产主义"。1992年，福山撰写《历史的终结和最后的人》一书，声称苏联和东欧国家社会主义制度实践的失败表明，西方资本主义的民主制度将是"人类意识形态发展的终点"和"人类最后一种统治形式"。1996年，亨廷顿撰写《文明冲突和世界秩序重建》一书，宣扬"文明冲突论"。认为冷战结束后，世界冲突的根本原因已不再是意识形态冲突，而是由不同文明之间的冲突所引发。不管是"失败论"、"历史终结论"，还是"文明冲突论"，都是以美国为代表的西方国家的冷战思维在不同条件下的不同表现，也是其意识形态的重要组成部分，它们都在强调共产主义即将走向灭亡，全球的意识形态归将终结于资本主义制度。其实质就是要消解社会主义的意识形态，否定马克思主义在社会主义国家中的指导地位。这股思潮在我们国内也有所影响和体现。近年来，人们的意识形态观念呈淡化趋势。表现在社会生活领域，就是一些人往往只关注自身的物质利益，只讲金钱和实惠，不讲理想信念，不讲原则立场，对官方意识形态的政治宣传和说教也持冷淡态度，漠不关心；表现在理论界和学术领域，就是一些学者极力抹杀一些重要思想意识、理论观念中的意识形态

---

[1] 《历史传统文化对官员的功利主义价值观的影响》，张家界在线2014年11月26日（http://www.zjjzx.cn/news/zjjplsz/574619.html）。

性，强调它们只是文化，只是科学。反对意识形态控制，要求"消解"主流意识形态；表现在党内，就是一些党员领导干部思想麻痹，忙于事务，不注意研究社会政治动向，不注意政治立场和政治方向问题，放松对马克思主义理论的学习，以及对思想政治工作和意识形态教育的主动权和控制权，致使许多党员出现信念动摇，意志衰退，道德失范现象，党内腐败风气不断蔓延滋长等。甚至一些人认为，经济建设为实，意识形态为虚，搞好经济建设是务实之根本，强调意识形态是务虚之末端，前者于国于民皆利害攸关，后者搞好搞坏都无关大局。这种"淡化意识形态"的倾向给我国的意识形态建设带来了很大的困难，在很大程度上起到了消解社会主义意识形态的作用。尤其是20世纪90年代以来，我国理论界和社会上产生了一股"淡化意识形态"的思潮。这股思潮鼓吹"告别革命，远离政治，疏离主题，淡化意识形态"，与国际上"意识形态终结论"思潮遥相呼应，对我国的主流意识形态造成了很大的冲击。"淡化意识形态"现象的产生有着深刻的经济、政治和文化根源。从经济上看，经济体制的深刻转型和市场经济的实行不可避免地会带来分配方式的多样化和社会利益格局的多元化，从而给人们传统的思想和价值观念带来一定的冲击，物质利益至上，实用主义、拜金主义等成为一些人行事的最高人生哲学。这在一定程度上势必会淡化人们的政治热情，减少人们参与国家政治的行为。从政治上看，经济的发展促使传统的阶级结构解体，阶级界限越来越模糊，个人对传统政治和阶级身份的认同感日趋淡漠，个人日益归属于亚团体或完全归属于个人的现实，在使个人、团体选择机会增多的同时，也使社会的政治生活更加分散化和个人化。从文化上看，文化的多元化尤其是大众文化在社会上的流行，也在一定程度上对我国主流意识形态起到了淡化和消解的作用。以大众文化为例，"大众文化是一种以大众传媒为载体，以文化商品生产为特征，以大众为对象的流通文化，其主要功能是娱乐。由于没有明确的意识形态倾向，无论持何种政治见解、何种政治立场、何种价值观念的人，都可以在大众文化中寻找到自己最需要的'文化产品'来进行消费，从而获得精神和心理上的舒适、宣泄、抚慰。"[①] 大众文化使一些人专注于精神和文化的享受，从而使社会上呈现出一定的政治冷漠现象。目

[①] 熊飞、郭秋光：《论部分大学生主流意识形态淡化的主要原因》，《教学研究》2006年第2期。

前，我国社会意识形态淡化的现象依然存在，并呈一种上升趋势，针对这种形势，就必须进一步加强社会主义意识形态建设，增强社会主义意识形态的吸引力和凝聚力。因此，在意识形态领域提出培育和践行社会主义核心价值观的战略任务，并将其融入精神文明建设实践和全过程，正是对所谓"意识形态终结论"以及淡化意识形态企图和论调的一个有力回应。

（五）多元价值观的冲突及其对社会主义价值观的冲击

当前，我国在精神文明建设领域除意识形态领域和道德领域存在着一些严重问题之外，在人们的价值观方面也存在着一定程度的价值观冲突和扭曲现象。现阶段我国正处于改革发展的关键时期，社会矛盾和社会问题日益突出，各种思想文化相互碰撞、激荡、交融，人们的价值观念正日趋多样化，各种价值观之间的冲突呈现出广泛性、复杂性和深刻性的特点，不少人的思想观念出现困惑和盲从，甚至导致价值观扭曲、理想破灭和信仰危机。从根本上说，价值观具有多样化的特质，不同的价值主体，由于需要和利益不同，对同一价值问题的认识和看法就有所不同，就会导致不同价值观的出现。即使同一价值主体，在不同的时期，由于内在需要和利益诉求的变化，对于同一价值问题的看法较前一阶段也会呈现出很大的差异性，从而使其固有的价值观发生深刻变化。同时，价值观的多样也与价值主体的自身本质力量密切相关。正如列宁所说："没有'人的感情'，就从来没有也不可能有人对于真理的追求。"[①] 由于价值主体在知识结构、认知能力、文化背景、情感、意志等方面具有差异性，这就造成对同一价值问题的不同的认识和回答。价值观的多样还与社会环境、社会条件的复杂性和多样性息息相关。马克思指出：在不同的财产形式上，在社会生存条件上，耸立着由各种不同的，表现独特的情感、幻想、思想方式和人生观构成的整个上层建筑。这就是说，价值观作为思想上层建筑的重要内容，从根本上是由经济基础决定的。改革开放后，我国在经济领域发生了深刻变革，过去单一的公有制经济形式由多样的经济形式所代替，经济形式的多样化也带来分配形式的多样化，从而导致人们利益诉求、思想观念和价值意识的多样化，这是价值观呈现出多样化发展趋势的一个深层次的经济动因。与之相应，我国也在经历一个由传统社会向现代社会的转型过程，

---

① 《列宁全集》第20卷，人民出版社1958年版，第255页。

在这一过程中，我国的社会结构发生了深刻变化，由过去等级化、封闭式的社会结构逐渐转变为一个平权化、开放式的社会结构。社会结构的变动使得人们从过去的单位人转变为一个真正的社会人，人们的自由度大大增加，利益主体也在走向多元化。同时，过去那种高度集中的政治模式被逐渐打破，取而代之的是新型的社会主义民主模式。这种政治模式极大地提高了人们的民主意识和政治参与能力，为人们表达自己多样化的政治诉求，有效地参与国家政治生活提供了民主的政治土壤。此外，改革开放打破了过去相对封闭的社会环境，使人们的开放意识、全球意识、创新意识大大增强，我们面临的是世界文化多元的国际背景。世界文化的多元必然会导致人们在价值观方面的多样发展。所有这些均是导致我国社会价值观呈现多样化趋势的深刻动因。

  价值观的多样一方面导致"一些人失去了人生的目标和方向，内在心灵世界没有依归，出现了'价值真空'的状态；不同时代的价值观并存，'价值多样'而导致无所适从的现象比较突出；社会对平民大众的价值取向缺乏有说服力的分析和引导，从而出现'价值错位'；社会的宣传舆论与平民大众的实际观念存在断裂，出现了'价值悬置'。价值真空、价值多样、价值错位和价值悬置，综合起来，又导致了'价值虚无'的状况"①。另一方面也造成多元价值的并存与冲突，主要表现为：正确价值观和错误价值观、主导价值观与多元价值观、传统价值观与现代价值观、资本主义价值观与社会主义价值观、个人价值观与社会价值观等相交织的错综复杂的局面。一是正确价值观和错误价值观相互交织。从价值观的性质和作用来看，价值观有正确价值观和错误价值观之分，正确价值观对社会的进步与发展和人的成长具有极大的促进作用，而错误价值观则对社会的进步与发展和人的成长起着阻碍作用。错误价值观的盛行在很大程度上也会对人们正确价值观的形成造成一定的冲击和影响。因此，对公民进行正确价值观的教育，消除错误价值观的影响就显得非常重要。二是主导价值观与多元价值观相互交织。主导价值观是维系一个社会发展正常运转的根本价值前提，对社会的发展具有明显的导向性，是凝聚全社会力量的共同思想基础。当前我国社会的主导价值观就是社会主义核心价值体系和社会主义核心价值观，这是我们在思想文化领域树立的一面精神旗帜。除主导

---

① 陈亚杰：《建设社会主义核心价值体系》，人民出版社2007年版，第16页。

价值观外，我国社会还存在着多元化的价值观念。多元化的价值观念既有利于主导价值观的发展，同时也形成一定的冲击和挑战。因此，如何用主导价值观引领多元化价值观的健康发展是我们在精神文明建设中亟待解决的一个重大问题。三是传统价值观与现代价值观相互交织。传统价值观是我国传统文化的核心，是建设我国现代文化的立足点，然而对待传统价值观要采取的科学的态度，既不能全盘否定，也不能全盘吸收，传统价值观中有很多优秀的东西值得我们今天借鉴和吸收，然而也有一些糟粕的东西。因此，在精神文明建设中如何祛除传统价值观中消极价值观念对社会的影响，如何实现优秀传统价值观的现代转换，并将其同现代价值理念的有机结合，充分发挥其对现代社会发展的积极作用，无疑具有十分重要的现实意义。四是资本主义价值观与社会主义价值观相互交织。社会主义价值观是我国的主流价值观，在社会上占据主导地位，然而，伴随着经济全球化趋势的不断增强和我国对外开放的日益深入，资本主义价值观也在日益向我国渗透，并在很大程度上影响着我国公民的思想意识和价值观念，从而对我国新时期社会主义核心价值体系建设和社会主义价值观的培育和构建形成了巨大的冲击和挑战。五是个人价值观与社会价值观相互交织。社会价值观是一个社会全体公民的共同的价值追求，对于凝聚社会力量，巩固全党全社会共同的思想基础发挥着十分关键的作用。现阶段，我国社会共同的价值理想追求就是建设中国特色社会主义，实现社会主义的现代化和中华民族的伟大复兴，这也是实现"中国梦"的根本要义所在。然而，除了全社会共同的价值追求外，人们在社会实践中都会形成具有各自特色的价值理想和追求。因此，如何处理好个人价值观同社会共同价值观的关系，并将两者有机地结合在一起，在实现社会共同价值追求的过程中实现个人的价值理想就成为摆在我们面前的一项重大课题。总之，在多元价值观并存和冲突的社会背景下，加强主流价值观的培育和建设，将其融入精神文明建设，有效解决价值冲突，引领和整合多样化价值观的发展就显得异常突出和重要。

（六）在党的作风建设方面存在着严重的问题

执政党的作风如何直接关系到整个社会的风气问题。正如毛泽东所说："只要我们党的作风完全正派了，全国人民就会跟我们学。党外有这种不良风气的人，只要他们是善良的，就会跟我们学，改正他们的错误，这样就会影响全民族。"① 邓小平也深刻指出："端正党风，是端正社会风气的关键。"② 当前，我们党内的风气主流是好的，大部分党员都能摆正自己的位置，认准自己的角色，努力做人民的公仆。但同时也应清醒地认识到在党的作风建设方面还存在着一些严重问题，这些问题不解决，势必会影响到党的自身建设，影响到党的纯洁性建设和党的执政能力的进一步提高。2013年6月18日，习近平在党的群众路线教育实践活动工作会议上的讲话中告诫全党："面对世情、国情、党情的深刻变化，精神懈怠危险、能力不足危险、脱离群众危险、消极腐败危险更加尖锐地摆在全党面前，党内脱离群众的现象大量存在，一些问题还相当严重。"③ 同时，他明确指出，党内存在的严重问题集中体现在"四风"上，即：形式主义、官僚主义、享乐主义和奢靡之风。在形式主义方面，主要是知行不一、不求实效，文山会海、花拳绣腿，贪图虚名、弄虚作假。主要表现为："有的不认真学习党的理论和做好工作所需要的知识，学了也是为应付场面，蜻蜓点水，浅尝辄止，不求甚解，无心也无力在实践中认真运用。有的习惯于以会议落实会议、以文件落实文件，热衷于造声势、出风头，把安排领导出场讲话、组织发新闻、上电视作为头等大事，最后工作却不了了之。有的抓工作不讲实效，不下功夫解决存在的矛盾和问题，难以给领导留下印象的事不做，形不成多大影响的事不做，工作汇报或年终总结看上去不漂亮的事不做，仪式一场接着一场，总结一份接着一份，评奖一个接着一个，最后都是'客里空'。有的下基层调研走马观花，下去就是为了出镜头、露露脸，坐在车上转，隔着玻璃看，只看'门面'和'窗口'，不看'后院'和'角落'，群众说是'调查研究隔层纸，政策执行隔座山'。有的明知报上来的是假情况、假数字、假典型，也听之任之，甚至通过挖空心思造假来粉饰太平。"④ 在官僚主义方面，主要是脱离实际、脱离群众，高高在上、漠视现实，唯我独尊、自我膨胀。主要表现为："有的对实际情况不了解不关注，不愿深入困难艰苦地区，不愿帮助基层和群众解决实际问题，甚至不愿同基层和普通群众打交道，怕给自己添麻烦，工作上敷衍塞责、推诿扯皮、得过且过。有的不顾地方实际和群众意愿，喜欢拍脑

---

① 《毛泽东选集》第3卷，人民出版社1991年版，第812页。
② 《邓小平文选》第3卷，人民出版社1993年版，第144页。
③ 习近平：《习近平谈治国理政》，外文出版社2014年版，第368页。
④ 同上书，第368—369页。

袋决策、拍胸脯表态，盲目铺摊子、上项目，最后拍屁股走人，留下一堆后遗症。有的对上吹吹拍拍、曲意逢迎，对下吆五喝六、横眉竖目，门难进、脸难看、事难办，甚至不给钱不办事，收了钱乱办事。有的对待上级部署囫囵吞枣、断章取义，执行上级决定照本宣科、等因奉此，或者照猫画虎、生搬硬套，以前怎么做就怎么做，别人怎么做就怎么做，完全不顾本地本部门实际情况。有的官气十足、独断专行，老子天下第一，一切都要自己说了算，拒绝批评帮助，容不下他人，听不得不同意见。"[1] 在享乐主义方面，主要是精神懈怠、不思进取，追名逐利、贪图享受，讲究排场、玩风盛行。主要表现为："有的意志消沉、信念动摇，奉行及时行乐的人生哲学，'今朝有酒今朝醉'，'人生得意须尽欢'。有的追求物质享受，情趣低俗，玩物丧志，沉湎花天酒地，热衷灯红酒绿，纵情声色犬马。有的拈轻怕重，安于现状，不愿吃苦出力，满足于现有学识和见解，陶醉于已经取得的成绩，不立新目标，缺乏新动力，'清茶报纸二郎腿，闲聊旁观混光阴'。"[2] 在奢靡之风方面，主要是铺张浪费、挥霍无度，大兴土木、节庆泛滥，生活奢华、骄奢淫逸，甚至以权谋私、腐化堕落。主要表现为："有的修建豪华气派的办公大楼，甚至占地上百亩、耗资几个亿，搞得富丽堂皇，吃喝玩乐一应俱全。有的热衷于造节办节，节庆泛滥成灾，动辄花费几百万、几千万，劳民伤财啊！有的热衷于个人享受，住房不厌其大其多，车子不厌其豪华，菜肴不厌其精美，穿戴讲究名牌，对超出规定的生活待遇安之若素，还总嫌不够。有的要求超规格接待，住高档酒店，吃山珍海味，喝美酒佳酿，觥筹交错之后还要'意思意思'。有的兜里揣着价值不菲的会员卡、消费卡，在高档会馆里乐不思蜀，在高级运动场所流连忘返，在名山秀水间朝歌夜弦，在异国风情中醉生梦死，有的甚至到境外赌博场所挥金如土啊！有的作风不检点，甚至道德败坏、生活放荡，不以为耻、反以为荣。"[3] 党风方面存在的这些问题直接导致我们党内腐败现象的滋生和蔓延，严重损害了党在人民群众中的形象和威信，影响了党同人民群众的血肉联系。

当前，面对精神文明建设方面存在的这些问题，必须在社会上明确树

---

[1] 习近平：《习近平谈治国理政》，外文出版社2014年版，第369页。
[2] 同上书，第370页。
[3] 同上。

立一个占主导地位的核心价值观,以引领社会思想文化的健康发展。而社会主义核心价值观的科学性、先进性、主导性、整合性、广泛性及可操作性使得它能够有效引领和整合多样化的社会意识和价值观念,解决不同思想文化、价值观念之间的冲突,在全社会树立起正确的价值导向,最大限度地形成思想共识,从而为推进社会主义精神建设奠定坚实的思想基础。

二 经济全球化背景下文化多元发展趋势所带来的影响

经济全球化背景下文化多元的发展趋势是将社会主义核心价值观融入精神文明建设的时代根基。经济全球化是当今世界的基本态势,也是一种客观的发展趋势。早在160多年前,马克思在其撰写的《共产党宣言》中就初步预测到了经济全球化的到来。他指出:"资产阶级,由于开拓了世界市场,使一切国家的生产和消费都成为世界性的了。使反动派大为惋惜的是,资产阶级挖掉了工业脚下的民族基础。古老的民族工业被消灭了,并且每天都还在被消灭。它们被新的工业排挤掉了,新的工业的建立已经成为一切文明民族的生命攸关的问题;这些工业所加工的,已经不是本地的原料,而是来自极其遥远的地区的原料;它们的产品不仅供本国消费,而且同时供世界各地消费。旧的、靠本国产品来满足的需要,被新的、要靠极其遥远的国家和地带的产品来满足的需要所代替了。过去那种地方的和民族的自给自足和闭关自守状态,被各民族的各方面的互相往来和各方面的互相依赖所代替了。"① 经济全球化同时也带来文化的全球化和多元化的发展趋势。对此,马克思深刻指出:在经济全球化的发展态势下,精神生产也出现了全球化的趋势,"各民族的精神产品成了公共的财产。民族的片面性和局限性日益成为不可能,于是由许多种民族的和地方的文学形成了一种世界的文学。"② 从客观上讲,文化全球化和多元化的趋势有利于世界文明的健康发展,是推动人类社会发展和进步的内在动力。世界各个民族在长期的发展过程中形成了各具特色的文明和文化,为世界文明和文化宝库增添了不可或缺的精神财富,均为世界文明和文化的发展作出了巨

---

① 《马克思恩格斯选集》第1卷,人民出版社1995年版,第276页。
② 同上。

大贡献。中国共产党历来重视文明和文化的多样性对于世界文化发展与进步的重要性。在革命时期,毛泽东在《新民主主义论》中就明确表达了中国共产党人对于外国文化的基本态度,强调要积极吸收和借鉴外国一切优秀文化遗产。2006年4月21日,胡锦涛在美国耶鲁大学发表的演讲中明确指出:"一个音符无法表达出优美的旋律,一种颜色难以描绘出多彩的画卷。世界是一座丰富多彩的艺术殿堂,各国人民创造的独特文化都是这座殿堂里的瑰宝。一个民族的文化,往往凝聚着这个民族对世界和生命的历史认知和现实感受,也往往积淀着这个民族最深层的精神追求和行为准则。人类历史发展的过程,就是各种文明不断交流、融合、创新的过程。人类历史上各种文明都以各自的独特方式为人类进步作出了贡献。文明多样性是人类社会的客观现实,是当今世界的基本特征,也是人类进步的重要动力。"① 在世界文化多样化的基本格局和态势下,各民族文化应该相互尊重,实现不同文化和文明的平等对话,在相互的交流和竞争中实现优势互补,共同发展。因此,世界文化的多元发展趋势从总体上有利于中华文化的发展,中华文化可以在同世界各民族和国家文化的交流中不断发展和丰富自身,并在世界上充分展示它的魅力和风采。

但同时,世界文化的多元发展也将不可避免地带来不同文化之间的冲突。世界各国各民族的文化都是在长期的发展过程中形成的,其间融入了本国和本民族的特点,因而不同国家和民族之间的文化具有较大的差异性,而这种差异性也正是造成多元文化之间可能产生冲突的内在原因。尤其是世界上一些强势文化利用自身在经济、科技和发达的网络等新兴传播媒介方面的优势,在世界各国广泛进行传播,借以影响和同化其他国家和民族的文化,以实现其在全球多元文化格局中的文化霸权地位。如以美国文化为代表的西方文化即是如此。有学者指出:"由于信息网络发端于美国并兴盛于美国,它的构造方式是由美国人所设计并符合美国文化的特点,英文是网络上的主流语言,网络上流动的信息也主要来自美国,因此它实际上也就要求任何一个入网者必须学会美国的语言,适应美国式的思维方式和熟悉美国的文化,在这种情况下,全球网络化的过程更像是一种美国文化的全球化过程,或者说是一种以美国文化为代表的英语文化的殖

---

① 《十六大以来重要文献选编》(下),中央文献出版社2008年版,第431页。

民化过程。"① 当前，以美国文化为代表的西方文化已深入到世界各个国家，触及到了社会的各个角落，正在以前所未有的速度深刻地影响着其他国家人民所固有的思想意识和价值观念，从而使这些国家民族文化的独立性遭受到严重的挑战和威胁，"美化"、"西化"倾向日益严重。对此，江泽民曾明确指出："世界多极化和经济全球化的趋势深入发展，引起世界各种思想文化，历史的和现实的、外来的和本土的、进步的和落后的、积极的和颓废的，展开了相互激荡，有吸纳又有排斥，有融合又有斗争，有渗透又有抵御。总体上处于弱势地位的广大发展中国家，不仅在经济发展上面临严峻挑战，在文化发展上也面临严峻挑战。保持和发展本民族文化的优秀传统，大力弘扬民族精神，积极吸取世界其他民族的优秀文化成果，实现文化的与时俱进，是关系广大发展中国家前途命运的重大问题。"②

社会主义精神文明和社会主义文化是中华民族文化在当代中国的具体体现，是中华民族文化同马克思主义文化有机结合的理论结晶，其中融入了社会主义意识形态的鲜明特点。因此，推进社会主义精神文明和社会主义文化建设对于实现中华民族的伟大复兴和社会主义现代化的目标具有十分关键的战略意义。在当前世界文化多元，各种文化相互交织、相互激荡的思想文化背景下，不断推进社会主义精神文明建设的发展就显得异常重要。而社会主义核心价值观作为社会主义意识形态的本质体现和社会主义文化的核心，决定着精神文明建设的性质和发展方向，对社会主义精神文明建设的发展无疑会起到不可替代的维护和推动作用。这也是当前我们将社会主义核心价值观融入精神文明建设全过程的时代条件和国际因素。

三 资本主义意识形态对我国文化和精神文明建设的渗透和冲击

资本主义意识形态对我国文化和精神文明建设的渗透和冲击是将社会主义核心价值观融入精神文明建设的直接动因。从根本上说，文化是对一个社会经济和政治的具体反映，具有鲜明的社会意识形态性。"作为上层

---

① 冯鹏志：《延伸的世界——网络化及其限制》，北京出版社1999年版，第290页。
② 《江泽民文选》第3卷，人民出版社2006年版，第399—400页。

建筑的重要组成部分,思想文化不仅呈现出民族性、地域性的特征,而且总是与一定的社会制度、社会发展阶段相联系的。纵观人类历史发展史,世界各个国家和民族因处于不同的发展阶段,具有不同的经济基础和政治制度,也就拥有不同性质、不同形态的思想文化。"① 当今世界处于两大社会制度并存的时代,社会主义制度和资本主义制度的交流与合作、竞争与碰撞已成为不争的事实。因此,国际意识形态斗争的复杂性在所难免,其斗争的艰巨性也可想而知。国际意识形态斗争的焦点主要在于资本主义意识形态和社会主义意识形态之间的较量,其实质就是两种不同的社会制度、价值观、发展道路之间的竞争与较量。西方资本主义国家利用在经济全球化和全球科技发展中的优势地位,采用发达的通信、网络及扶持代理人等一切手段,对社会主义国家进行资本主义意识形态的宣传攻势,企图达到资本主义意识形态一统天下的目的。这正如马克思在《共产党宣言》中所说:"资产阶级,由于一切生产工具的迅速改进,由于交通的极其便利,把一切民族甚至最野蛮的民族都卷到文明中来了。它的商品的低廉价格,是它用来摧毁一切万里长城、征服野蛮人最顽强的仇外心理的重炮。它迫使一切民族——如果它们不想灭亡的话——采用资产阶级的生产方式;它迫使它们在自己那里推行所谓的文明,即变成资产者。一句话,它按照自己的面貌为自己创造出一个世界。"② 新中国成立以来,以美国为首的西方资本主义国家一刻也没有放松对我国的"和平演变"。尤其是自20世纪90年代以来,它们借助新一轮全球化到来之际,采用各种方法和手段,不断强化资本主义意识形态的渗透。

对于西方资本主义国家西化、分化中国的目的和企图,江泽民曾经明确指出:"我们把大门打开了,好的东西进来了,一些不好的东西也会进来,敌对势力也会趁机做文章。西方国家一直没有放松在思想、政治、文化、宗教等方面对我们施加影响和进行渗透。东欧剧变、苏联解体以后,国际敌对势力自以为得计,声称他们对社会主义国家的'和平演变'战略取得了决定性的胜利,妄言社会主义国家将很快在地球上消失,加紧对中国推行'西化'、'分化'战略。所谓'西化',就是企图在政治上用西方

---

① 中共中央宣传部理论局编写:《划清"四个重大界限"学习读本》,学习出版社2010年版,第59页。

② 《马克思恩格斯选集》第1卷,人民出版社1995年版,第276页。

的多党制和议会制取代共产党的领导地位和人民民主专政的国家制度,在经济上用资本主义私有制取代社会主义公有制,在思想文化上用资本主义意识形态取代社会主义意识形态。所谓'分化',就是利用一切手段和各种机会,企图分裂我们的党、我们的民族和我们的国家,使我国重新陷入旧中国那种四分五裂、一盘散沙的状态。总之,他们的目的,就像邓小平同志指出的,是要把社会主义的中国变成'完全西方附庸化的资产阶级共和国'。"① 资本主义意识形态的渗透和冲击给我国社会主义精神文明建设带来了巨大挑战,在我国思想文化领域出现了严重的西化倾向,尤其是资产阶级自由化的思想对人们思想意识和价值观念的影响不可低估和小觑。意识形态斗争的复杂化使得当前我国社会主义核心价值观的培育工作显得异常突出和重要。

四 提升国家软实力,建设社会主义文化强国的客观需要

　　将社会主义核心价值观融入精神文明建设是提升国家软实力,建设社会主义文化强国的客观需要。2011年10月,十七届六中全会在通过的《中共中央关于深化文化体制改革　推动社会主义文化大发展大繁荣若干重大问题的决定》中明确提出,要"培养高度的文化自觉和文化自信,提高全民族文明素质,增强国家文化软实力,弘扬中华文化,努力建设社会主义文化强国"②。建设社会主义文化强国是我们党于新的历史时期在推进社会主义文化和精神文明建设过程中提出的又一重大战略目标和任务。这一战略目标和任务是基于文化在社会主义社会发展和提升综合国力中的重要地位而提出的。综合国力是指一个国家所具有的能够有效维护和实现自身利益的各种力量的总和,综合国力既包括硬实力,也包括软实力。硬实力是指一个国家所具有的强大的物质力量,包括经济力量、军事力量、科技力量等,在提升国家的综合国力方面发挥着十分关键的作用,但同时,文化作为一种软实力,也是提升综合国力的重要因素。新世纪,世界格局在复杂曲折中趋向多极化,经济全球化迅猛发展,科技进步日新月异,世

---

① 《十四大以来重要文献选编》(下),人民出版社1999年版,第2074—2075页。
② 《十六大以来重要文献选编》(下),中央文献出版社2008年版,第431页。

界范围的综合国力竞争日趋激烈，加强文化建设已成为世界各国提高国际影响力与竞争力的一项战略选择。美国的综合国力之所以强大，其中一个主要原因就在于它拥有强大的文化。美国的文化产业已成为重要的支柱产业，影视业是美国居于前列的创汇产业，与其航空航天业和现代电子业并驾齐驱。美国利用其文化霸权在世界占领别国的文化市场和思想阵地，不仅获得了巨大的经济利益，而且到处推销美国的生活方式和意识形态，冲击和消解着广大发展中国家的民族文化，深刻地影响着综合国力竞争的国际战略态势。面对西方文化的强大攻势，在文化的作用愈发突出的今天，我们必须走一条文化强国之路，以实现中华民族的伟大复兴。对于文化软实力在综合国力中的重要地位，党的十五大报告提出："有中国特色的社会主义文化，是凝聚和鼓励全国各族人民的重要力量，是综合国力的重要标志。"[1] 1998年，江泽民在《在全国抗洪抢险总结表彰大会上的讲话》中明确指出："一个民族、一个国家，如果没有自己的精神支柱，就等于没有灵魂，就会失去凝聚力和生命力。有没有高昂的民族精神，是衡量一个国家综合国力强弱的一个重要尺度。综合国力，主要是经济实力、技术实力，这种物质力量是基础，但也离不开民族精神、民族凝聚力，精神力量也是综合国力的重要组成部分。"[2] 在新的世纪，中国共产党高瞻远瞩，又多次强调文化软实力在提升综合国力中的重要性。十六大报告进一步指出："当今世界，文化与经济和政治相互交融，在综合国力竞争中的地位和作用越来越突出。文化的力量，深深熔铸在民族的生命力、创造力和凝聚力之中。"[3] 十七大报告强调："当今时代，文化越来越成为民族凝聚力和创造力的重要源泉、越来越成为综合国力竞争的重要因素。"[4]

文化作为一种软实力从总体上反映着一个国家综合国力的强弱。认识文化软实力的作用，就要充分理解硬实力和软实力之间的辩证法。在任何时候，硬实力都是基础，而软实力则是在物质实力的基础上产生、发展起来的。有了强大的硬实力并不意味着就拥有强大的软实力。但如果一个国家拥有强大的软实力，其硬实力也会非常强大。发达国家之所以发达，不仅在于它的物质发达，更重要的在于它的文化发达。那么，文化作为软实

---

[1] 《十五大以来重要文献选编》（上），人民出版社2000年版，第35页。
[2] 同上书，第549—550页。
[3] 《中国共产党第十六次全国代表大会文件汇编》，人民出版社2002年版，第37页。
[4] 《十七大以来重要文献选编》（上），中央文献出版社2009年版，第26页。

力是如何对一个国家的综合国力发挥作用呢？对此，江泽民曾指出："按照马克思主义的唯物辩证法观点，在一定条件下，精神可以变物质，精神的力量可以转化为物质的力量。强大的精神力量不仅可以促进物质技术力量的发展，而且可以使一定的物质技术力量发挥出更好更大的作用。"[①] 这就是说，文化的发展状况会直接影响到一个社会经济的发展和物质力量的强弱。譬如，科学技术作为文化的一项重要内容，是先进生产力的集中体现和主要标志。科技进步越来越成为经济发展的决定因素，科技创新能力也越来越成为国际综合国力竞争和一个民族兴旺发达的决定性因素。文化不仅具有社会效益，更具有直接的经济效益。文化产业本身正是一个社会经济发展的重要支撑因素。一般来说，发达国家都非常重视文化产业的发展，很多国家提出文化立国的战略目标，并把文化产业作为国民经济的支柱产业，文化产业的发达给这些国家带来了丰厚的经济效益，为其国民经济的发展作出了巨大贡献。同时文化作为一种软实力在改善一个国家的形象，提升国家的国际地位方面也会发挥着很重要的作用。因此，新时期提升国家软实力，建设社会主义文化强国，势必要在社会核心价值观的构建和培育方面做文章，下功夫，必须在全社会明确树立一个具有鲜明导向的核心价值观来引导社会思想文化的发展，并将其深深融入社会的文化和精神文明建设之中。

五 促进社会主义现代化建设目标顺利实现的必然要求

将社会主义核心价值观融入精神文明建设是促进社会主义现代化建设目标顺利实现的必然要求。中国特色社会主义建设事业的全面性，要求我们任何时候都要坚持经济、政治、文化、社会四方面的有机统一，实现经济、政治、文化、社会协调发展。这就决定了我们要实现的社会主义现代化是包含经济现代化、政治现代化、文化现代化、社会现代化在内的一个系统整体，四者相互作用、相互影响。其中发展社会主义文化，推进精神文明建设，实现文化的现代化对我国的社会主义现代化建设具有重大的战略意义。

---

① 《十五大以来重要文献选编》（上），人民出版社2000年版，第549—550页。

社会主义文化和精神文明建设为经济现代化提供了强大的精神动力和智力支持。社会主义文化和精神文明建设在一定程度上是经济发展的助推器。经济制度的选择、经济战略的提出与经济政策的制定无不受到社会文化背景的影响和决策者文化水平的制约。尤其是社会主义文化和精神文明建设能为经济现代化提供强大的精神动力和智力支持，它在一定程度上规定了经济发展的方向和方式。我国是在经济文化落后的情况下进行现代化建设的，因而更需要自强不息、不屈不挠、勇往直前的精神，需要顾全大局、艰苦奋斗、无私奉献的精神。而要树立这些可贵的精神，就要不断推进社会主义文化发展和精神文明建设，并充分发挥社会主义核心价值体系对社会主义文化和精神文明建设的主导和引领作用。发展社会主义文化和建设精神文明对物质生产者有激励和动员的作用，有提高人民群众政治思想觉悟的作用，有调动劳动者生产积极性的作用，有培养良好精神状态的作用，从而为社会经济发展提供强大的精神动力。同时发展社会主义文化和建设精神文明也为经济发展与经济现代化提供了智力支持。现代生产的发展，主要依赖人的智力水平的提高，而人的智力水平的提高又要受到科学文化知识的制约。因此，发展社会主义文化，建设精神文明，大力提高教育、科学、文化水平，是实现经济现代化的必然要求。

社会主义文化和精神文明建设为政治现代化提供了可靠的思想保障。一是发展社会主义文化，建设精神文明能确保我国政治发展的正确方向。发展社会主义文化，建设精神文明就是要坚持马克思主义在意识形态领域的领导地位。用马克思主义这一先进文化指导政治发展进程，可以使我国的政治体制沿着一个正确的方向变革，坚持社会主义方向，而不偏离这一方向。在政治现代化进程中，我们要始终以马克思列宁主义、毛泽东思想和中国特色社会主义理论体系为指导，发展先进文化，建设精神文明，不断推进我国政治体制改革，促进政治民主化、制度化与法律化，为政治现代化提供可靠的思想保障。二是社会主义文化和精神文明建设有利于我国政治逐渐走向民主化。社会主义文化和社会主义精神文明是一种开放的文化体系，有利于我国政治民主化目标的实现。文化的开放性，必然促使我国在政治上以积极的态度寻求文明对话，促进不同制度、不同政体之间的相互了解与宽容，这样有利于打破保守与自我封闭，走向世界，求同存异，批判吸收世界一切政体的优点与长处，吸取不同文明的民主精神，使我国的政治逐步走向民主化。三是社会主义文化和精神文明建设可为政治现代化提供一个健康良好的精神环境。实现政治现代化，建设社会主义民主政治，建设社会主义法治国家，没有一个健康良好的精神环境是不行的。苏联、东欧剧变的教训告诉我们，在没有先进的精神文化与思想观念为政治体制改革提供一个健康良好的精神环境的情况下，政治体制改革往往会演变成一场政治危机与政治地震，使政治体制改革偏离正确的方向。正是由于苏联、东欧等社会主义国家主动放弃了马克思主义这一先进文化与先进思想，才引发社会动荡，从而丧失了政治体制改革与政治现代化的思想基础，最终放弃了社会主义道路。所以我们要始终坚持以马克思列宁主义、毛泽东思想和中国特色社会主义理论体系为指导，大力发展社会主义先进文化，加强社会主义精神文明建设，普及科学文化知识，反对唯心论和各种封建迷信，扫除愚昧，营造良好的文化环境，提高社会文明的程度，在全社会形成团结、互助、平等、友爱的人际关系，从而为我国的政治现代化建设提供健康良好的精神环境。

社会主义文化和精神文明建设为社会现代化提供了精神支撑和正确的价值观与道德观。社会现代化是指社会领域的一种革命性的社会变迁，它包括：从农业社会向工业社会、从工业社会向知识社会的两次转型，社会生产力和生活质量的持续提高，生活方式和生活观念的根本转变，国民文化和健康素质的大幅度提高，社会福利和社会公平的根本改善以及国际地位的变化等。社会现代化是人类进步的主旋律，代表了文明发展的主方向，导致了人类社会结构和社会生活的深刻变化，以及世界格局的根本改变。社会现代化是我国社会主义现代化的重要组成部分，没有社会现代化，就没有我国社会主义的现代化，它与经济现代化、政治现代化、文化现代化互为基础、相互促进、共同发展。目前，我们要大力构建的社会主义和谐社会则是实现社会现代化的一个具体的社会模式，是我们党对共产党执政规律、社会主义建设规律和人类社会发展规律认识深化的必然结果。大力发展社会主义文化，推进精神文明建设，实现文化现代化，能为构建和谐社会，最终实现社会现代化提供强大的精神支撑和正确的道德观与价值观。社会主义文化和精神文明建设对弘扬民族精神，形成民族凝聚力，有着极大的激励和促进作用。世界上每一个成熟的民族都有自己特有的文化形态和文化个性，而这种特有的文化就成为民族亲和力和凝聚力的重要源泉。可以说，文化是民族精神的象征，是维系社会和谐，实现社会现代化的纽带。当前，我们应大力发展社会主义文化，建设精神文明，在全社会形成共同的理想信念和精神支柱，从而为实现社会现代化提供精神支撑。社会主义文化和精神文明建设也能为构建和谐社会，最终实现社会现代化提供正确的道德观与价值观。目前，我国的社会主义市场经济已初步建立并逐步得到完善，但由于市场经济本身所具有的负面作用所引发的拜金主义、个人主义、享乐主义等腐朽落后的价值观念导致了人的价值失落，以致出现信仰危机、道德失范、精神滑坡等严重社会现象，在很大程度上阻碍了社会现代化的顺利实现。而通过发展社会主义文化，建设精神文明，以社会主义核心价值观的培育和践行为核心，将社会主义核心价值观融入精神文明建设之中，大力宣传并弘扬正确的世界观、人生观、价值观、道德观和科学的自然观、竞争观等现代观念，积极汲取传统价值观与道德观的积极成分，可使全社会逐步形成以和为真、以和为善、以和为美、以和为贵的共识，形成与社会主义市场经济相适应、与中华民族优秀传统道德相承接、与社会现代化要求相吻合的价值观念与道德体系，从而促进社会现代化的顺利实现。

六 保持文化先进性，推进文化建党的内在要求

将社会主义核心价值观融入精神文明建设是保持文化先进性，推进文化建党的内在要求。先进文化是对时代精神的把握，其前进方向代表着时代发展的趋势，它是党的活力的不竭能源，系之于党魂、党心和党的生命力。因此，始终代表中国先进文化的前进方向，这是"我们党始终站在时代前列、保持先进性的根本体现和根本要求"①。

先进文化是党的一面思想旗帜。任何政党都必须以一定的文化作为自己的思想旗帜和精神力量。坚持什么样的文化方向，建设什么样的文化，鲜明地反映了一个政党的理想信念、根本方向和精神境界，关系着一个政党的素质、能力和兴衰。正是在这一意义上，先进文化是一个政党在思想和精神上的一面旗帜。如今党不仅要代表先进生产力的发展要求，而且还要代表先进文化的前进方向。只有这样才能站在时代前列，保持自身的先进性。正如江泽民所强调的："旗帜问题至关重要，旗帜就是方向，旗帜

---

① 《江泽民文选》第 3 卷，人民出版社 2006 年版，第 277 页。

就是形象。"① 马克思主义作为我党的指导思想，是人类文化的最高成果和文明结晶，毛泽东思想、邓小平理论和江泽民的"三个代表"重要思想作为先进文化，是马克思主义中国化的理论成果，它们体现了时代精神的精华和与时俱进的时代风貌。中国共产党人之所以能够代表先进文化的前进方向，从而成为先进的政党，就在于马克思主义这一旗帜的引导。作为中国工人阶级先锋队的中国共产党，历来重视先进文化建设，重视先进文化对中国革命和建设的巨大推动作用，在革命和建设各个历史时期中始终把握先进文化的前进方向，把先进文化作为自己在思想和精神上的一面旗帜。中国共产党的诞生本身就是人类先进文化的代表——马列主义发展的产物。中国共产党成立后，以先进文化为前进的旗帜，走在中国革命前列，成为领导中国革命的先进政党。在"为中国的文化革命而奋斗"的过程中，形成了以马克思主义为指导反帝反封建的民族的科学的大众的新民主主义文化。新中国成立后，党领导全国人民进行经济文化建设，形成了"百花齐放，百家争鸣"的社会主义文化方针，然而随后的"文化大革命"使先进文化受到极大摧残，扭曲了党的先进性。十一届三中全会以来，党认真总结历史经验教训，在大力推进经济建设的同时，致力于文化建设，将建设社会主义精神文明作为中国特色社会主义的本质特征之一。江泽民在"三个代表"论述中提出党要始终代表中国先进文化前进方向，把先进文化建设提到了战略的高度，这标志着党的执政思想的成熟。在新的历史条件下，我们党要始终站在时代的前列，保持党的先进性，就必须牢牢把握中国先进文化发展的趋势和要求，高举先进文化旗帜不动摇，始终代表中国先进文化的前进方向。

文化建党是使党保持先进性和纯洁性的有效途径。强调从文化上建党，这是中国共产党人围绕"在改革开放和现代化建设条件下建设一个什么样的党、怎样建设党"的主题，推进党的建设新的伟大工程的理性自觉和历史抉择。市场经济、落后文化与腐朽文化对党的先进性和纯洁性形成了一定的冲击，而先进文化则是人类社会发展的灵魂，历史发展的内驱力，也是政党保持先进性的根本保证。当今，文化力已成为国际竞争中综合国力的重要内容，成为执政党素质和水平的重要衡量指标，中国共产党能否牢牢掌握政权，既依赖于它已拥有的政治经济资源，又取决于其拥有

---

① 江泽民：《论有中国特色社会主义》（专题摘编），中央文献出版社2002年版，第19页。

的文化资源。从文化上建党,直接关系到党的兴衰存亡。是否拥有先进文化,是否代表先进文化的前进方向,是否以先进文化武装自己,决定着一个政党的素质、能力和兴衰,是使党保持先进性和纯洁性的有效途径。所以我们要从巩固党的执政地位、提高党的执政水平的高度出发,加强党的建设,用先进文化武装广大党员,肃清落后思想文化残余的影响,抵制极端个人主义、拜金主义、享乐主义等腐朽思想的侵蚀。

第二章

中国共产党探索精神文明建设
实践的历史进程与基本经验

从中国共产党成立之日起，就开始了对精神文明建设的探索过程。在不同的历史时期，中国共产党始终把马克思主义的科学文化同中国革命与建设的实际相结合，与中国优秀传统文化向承接，从而创造出了不同历史阶段上精神文明的不同文化形态。

一 中国共产党探索精神文明
建设实践的历史进程

发展社会主义文化，促进精神文明建设是实现社会主义现代化的重要内容和目标之一。自新文化运动以来，中国有识之士对中国先进文化进行了艰辛的探索，其中有成功也有失败，有经验也有教训。1840年鸦片战争的连天炮火惊破了古老中国的封建残梦，向来处于独尊地位的传统文化受到了前所未有的挑战，大大动摇了传统文化旧有的根基，部分最早"开眼看世界"的士大夫已认识到中国传统文化并不优于西方文化，甚至在某些方面还大大落后于"外夷"，于是以魏源"师夷长技"的口号为开端，终于提出了学习西方的问题。从物质上学习西方并首次付诸大规模实践的是洋务运动，洋务派在"中学为体，西学为用"思想的指导下，引进并传播了西方科学文化知识，打破了旧式教育和科举制度的一统天下，在思想文化方面起到了开通风气的作用。中日甲午战争后，随着洋务运动的失败与"中学为体，西学为用"思想的破产，以康有为、梁启超为代表的资产阶级维新派主张在中国建立资产阶级立宪君主政治，把专制的中国变成议会制的中国。这些思想主张把中国近代文化变革由物质层次推进到了制度层次。维新变法失败以后，以"三民主义"为核心的民主革命文化便应运而生。以孙中山为代表的民主革命派,以民主革命文化为指导,高扬"三民主义"大旗,在神州大地上掀起了一场推翻帝制,建立共和为目标的民主革命风暴,满清王朝连同统治中国几千年的帝制一起被送入了历史的坟墓。但由于袁世凯背叛民主革命,中国进入了北洋军阀黑暗统治时期。从倡导"中学为体,西学为用"思想的洋务运动,到主张立宪君主政治的维新运动,再到高扬"三民主义"大旗的辛亥革命,由于历史的局限性,都相继失败,但它们对中国近代文化的努力探索孕育了新文化运动的到来,为新文化运动准备了基础与前提。以《新青年》杂志为主要阵地的新文化运动高扬民主与科学的大旗,发起了冲决封建罗网的斗争,将中国近代文化变革由制度层次推进到精神层次。但新文化运动也未能完成中国文化的根本的变革与转型,找不到中国文化现代化的正确道路。正当中国的进步知识分子陷入迷惘,找不到中国文化发展的正确道路时,俄国十月革命给中国送来了马列主义,从此中国的进步知识分子开始以俄国为榜样,"用无产阶级的宇宙观作为观察国家命运的工具,重新考虑自己的问题"①。1919年的五四运动进一步促进了马列主义在中国的广泛传播。在俄国十月革命与五四运动的影响与推动下,中国的进步知识分子择定了用马克思主义为指导重构中国现代民族新文化的基本方向,用以改造中国传统文化,塑造中国文化精神,构建符合时代与世界精神的民族文化体系。这一历史性的文化选择,在20世纪中国文化发展与变革的历程中起了决定性的作用,成为中国共产党领导的中国现代文化滋生、发展、演进的光辉起点。

中国共产党在领导中国革命和建设实践的过程中,在不断加强党的自身建设的同时,对中国先进文化和精神文明建设实践也进行了卓有成效的探索,并取得了一些宝贵的经验。新民主主义文化是我国精神文明建设的初始文化形态,是毛泽东在领导新民主主义革命的实践中创造出来的一种崭新的文化形态。1940年1月,毛泽东发表《新民主主义论》。它的发表标志着新民主主义文化建设理论的正式形成,从而在中国文化史上竖起了一座具有划时代意义的丰碑,对中国现代文化的发展产生了深远的影响。这篇著作是中国共产党把马克思主义文化与中国新民主主义文化实践相结合的光辉典范,是对近代尤其是我党领导的新文化运动实践的理论总结。在这篇文章中,他对新民主主义政治、新民主主义经济、新民主主义文化

---

① 《毛泽东选集》第4卷,人民出版社1991年版,第1471页。

作了经典性的阐述，初步回答了新民主主义文化建设的一系列基本问题，并在此基础上阐明了新民主主义文化的一系列方针和政策，为新民主主义文化建设提供具体的理论指南。毛泽东在《新民主主义论》中，根据马克思主义关于政治、经济、文化相统一的原理，深刻地揭示了新民主主义文化的本质："一定的文化（当作观念形态的文化）是一定社会的政治和经济的反映，又给予伟大影响和作用于一定社会的政治和经济；而经济是基础，政治则是经济的集中表现。这是我们对于文化和政治、经济的关系及政治和经济的关系的基本观点。"① 并明确提出了新民主主义文化建设和发展的战略任务和目标，他指出："我们共产党人，多年以来，不但为中国的政治革命和经济革命而奋斗，而且为中国的文化革命而奋斗；一切这些的目的，在于建设一个中华民族的新社会和新国家。在这个新社会和新国家中，不但有新政治、新经济，而且有新文化。这就是说，我们不但要把一个政治上受压迫、经济上受剥削的中国，变为一个政治上自由和经济上繁荣的中国，而且要把一个被旧文化统治因而愚昧落后的中国，变为一个被新文化统治因而文明先进的中国。一句话，我们要建立一个新中国。建立中华民族的新文化，这就是我们在文化领域中的目的。"② 同时，毛泽东还强调指出，新民主主义文化就其性质来讲，是一种民族的科学的大众的文化，既不同于旧的帝国主义文化，也不同于旧的半封建文化。"帝国主义文化，这是反映帝国主义在政治上经济上统治或半统治中国的东西。这一部分文化，除了帝国主义在中国直接办理的文化机关之外，还有一些无耻的中国人也在提倡。一切包含奴化思想的文化，都属于这一类。"③ 而半封建文化则"是反映半封建政治和半封建经济的东西，凡属主张尊孔读经、提倡旧礼教旧思想、反对新文化新思想的人们，都是这类文化的代表"④。这两种文化具有历史的反动性，"都是坏东西，都是应该彻底破坏的"，是文化革命的对象。而新民主主义文化则不同，新民主主义文化，是新民主主义的政治和经济在思想观念和文化上的反映，是为新民主主义政治和经济服务的一种新的文化形态，具有先进性的特质，代表着当时中国先进文化的前进方向。其先进性特质表现在：新民主主义文化是民族的

---

① 《毛泽东选集》第2卷，人民出版社1991年版，第663—664页。
② 同上书，第663页。
③ 同上书，第694—695页。
④ 同上书，第695页。

科学的大众的文化,也即人民大众反帝反封建的文化,是以无产阶级社会主义文化思想为领导的新文化形态。

一是从新民主主义文化所属的性质和范畴上来讲,新民主主义文化不属于资产阶级文化的范畴,而是属于世界无产阶级社会主义文化革命的一部分。毛泽东指出:由于"在'五四'以前,中国文化战线上的斗争,是资产阶级的新文化和封建阶级的旧文化的斗争"。因此,"五四运动"之前中国的新文化属于旧民主主义的范畴,是属于世界资产阶级资本主义文化革命的一部分,资产阶级是当时中国新文化的领导者。而在"五四运动"之后则不同,"由于现时的中国革命是世界无产阶级社会主义革命的一部分,因而现时的中国新文化也是世界无产阶级社会主义新文化的一部分,是它的一个伟大的同盟军;这种一部分,虽则包含社会主义文化的重大因素,但是就整个国民文化来说,还不是完全以社会主义文化的资格去参加,而是以人民大众反帝反封建的新民主主义文化的资格去参加的。由于现时中国革命不能离开中国无产阶级的领导,因而现时的中国新文化也不能离开中国无产阶级文化思想的领导,即不能离开共产主义思想的领导。但是这种领导,在现阶段是领导人民大众去作反帝反封建的政治革命和文化革命,所以现在整个新的国民文化的内容还是新民主主义的,不是社会主义的。"① 这就是说,"五四运动"之后的新文化是一种新民主主义性质的文化,属于世界无产阶级社会主义新文化的一部分,其领导者是无产阶级和中国共产党,指导思想是共产主义思想。正如毛泽东所说:这样的新文化"只能由无产阶级的文化思想即共产主义思想去领导,任何别的阶级的文化思想都是不能领导了的"②。

二是新民主主义文化是人民大众反帝反封建的文化,也即民族的科学的大众的文化。毛泽东在《新民主主义论》中对新民主主义文化所呈现出的民族性、科学性、大众性等特点进行了详细论述。他强调新民主主义文化具有民族性,"它是反对帝国主义压迫,主张中华民族的尊严和独立的。它是我们这个民族的,带有我们民族的特性。它同一切别的民族的社会主义文化和新民主主义文化相联合,建立互相吸收和互相发展的关系,共同形成世界的新文化;但是决不能和任何别的民族的帝国主义反动文化相联

---

① 《毛泽东选集》第2卷,人民出版社1991年版,第705—706页。
② 同上书,第698页。

合，因为我们的文化是革命的民族文化。"① 新民主主义文化具有科学性，"它是反对一切封建思想和迷信思想，主张实事求是，主张客观真理，主张理论和实践一致的。在这点上，中国无产阶级的科学思想能够和中国还有进步性的资产阶级的唯物论者和自然科学家，建立反帝反封建反迷信的统一战线；但是决不能和任何反动的唯心论建立统一战线。共产党员可以和某些唯心论者甚至宗教徒建立在政治行动上的反帝反封建的统一战线，但是决不能赞同他们的唯心论或宗教教义。"② 新民主主义文化具有大众性，也即民主性，"它应为全民族中百分之九十以上的工农劳苦民众服务，并逐渐成为他们的文化。要把教育革命干部的知识和教育革命大众的知识在程度上互相区别又互相联结起来，把提高和普及互相区别又互相联结起来。革命文化，对于人民大众，是革命的有力武器。革命文化，在革命前，是革命的思想准备；在革命中，是革命总战线中的一条必要和重要的战线。"③ 总之，新民主主义文化是我国精神文明建设的一个重要历史阶段。它是与中国共产党领导的新民主主义革命相适应，以共产主义思想为指导的、民族的、科学的、大众的文化，是符合中国现代历史潮流与社会主义发展方向的文化。它实现了中华文化发展史上自近代以来的最伟大、最深刻的变革，开启了中国文化现代化新的历史契机，为中华文化走向世界做出了重大贡献。

新民主主义文化在其发展的过程中与不同的历史阶段相联系也呈现出不同的历史形态，经历了苏区文化、抗日文化、延安文化等几个历史时期。1921年7月，在马克思主义与中国工人运动相结合的过程中，中国共产党应运而生，中国共产党在马列主义的指导下，对中国先进文化进行了艰辛而有益的探索。随着我们党领导的土地革命的深入和根据地的发展，创造新的工农苏维埃文化提到了党的工作日程上。毛泽东在1934年1月在第二次全国苏维埃代表大会上作报告时，提出了一条新的文化建设思路："为着创造革命的时代，苏维埃必须实行文化教育的改革，解除反动统治阶级所加在工农群众精神上的桎梏，而创造新的工农的苏维埃文化。"④ 中国共产党在苏区的文化实践逐渐形成了一种先进文化，即苏区文

---

① 《毛泽东选集》第2卷，人民出版社1991年版，第706页。
② 同上书，第707页。
③ 同上书，第708页。
④ 《毛泽东著作专题摘录》，人民出版社1964年版，第659页。

化，其先进性体现在：苏区文化是以马克思主义为指导的新型文化形态，苏区文化教育的总方针就"在于以共产主义的精神来教育广大的劳苦民众，在于使文化教育为革命战争与阶级斗争服务，在于使教育与劳动联系起来，在于使广大中国民众都成为享受文明幸福的人"①。苏区文化建设的中心任务"是历行全部的义务教育，是发展广泛的社会教育，是努力扫除文盲，是创造大批领导斗争的高级干部"②。中央苏区的文化建设和教育实践在很大程度上改变了这一地区农村文化落后的局面，提高了农民的知识水平、文化素质和共产主义的思想觉悟，使农民的精神和愚昧落后的思想获得了极大解放。毛泽东曾经讲道："谁要是跑到我们苏区来看一看，那就立刻看见这里是一个自由的新的光明天地。这里的一切文化教育机关，是操在工农劳苦群众手里，工农和他们的子女，有享受教育的优先权，苏维埃政府用一切方法，来提高工农的文化水平，为了这个目的，给予群众以政治上与物资条件上一切可能的帮助。"③

中央苏区文化的建设实践主要体现在以下几个方面：第一，中央苏区的教育实践。中央苏区成立后，从中央到地方都建立起了文化教育工作领导机构，指导和推动了苏区的文化教育实践活动。苏区在教育实践方面的最大特点就是把学校教育同社会教育相结合，目的是要扫除文盲，对苏区居民进行马克思列宁主义的阶级教育，为革命培养党的干部及后备力量。中央苏区的教育实践分为两部分内容：一是对苏区的工农群众进行文化知识的普及教育。为提高苏区工农群众的文化水平，苏区政府在根据地通过建立列宁小学、工农夜校、识字组、俱乐部等多种形式广泛开展了以识字为中心任务的扫盲运动。据统计，到1934年3月，中央根据地有列宁小学3199所，学生约10万人；补习学校4562个，学生约8.8万人；识字组2.3万多个，参加者仅在江西就有约12万人；俱乐部1900多个，固定会员就有9.3万多人。④ 二是对干部的教育。主要通过在苏区设立马克思共产主义大学、苏维埃大学、红军大学、列宁团校以及中央列宁师范学校、中央农业学校、高尔基戏剧学校、职工运动高级训练班等各种专科学校加强对领导干部的共产主义理想信念教育和各领域的专业技术教育，从而为

---

① 陈元晖等编：《老解放区教育资料（一）》，教育科学出版社1981年版，第20页。
② 同上书，第20页。
③ 《毛泽东邓小平江泽民论教育》，中央文献出版社2002年版，第6页。
④ 《中国共产党历史》第1卷（上册），中共党史出版社2011年版，第365页。

中央苏区培养了大批的高级干部和各类专业技术人才。第二，反对宗教迷信的群众运动实践。毛泽东曾在1927年3月所写的《湖南农民运动考察报告》中讲道："中国的男子，普通要受三种有系统的权力的支配，即：（一）由一国、一省、一县以至一乡的国家系统（政权）；（二）由宗祠、支祠以至家长的家族系统（族权）；（三）由阎罗天子、城隍庙王以至土地菩萨的阴间系统以及由玉皇上帝以至各种神怪的神仙系统——总称之为鬼神系统（神权）。至于女子，除受上述三种权力的支配以外，还受男子的支配（夫权）。这四种权力——政权、族权、神权、夫权，代表了全部封建宗法的思想和制度，是束缚中国人民特别是农民的四条极大的绳索。农民在乡下怎样推翻地主的政权，已如前头所述。地主政权，是一切权力的基干。地主政权既被打翻，族权、神权、夫权便一概跟着动摇起来。"[1] 由于中央苏区地处山区，经济文化落后，群众中的宗教迷信思想较为严重，因此，中央苏区成立后，便广泛开展了反对宗教迷信的群众性运动。苏区政府动员群众自发地起来抵制烧香、敬菩萨，废除神像、匾额、祖牌、家谱等一切封建迷信的象征，禁止见愿打醮、立教传徒、募捐建筑庙宇，禁止赌博、嫖娼、抽鸦片、妇女缠足、束胸、穿耳等有害习俗，勒令和尚、道士、尼姑以及算命先生等改换职业等。通过这场群众性的反宗教和迷信运动，革除了旧的封建习俗，极大改变了中央苏区群众思想文化落后的局面。第三，在中央苏区开展广泛的妇女解放运动。为使广大妇女从各种封建束缚中解放出来，实现男女平等，苏区政府先后颁布了《婚姻条例》（1931年11月）和《中华苏维埃共和国婚姻法》（1934年4月）。《婚姻条例》和《中华苏维埃共和国婚姻法》从法律上规定了男女平等和一夫一妻制和婚姻自由的原则，强调废除一切封建包办，强迫和买卖的封建婚姻制度，禁止童养媳，保护妇女儿童的权利。同时，为维护妇女的合法权利，中央苏区各级政府相继成立了很多妇女机构，如妇女部、妇女运动委员会或妇女科。采取各种措施如开办平民学校、专门的女子学校或女子夜校鼓励妇女学习文字，提高妇女的文化水平，使妇女从封建束缚中彻底解放出来。鼓励妇女参加劳动，同男子一样同工同酬，保障妇女的劳动权利。鼓励妇女参加政权建设，保障妇女的选举权，在苏区各级政府和各级组织均吸收一定比例的妇女参加。第四，开展丰富多彩的文艺活动，为

---

[1] 《毛泽东选集》第1卷，人民出版社1991年版，第31页。

引导苏区群众形成文明健康的生活方式。为丰富苏区群众的生活，使其从愚昧落后和严重的宗教和封建迷信思想的侵蚀中摆脱出来，中央苏区根据群众的实际开展了丰富多彩的反映群众生活实践的文体娱乐活动。如通过创作红色歌谣、漫画、杂文、报告文化、戏剧、歌曲、小说、诗歌、快板等易于理解，并为群众喜闻乐见，能够充分展现苏区军民的精神风貌的文艺和娱乐活动等形式，对群众进行先进文化和共产主义思想的教育和熏陶，极大地丰富了群众的生活，提高了群众的文化素养和思想政治觉悟。

抗日战争时期，我们党继续高举先进文化旗帜，形成了一种先进文化——抗日文化。抗日文化是中国共产党在抗日战争时期为适应抗日战争的新形势而实践的一种新型的先进文化形态。抗日文化的先进性就在于它配合了抗日战争这一最大的政治形势，承载着爱国主义感情和民族主义立场，有力地动员了各阶级和各阶层的人们投入抗战的洪流，反映了当时抗日战争的革命实践。这种文化以宣传全民族抗战为主要题材，以宣扬爱国主义和民族主义为主要基调，以维护抗日民族统一战线和取得抗日战争胜利为目标，极大鼓舞了广大中国军民的士气，激发了中国人民的抗战激情，为打败日本法西斯，最终取得抗日战争的胜利作出了巨大的贡献。与苏区文化着重强调文化的阶级性不同，抗日文化具有极大的包容性，是阶级性与民族性的统一，是在抗日战争这种特殊的历史条件下而产生的文化形态。在抗日文化的实践中，中国共产党既要保持自己的阶级性和独立性，又要服从抗日战争的民族大义和根本利益，团结一切抗日的力量，共同抵御日寇的入侵。因此，在抗战时期，"中国共产党人不能再以苏区文化的阶级性标准来衡量、来要求、来倡导文化建设。是否属于进步的思想文化，首先要看它的出发点和目的是否配合抗日战争这一最大的政治形势，是否反映了'反对帝国主义侵略'这一最根本的民族利益的要求。各种文化活动及其精神产品是否进步，首先要看它是否承载了爱国主义感情和民族主义立场，是否有益于动员各阶级和各阶层的人们投入抗战的洪流，是否有益于反对一切投降卖国的汉奸文化。"[①] 抗日文化的核心是抗日精神，是中华民族精神在抗日战争这一伟大的斗争实践中的具体体现。正是在抗日精神的感召和鼓舞下，中国各族人民、各阶级和各阶层人士紧密

---

① 陈晋、王均伟：《毛泽东邓小平江泽民与中国先进文化》，广东教育出版社2003年版，第63页。

团结在一起，前赴后继，一致对敌，最终取得了抗战的胜利。关于抗日精神的本质内涵，胡锦涛曾详细做过概括和总结，他说："抗日战争，既是一场军事实力和经济实力的较量，更是一场意志和精神的较量。在那场空前壮阔的伟大斗争中，中华民族进一步弘扬了以爱国主义为核心的伟大民族精神，并表现出许多鲜明的特点，这就是：坚持国家和民族利益至上、誓死不当亡国奴的民族自尊品格，万众一心、共赴国难的民族团结意识，不畏强暴、敢于同敌人血战到底的民族英雄气概，百折不挠、勇于依靠自己的力量战胜侵略者的民族自强信念，开拓创新、善于在危难中开辟发展新路的民族创造精神，坚持正义、自觉为人类和平进步事业贡献力量的民族奉献精神。伟大的民族精神，不仅成为激励中国人民团结一心、血战到底的坚实思想基础和强大精神支柱，而且在抗战的烽火中得到了新的丰富和升华。这是伟大的抗日战争留给我们的最宝贵的精神财富，我们一定要结合新的时代条件大力继承和发扬。"①

抗日文化的建设实践主要体现为以下几点：一是建立文化上的广泛的抗日统一战线。抗日战争爆发后，为联合一切社会力量进行抗日，在中国共产党的倡导下，在全国范围内建立了包含各阶级和各阶层人士在内的广泛的抗日民族统一战线，其中就包括文化上的抗日统一战线。毛泽东曾多次阐明过组建抗日文化队伍和建立文化抗日统一战线的策略方针，指出："在我们为中国人民解放的斗争中，有各种的战线，就中也可以说有文武两个战线，这就是文化战线和军事战线。我们要战胜敌人，首先要依靠手里拿枪的军队。但是仅仅有这种军队是不够的，我们还要有文化的军队，这是团结自己、战胜敌人必不可少的一支军队。"② 毛泽东认为，文艺应服从于政治，是为政治服务的，"今天中国政治的第一个根本问题是抗日，因此党的文艺工作者首先应该在抗日这一点上和党外的一切文学家艺术家（从党的同情分子、小资产阶级的文艺家到一切赞成抗日的资产阶级地主阶级的文艺家）团结起来。"③ 即党的文艺工作者要在抗日问题上同党外的文学家和文艺家等建立广泛的文化同盟和文化统一战线。同时在文化抗日统一战线中还要处理好团结与斗争的关系，"在一个统一战线里面，只有

---

① 《十六大以来重要文献选编》（中），中央文献出版社2006年版，第980页。
② 《毛泽东选集》第3卷，人民出版社1991年版，第847页。
③ 同上书，第867页。

团结而无斗争，或者只有斗争而无团结，实行如过去某些同志所实行过的右倾的投降主义、尾巴主义，或者'左'倾的排外主义、宗派主义，都是错误的政策。政治上如此，艺术上也是如此。"① 二是为达成广泛的文化抗日统一战线，在全国范围内成立了各种文化救亡组织和团体。在革命根据地延安，为推动抗日文化的发展，在中国共产党的直接领导下先后成立了中国文艺协会、陕甘宁边区文艺界抗战联合会、延安美术工作者协会、陕甘宁边区音乐界救亡协会、中华戏剧界抗战协会边区分会、延安文化俱乐部、人民抗日剧社、西北战地服务团等文化救亡协会和社团。在国统区很多城市均成立了许多抗日救亡团体，如上海的剧作者协会、漫画界救亡协会、战时文艺协会、文化界抗敌协会，武汉的文化界抗敌协会、中华全国戏剧界抗敌协会、中华全国电影界抗敌协会、中华全国文艺界抗敌协会、武汉木刻人联谊会、全国美术界抗敌协会、中华全国木刻界抗敌协会等。这些文化组织积极开展抗日救亡文化运动，为抗日战争的胜利做出了巨大贡献。三是创办了大量以抗战为主要内容和题材的报纸杂志。在国统区，有上海的《救亡日报》、《烽火》、《七月》，成都的《金箭》，广州的《抗战戏剧》、《文艺阵地》，长沙的《抗战日报》，武汉的《新华日报》、《群众》、《抗到底》、《救中国》、《战地》、《抗战电影》、《抗战文艺》、《全民抗战》等。在解放区，有《抗战报》、《边政导报》、《冀中导报》、《救国报》、《挺进报》、《新华日报》（华北版）、《黄河日报》、《人民报》、《中国人民报》、《战线》、《新长城》、《抗战生活》、《前线》、《战场》、《大众》、《中国青年》、《人民时代》、《华北妇女》、《战地妇女》等②。此外，在抗战时期文学艺术作家们还以抗战为题材创作出了许多脍炙人口、表现中国人民奋勇抗敌的英雄气概的文学艺术作品，极大地鼓舞了人们抗战到底的决心和信心。

延安文化是指中国共产党在延安时期创造的具有先进性的思想文化形态。延安文化与抗日文化在时间跨度上有所重合，但又不完全一样，延安文化历经抗日战争和解放战争两个时期。抗日文化强调阶级性与民族性的统一，具有极大的包容性和广泛性，而延安文化则具有鲜明的政治性、阶级性和意识形态性。延安整风运动是延安文化形成与发展的一个重要的时

---

① 《毛泽东选集》第3卷，人民出版社1991年版，第867页。
② 韦庆儿：《论抗战文化及其对中国社会之影响》，《桂海论丛》2006年第1期。

期。延安整风始于1941年5月毛泽东在延安高级干部会议上所作的《改造我们的学习》的报告，止于1945年4月党的六届七中全会通过的《关于若干历史问题的决议》，历时4年。延安整风是党的历史上一次大规模的整风运动，整风运动是针对党内所存在的主观主义、教条主义和宗派主义的错误倾向而开展的一次整顿党风的运动，其主要任务就是要反对主观主义以整顿学风，反对宗派主义以整顿党风，反对党八股以整顿文风。毛泽东在1942年2月1日中共中央党校开学典礼上所做的整顿党的作风的演说中指出："我们的学风还有些不正的地方，我们的党风还有些不正的地方，我们的文风也有些不正的地方。所谓学风有些不正，就是说有主观主义的毛病。所谓党风有些不正，就是说有宗派主义的毛病。所谓文风有些不正，就是说有党八股的毛病。这些作风不正，并不像冬天刮的北风那样，满天都是。主观主义、宗派主义、党八股，现在已不是占统治地位的作风了，这不过是一股逆风，一股歪风，是从防空洞里跑出来的。但是我们党内还有这样的一种风，是不好的。我们要把产生这种歪风的洞塞死。我们全党都要来做这个塞洞工作，我们党校也要做这个工作。主观主义、宗派主义、党八股，这三股歪风，有它们的历史根源，现在虽然不是占全党统治地位的东西，但是它们还在经常作怪，还在袭击我们，因此，有加以抵制之必要，有加以研究分析说明之必要。"①"主观主义、宗派主义和党八股，这三种东西，都是反马克思主义的，都不是无产阶级所需要的，而是剥削阶级所需要的。这些东西在我们党内，是小资产阶级思想的反映。"②

早在建党初期，以毛泽东为代表的中国共产党人在中国革命的实践中逐渐清醒地认识到党内的主观主义和教条主义给中国革命的事业所带来的严重危害。针对当时共产国际和中国共产党内存在的主观主义与教条主义者把共产国际的决议和苏联经验神圣化的倾向，以毛泽东为代表的中国共产党人展开了同主观主义与教条主义的斗争，发出了"反对本本主义"的号召。在1929年为红四军党的第九次代表会议起草决议时，毛泽东深刻指出了主观主义的危害性："对于政治形势的主观主义的分析和对于工作的主观主义的指导，其必然的结果，不是机会主义，就是盲动主义。至于

---

① 《毛泽东选集》第3卷，人民出版社1991年版，第812页。
② 同上书，第833页。

党内的主观主义的批评，不要证据的乱说，或互相猜忌，往往酿成党内的无原则纠纷，破坏党的组织。"① 毛泽东认为要纠正党内的主观主义，"就要：（一）教育党员用马克思列宁主义的方法去作政治形势的分析和阶级势力的估量，以代替主观主义的分析和估量。（二）使党员注意社会经济的调查与研究，由此来决定斗争的策略和工作的方法，使同志们知道离开了实际情况的调查，就要堕入空想和盲动的深坑。（三）党内批评要防止主观武断和把批评庸俗化，说话要有证据，批评要注意政治。"② 在这里，毛泽东运用马克思主义的世界观与方法论分析了主观主义，并提出了纠正的办法，这是他应用马克思主义解决中国实际问题的初步尝试。1930年5月，为了反对当时红军队伍中存在的教条主义思想，毛泽东写了《反对本本主义》。在这篇文章中，他以无产阶级革命家的胆略和马克思主义的理论勇气，率先吹响了"反对本本主义"的号角，同"左"倾教条主义展开了斗争。毛泽东首先分析了"本本主义"存在的原因就是"文化落后的中国农民"至今还存在着"以为上了书的就是对的"的心理。接着指出那种"不根据实际情况进行讨论和审察，一味盲目执行"上级领导的指示，"单纯建立在'上级'观念上的形式主义的态度是很不对的"。③ 其次，毛泽东在这篇文章中明确了对待马克思主义的态度，首次划清了坚持马克思主义与教条主义的界限，指出："我们说马克思主义是对的，决不是因为马克思这个人是什么'先哲'，而是因为他的理论，在我们的实践中，在我们的斗争中，证明了是对的。我们的斗争需要马克思主义。我们欢迎这个理论，丝毫不存在什么'先哲'一类的形式的甚至神秘的念头在里面。"④ "马克思主义的'本本'是要学习的，但是必须同我国的实际情况相结合。我们需要'本本'，但是一定要纠正脱离实际情况的本本主义。"⑤

1941年5月，在《改造我们的学习》中，毛泽东对党内所存在的严重的主观主义和教条主义的学风问题进行了深刻的揭露和批判。指出，党内存在的主观主义的不良学风体现在党内的一些同志身上，就是理论严重脱离实践，仅凭主观愿望做事。他们"或作讲演，则甲乙丙丁、一二三四的

---

① 《毛泽东选集》第1卷，人民出版社1991年版，第91页。
② 同上书，第92页。
③ 同上书，第111页。
④ 同上。
⑤ 同上书，第111—112页。

一大串；或作文章，则夸夸其谈的一大篇。无实事求是之意，有哗众取宠之心。华而不实，脆而不坚。自以为是，老子天下第一，'钦差大臣'满天飞。"①党内所存在的"这种作风，拿了律己，则害了自己；拿了教人，则害了别人；拿了指导革命，则害了革命。总之，这种反科学的反马克思列宁主义的主观主义的方法，是共产党的大敌，是工人阶级的大敌，是人民的大敌，是民族的大敌，是党性不纯的一种表现。大敌当前，我们有打倒它的必要。只有打倒了主观主义，马克思列宁主义的真理才会抬头，党性才会巩固，革命才会胜利"②。1942年，毛泽东在他所写的《整顿党的作风》中再次批判了党内存在的主观主义学风，强调："主观主义是一种不正派的学风，它是反对马克思列宁主义的，它是和共产党不能并存的。我们要的是马克思列宁主义的学风。"③党内的主观主义学风主要表现为教条主义和经验主义两种，其错误就在于"他们都是只看到片面，没有看到全面。如果不注意，如果不知道这种片面性的缺点，并且力求改正，那就容易走上错误的道路"④。这种主观主义和教条主义的学风表现在文风方面就是党内的党八股现象较为严重。毛泽东在1942年2月延安干部会上所作的《反对党八股》的讲演中明确指出："党八股如不改革，如果听其发展下去，其结果之严重，可以闹到很坏的地步。党八股里面藏的是主观主义、宗派主义的毒物，这个毒物传播出去，是要害党害国的。"⑤在讲演中，毛泽东列举了党内在文风方面存在的党八股的八条罪状，即：空话连篇，言之无物；装腔作势，借以吓人；无的放矢，不看对象；语言无味，像个瘪三；甲乙丙丁，开中药铺；不负责任，到处害人；流毒全党，妨害革命；传播出去，祸国殃民。

党内存在的主观主义错误倾向表现在党风方面就是党内的宗派主义。毛泽东指出："宗派主义是主观主义在组织关系上的一种表现；我们如果不要主观主义，要发展马克思列宁主义实事求是的精神，就必须扫除党内宗派主义的残余，以党的利益高于个人和局部的利益为出发点，使党达到

---

① 《毛泽东选集》第3卷，人民出版社1991年版，第800页。
② 同上。
③ 同上书，第812—813页。
④ 同上。
⑤ 同上书，第840页。

完全团结统一的地步。"① 宗派主义表现为两种倾向，一种是党内的宗派主义倾向。主要表现在党内的相互关系上，即局部和全体的关系、个人和党的关系、外来干部和本地干部的关系、军队干部和地方干部的关系、军队和军队、地方和地方、这一工作部门和那一工作部门之间的关系、老干部和新干部的关系等；一种是党外的宗派主义倾向。"我们的许多同志，喜欢对党外人员妄自尊大，看人家不起，藐视人家，而不愿尊重人家，不愿了解人家的长处。这就是宗派主义的倾向。"② 以毛泽东为代表的中国共产党人正是从分析学风问题的实质入手，提倡理论联系实际的马克思主义学风，从而为延安文化的形成提供了思想内核和坚实的理论基础。

延安文化的一个鲜明特点就是它所具有的大众化品格，在内容上要求深入地去反映边区群众在新民主主义政治经济环境中的劳动、生活和精神风貌，通过文化活动、精神产品来展示他们的愿望，代表他们的利益，为他们服务。毛泽东在1942年5月延安文艺座谈会上的讲话中明确讲到了无产阶级的文艺为谁服务的问题，为延安文化的发展指出了一条正确的方向。他指出，为剥削阶级服务的文艺是有的，如为地主阶级服务的封建主义文艺，为资产阶级服务的资本主义文艺，为帝国主义服务的汉奸文艺。而无产阶级的文艺则是为人民大众服务的，"真正人民大众的东西，现在一定是无产阶级领导的。资产阶级领导的东西，不可能属于人民大众。新文化中的新文学新艺术，自然也是这样。对于中国和外国过去时代所遗留下来的丰富的文学艺术遗产和优良的文学艺术传统，我们是要继承的，但是目的仍然是为了人民大众。对于过去时代的文艺形式，我们也并不拒绝利用，但这些旧形式到了我们手里，给了改造，加进了新内容，也就变成革命的为人民服务的东西了。"③ 人民大众指的就是最广大的人民，在现阶段就是指工人、农民、兵士和城市小资产阶级等。

延安文化在促进马克思主义中国化，确立毛泽东思想在全党的指导地位方面起到了非常重要的作用。文艺是服从政治的，"革命文艺是整个革命事业的一部分，是齿轮和螺丝钉，和别的更重要的部分比较起来，自然有轻重缓急第一第二之分，但它是对于整个机器不可缺少的齿轮和螺丝

---

① 《毛泽东选集》第3卷，人民出版社1991年版，第825页。
② 同上。
③ 同上书，第855页。

钉，对于整个革命事业不可缺少的一部分。如果连最广义最普通的文学艺术也没有，那革命运动就不能进行，就不能胜利。不认识这一点，是不对的。"① 延安文化一个鲜明的特点就是具有政治性和阶级性，是为无产阶级的革命斗争事业服务的一种具有先进特质的文化。这就是说，延安文化是一种集艺术性和政治性于一身的先进文化，坚持了艺术性与政治性的统一。其中政治性是第一位的属性，"有些政治上根本反动的东西，也可能有某种艺术性。内容愈反动的作品而又愈带艺术性，就愈能毒害人民，就愈应该排斥。处于没落时期的一切剥削阶级的文艺的共同特点，就是其反动的政治内容和其艺术的形式之间所存在的矛盾。我们的要求则是政治和艺术的统一，内容和形式的统一，革命的政治内容和尽可能完美的艺术形式的统一。缺乏艺术性的艺术品，无论政治上怎样进步，也是没有力量的。因此，我们既反对政治观点错误的艺术品，也反对只有正确的政治观点而没有艺术力量的所谓'标语口号式'的倾向。我们应该进行文艺问题上的两条战线斗争。"② 延安文化的政治性主要体现在，其发展实践始终贯穿着一条鲜明的主线和主题，即"马克思主义中国化"，延安文化解决的一个中心问题就是如何对待马克思主义，如何将马克思主义理论同中国革命实际相结合。正是在延安文化的不断实践中，我们党在批判主观主义、教条主义、宗派主义的过程中，开始确立党的实事求是的原则，并提出马克思主义中国化的理论命题，初步实现了马克思主义同中国革命实际的有机结合，产生了马克思主义中国化的第一大理论成果，即毛泽东思想。正如毛泽东所说："只有打倒了主观主义，马克思列宁主义的真理才会抬头，党性才会巩固，革命才会胜利。我们应当说，没有科学的态度，即没有马克思列宁主义的理论和实践统一的态度，就叫做没有党性，或叫做党性不完全。"③

毛泽东是正式提出"马克思主义中国化"命题并对其内涵进行系统阐述的第一人。"马克思主义中国化"的命题是毛泽东在1938年9月至11月召开党的六届六中全会上提出的。他在六届六中全会上所作的政治报告《论新阶段》中专门用一节内容论述了"学习"问题，在这一节中，他首

---

① 《毛泽东选集》第3卷，人民出版社1991年版，第866页。
② 同上书，第869—870页。
③ 同上书，第800页。

先告诉我们要科学对待马克思主义,不应当把它当作教条去看待,而应当看作我们行动的指南。其次比较系统地分析并明确界定了马克思主义中国化的科学内涵,指出:"共产党员是国际主义的马克思主义者,但是马克思主义必须和我国的具体特点相结合并通过一定的民族形式才能实现。马克思列宁主义的伟大力量,就在于它是和各个国家具体的革命实践相联系的。对于中国共产党说来,就是要学会把马克思列宁主义的理论应用于中国的具体的环境。成为伟大中华民族的一部分而和这个民族血肉相连的共产党员,离开中国特点来谈马克思主义,只是抽象的空洞的马克思主义。因此,使马克思主义在中国具体化,使之在其每一表现中带着必须有的中国的特性,即是说,按照中国的特点去应用它,成为全党亟待了解并亟须解决的问题。党八股必须废止,空洞抽象的调头必须少唱,教条主义必须休息,而代之以新鲜活泼的、为中国老百姓所喜闻乐见的中国作风和中国气派。把国际主义的内容和民族形式分离起来,是一点也不懂国际主义的人们的做法,我们则要把二者紧密地结合起来。"① 马克思主义中国化的关键环节就是坚持实事求是的原则,将马克思主义理论同中国的革命实际相结合。理论与实际相结合是马克思主义最基本的原则之一。

延安文化的精髓就是延安精神。延安文化在其发展的实践中逐渐形成了能够反映延安军民精神状态和精神风貌的延安精神。关于延安精神的科学内涵,邓小平在1980年12月25日中共中央工作会议上《贯彻调整方针,保证安定团结》的讲话中曾做过深刻的阐述:"在长期革命战争中,我们在正确的政治方向指导下,从分析实际情况出发,发扬革命和拼命精神,严守纪律和自我牺牲精神,大公无私和先人后己精神,压倒一切敌人、压倒一切困难的精神,坚持革命乐观主义、排除万难去争取胜利的精神,取得了伟大的胜利。搞社会主义建设,实现四个现代化,同样要在党中央的正确领导下,大大发扬这些精神。"② 江泽民在2002年3月视察陕西工作时的讲话中明确提出:延安精神体现了我们党的马克思主义政党的性质,体现了我们党与时俱进的思想风范,体现了我们党与人民同呼吸、共命运的优良作风,体现了中国共产党人一往无前的奋斗精神。无论过去、现在和将来,延安精神都不能丢。全党同志,一定要结合新的实际,

---

① 《毛泽东选集》第2卷,人民出版社1991年版,第534页。
② 《邓小平文选》第2卷,人民出版社1994年版,第367—368页。

大力弘扬延安精神，使延安精神成为我们党在新世纪团结和带领人民不断开创有中国特色社会主义事业新局面的强大精神动力，使延安精神永放光芒。坚定正确的政治方向，解放思想、实事求是的思想路线，全心全意为人民服务的根本宗旨，自力更生、艰苦奋斗的创业精神，是延安精神的主要内容。胡锦涛于2006年1月在延安考察工作时的讲话中也强调指出：延安在中国革命史上具有十分重要的地位。在延安这片热土上孕育和形成的延安精神，是我们党的性质和宗旨的集中体现，是我们党的优良传统和作风的集中体现，是中国共产党人崇高品德和伟大情怀的集中体现。过去、现在、将来，延安精神都是我们战胜困难、取得胜利的重要法宝。广大党员、干部一定要不断从延安精神中汲取营养，在工作实践中锤炼意志，让延安精神放射新的时代光芒。

新中国成立后，随着1956年社会主义改造的完成，中国社会由新民主主义过渡到社会主义，以毛泽东为代表的中国共产党人在精神文明建设方面也实现了从新民主主义文化形态向社会主义新型文化形态的转变。然而要实现这一转变并非是件容易的事情，社会主义文化作为比资本主义文化更高级的文化形态对中国共产党来说是一个新生事物，再加上新中国成立之初我国所面临的杂然纷呈的文化现实，这就决定了实现文化的社会主义转变是一项十分艰巨的任务。因此，要顺利实现文化转变，就必须在思想文化领域对现有与共产党倡导的先进文化很不协调的旧文化进行改造。文化改造的目的就是要解决文化现状与建设社会主义文化不相适应的问题，对旧的思想文化进行彻底改造，核心是确立马克思主义在整个思想文化领域的指导地位，并把它普遍地推行和落实到社会主义文化创造的实践当中去；文化改造的重点是加强对知识分子群体的思想改造，焦点是彻底清算旧的知识分子群体中普遍存在的资产阶级唯心论、小资产阶级的改良主义以及自视清高、不问政治，标榜"客观主义"的超阶级思想等。对此，毛泽东指出："思想改造，首先是各种知识分子的思想改造，是我国在各方面彻底实现民主改革和逐步实行工业化的重要条件之一。"[①] 可以说，新中国成立初期对文化的改造和对知识分子的思想改造，最初是十分谨慎的，毛泽东把它定位为"人民内部的自我教育工作"，所采用的方法，也是"批评与自我批评"。然而，随着改造运动的深入，文化改造的方式

[①] 《毛泽东文集》第6卷，人民出版社1999年版，第184页。

也经历了从温和的思想教育手段到开展针对个体的激烈的思想批判运动。应该说，从对知识分子进行思想改造的效果来看还是值得肯定的，在改造的过程中，大多数知识分子也都能较为清醒地认识到自己身上存在的问题，能够自觉自愿、积极地接受思想改造。季羡林在1997年接受电视文献片《周恩来》摄制组采访时曾道出了自己在当时的感受，他说："当时知识分子思想情况是这样的：最初，倒不一定认识到自己身上有什么毛病，可后来人们都说你有毛病，结果呢，人非常容易受外界影响，就觉得自己有毛病，倒不是勉强的。拿我来讲，我认为知识分子的思想就是肮脏，就应该改造。这'原罪'呀，是应该的。当时我虽然在'中盆'里边也碰过一次钉子，洗过两次澡，可是感觉到，完了以后，真像洗过澡以后，觉得身体非常的干净，精神非常愉快。"① 新中国成立初期文化改造的效果是非常明显的，基本上实现了文化上的整合，肃清了在知识分子群体身上存在的资产阶级和小资产阶级思想，确立了马克思主义在文化领域的指导地位。为加快精神文明建设，促进社会的文明和进步，除在思想上对知识分子进行改造外，新中国成立后还对社会环境进行了有效治理。一是大力倡导社会公德，从正面引领社会道德风尚。如，20世纪50年代，在全社会开展了以"五爱"即"爱祖国、爱人民、爱劳动、爱科学、爱公共财物"为核心的国民公德教育运动；60年代又开展了轰轰烈烈的以"为人民服务"为核心的学雷锋运动。这些对于公民提高服务公众、服务社会的公德意识，提升整个社会的道德风尚水平起到了十分关键的作用；二是对中国社会存在的黄、赌、毒等不良行为进行综合治理，铲除赌场、烟窟、妓院等场所，开展反对封建迷信活动，取缔和铲除各种反动会道门组织；三是开展了"三反五反运动"。这些治理和整顿措施对改善新中国成立初期社会环境，促进社会精神文明建设的发展起到了极为重要的作用。

1956年，随着三大改造的完成和社会主义制度的建立，社会主义文化的发展形态最终得以在全社会确立，整个社会的文化步入到了社会主义的发展时期。以毛泽东为代表的中国共产党人在初步探索社会主义文化的实践中，提出了一系列有益的文化方针和政策。1956年，毛泽东明确提出"百花齐放、百家争鸣"的文化方针。在对待中外文化上，提出了"古为

---

① 陈晋、汪均伟：《毛泽东邓小平江泽民与中国先进文化》，广东人民出版社2003年版，第104—105页。

今用、洋为中用"的文化方针。1964年，毛泽东针对中央音乐学院学生写信反映社会上存在的"有些人迷恋西洋音乐，轻视民族音乐，对音乐革命化、民族化、群众化有抵触情绪"的问题，在信上专门作了"古为今用、洋为中用"的明确批示，指出要采取科学的态度正确对待古今中外一切文化遗产。另外，我们党还提出了要尊重文化发展的客观规律，利用规律为社会主义建设服务的思想。1961年周恩来发表了《在文艺工作座谈会和故事片创作会议上的讲话》，明确提出了"物质生产与精神生产"的概念和尊重精神生产规律的思想。在党的这些正确方针与政策的指引下，我国在社会主义文化和精神文明建设方面取得了可喜的成就，极大地改变了我国的科学技术、文教卫生的落后面貌。然而，随着我国在政策、路线方面"左"倾错误倾向的日益严重，整个社会进入到一个"以阶级斗争为纲"的发展范式时期，社会主义文化和精神文明建设的发展在这一时期也不可避免地受到了冲击和影响。这一时期，虽说党在总体上代表着先进文化的前进方向，提出与制定了一系列正确的文化发展方针与政策，在社会主义文化和精神文明建设方面也取得了一些成就，但在实际发展过程中，由于教条主义和"左"倾错误在党的工作指导方针上逐步占据主导地位，思想文化领域也日益受其影响，意识形态领域的指导思想越来越左，因而出现了一系列重大失误，甚至发生了"文化大革命"那样长时期的严重错误，给后人留下了深刻的教训。我们党在社会主义文化探索中出现的严重失误开始于1957年的"反右派"斗争。随着"反右派"斗争严重扩大化，"左"倾错误也逐渐泛滥开来。许多在"双百方针"的鼓舞下"鸣"、"放"出来的意见，被认为是资产阶级右派的猖狂进攻而遭到批判。1962年八九月间的北戴河会议和党的八届四中全会，使政治上的"左"倾路线得到进一步发展。片面强调阶级斗争和反右扩大化首先反映在文化领域并逐渐扩大到整个文化界，把学术问题简单等同于政治问题，许多学者、作家及其理论观点和作品遭到猛烈批判，破坏了百花齐放、百家争鸣的方针，阻碍了科学文化的健康发展。伴随着"以阶级斗争为纲"错误路线的形成和"无产阶级专政下继续革命"错误理论的确立，在思想文化领域的"左"倾错误越来越严重，最终导致了长达十年之久的"文化大革命"。全局性"左"的错误干扰，不仅在政治、经济上造成了无法估量的损失，而且使整个社会主义文化和精神文明建设事业出现了停滞甚至倒退的局面。

党的十一届三中全会以前的很长一段时间，我国在文化方面曾长期偏向"以阶级斗争为纲"的文化范式,这种文化范式以阶级斗争作为社会主义文化建设的主导性原则,具有明显的政治中心倾向。它特别强调文化对政治的附属地位,而忽视文化自身发展的规律,结果导致了文化的极端失范。十一届三中全会以后,我党明确了社会主义的主要任务是解放生产力、发展生产力,在经济发展的基础上实现全国人民的共同富裕。这就决定了党和国家的基本任务是进行现代化建设,其中心任务就是经济建设,这是解决当代中国一切问题的关键。邓小平指出:"离开了经济建设这个中心,就有丧失物质基础的危险。其他一切工作都要服从这个中心,围绕这个中心,决不能干扰它,冲击它。"① 文化工作必须为这个中心服务。随着党和国家工作重心的转移,中国社会的文化范式实现了以"阶级斗争为纲"向以现代化建设为基本任务,以经济建设为中心的文化新范式的转变。以现代化建设为基本任务的文化范式的确立,对于我国社会主义文化和精神文明建设的意义,无论怎么估计也不为过,它体现了时代的主题、历史的潮流和人民的愿望。随着文化新范式的逐步确立,如何建设一个高度的社会主义精神文明的战略任务自然成为我国文化领域的一项最紧迫的任务。社会主义精神文明建设理论是在改革开放和社会主义现代化建设的伟大实践中逐步形成和发展起来的。党的十一届三中全会以后,以邓小平为代表的中国共产党人,坚持把马克思主义关于文化的基本观点运用于当代中国文化建设的具体实践,继承和发扬民族文化的优良传统,吸收和借鉴人类社会创造的一切文明成果,创造性地提出了社会主义精神文明建设理论。随着社会主义精神文明建设的不断深入,这一理论也得以不断发展并逐步走向系统化。最早明确提出"社会主义精神文明"概念的人是叶剑英,他在1979年9月庆祝中华人民共和国成立三十周年大会上的讲话中指出:"我们要在建设高度物质文明的同时,提高全民族的教育科学文化水平和健康水平,树立崇高的革命理想和革命道德风尚,发展高尚的丰富多彩的文化生活,建设高度的社会主义精神文明。"② 1982年9月召开的党的十二大对新时期社会主义精神文明建设理论作了系统的总结与论述,指出:"我们在建设高度物质文明的同时,一定要努力建设高度的社会主

---

① 《邓小平文选》第2卷,人民出版社1994年版,第250页。
② 《三中全会以来重要文献选编》(上),人民出版社1982年版,第234页。

义精神文明。这是建设社会主义的一个战略方针。"① 1986 年 9 月召开的党的十二届六中全会全面阐述了社会主义精神文明建设的战略地位、根本任务、指导思想、党的领导等，对社会主义精神文明建设理论作了科学系统的总结和概括，标志着邓小平社会主义精神文明建设思想的正式形成。社会主义精神文明建设理论的形成与发展，体现了以邓小平为代表的中国共产党人领导改革开放和社会主义现代化建设的伟大实践，它是对社会主义精神文明建设问题进行理论思考与探索的结果。

以邓小平为代表的第二届中央领导集体在精神文明建设方面的理论贡献主要有：

一是明确将精神文明建设作为实现社会主义现代化的重要目标。1979 年 9 月，叶剑英在庆祝中华人民共和国成立三十周年大会上的讲话中明确指出："我们所说的四个现代化，是实现现代化的四个主要方面，并不是说现代化事业只以这四个方面为限。我们要在改革和完善社会主义经济制度的同时，改革和完善社会主义政治制度，发展高度的社会主义民主和完备的社会主义法制。我们要在建设高度物质文明的同时，提高全民族的教育科学文化水平和健康水平，树立崇高的革命理想和革命道德风尚，发展高尚的丰富多彩的文化生活，建设高度的社会主义精神文明。这些都是我们社会主义现代化的重要目标，也是实现四个现代化的必要条件。"②

二是对精神文明的概念和内涵加以科学阐释。精神文明作为我们党在新的历史时期提出的一个崭新命题，其概念和内涵如何理解一直是邓小平思考的重要问题。1980 年 12 月，邓小平在中央工作会议上关于《贯彻调整方针，保证安定团结》的讲话中指出："所谓精神文明，不但是指教育、科学、文化（这是完全必要的），而且是指共产主义的思想、理想、信念、道德、纪律，革命的立场和原则，人与人的同志式关系，等等。""没有这种精神文明，没有共产主义思想，没有共产主义道德，怎么能建设社会主义？"③ 1982 年 4 月，邓小平在会见缅甸共产党中央代表团时的谈话中谈道："精神文明是十分重要的一件事，特别是有理想、有道德、有纪律和艰苦奋斗。这也不是抓一年两年的事，要一直抓到底。"④ 1983 年 4 月，

---

① 《十二大以来重要文献选编》，人民出版社 1986 年版，第 25 页。
② 《三中全会以来重要文献选编》（上），人民出版社 1982 年版，第 233—234 页。
③ 《邓小平文选》第 2 卷，人民出版社 1994 年版，第 367 页。
④ 《邓小平年谱（1975—1997）》（下），中央文献出版社 2004 年版，第 813—814 页。

邓小平在会见印度共产党（马克思主义）中央代表团时又明确讲道："国际主义、爱国主义都属于精神文明的范畴。"① 从上述论述可以看出，精神文明建设内在地包含着两个方面：一是教育科学文化建设；二是思想道德建设。其中，思想道德建设是精神文明建设的灵魂，从根本上规定着精神文明建设的性质和发展方向，其核心内容是共产主义的思想、理想、信念、道德等。

三是明确把培育"四有"新人作为精神文明建设的根本任务和目标。在对精神文明内涵进行科学阐释的基础上，邓小平明确把提高全民族的思想道德素质和科学文化素质，培育"四有"新人作为精神文明建设的根本任务和目标。1982年7月，邓小平在军委座谈会上的讲话中强调："搞社会主义精神文明，主要是使我们的各族人民都成为有理想、讲道德、有文化、守纪律的人民。"② 1982年9月，党的十二大将"讲道德"改为"有道德"，提出要使越来越多的社会成员成为有理想、有道德、有文化、守纪律的劳动者。1985年3月，邓小平在全国科技工作会议上的讲话中又将"守纪律"改为"有纪律"。

四是将精神文明建设作为发挥社会主义制度优越性的关键所在。在邓小平看来，精神文明建设是我国社会主义事业取得成功的重要保证。"不加强精神文明的建设，物质文明的建设也要受破坏，走弯路。光靠物质条件，我们的革命和建设都不可能胜利。"③ 同时，精神文明也是社会主义优越性的重要体现。正如邓小平于1985年9月在中国共产党全国代表会议上的讲话中所说："这几年生产是上去了，但是资本主义和封建主义的流毒还没有减少到可能的最低限度，甚至解放后绝迹已久的一些坏事也在复活。我们再不下大的决心迅速改变这种情况，社会主义的优越性怎么能全面地发挥出来？我们又怎么能充分有效地教育我们的人民和后代？"④

五是精神文明建设的关键是祛除思想战线上的精神污染，肃清封建主义和资产阶级思想的影响。1983年10月，邓小平在《党在组织战线和思想战线上的迫切任务》的讲话中指出，改革开放以来我国在思想战线方面所取得的成绩是值得充分肯定的，但在"理论界文艺界还有不少的问题，

---

① 《邓小平文选》第3卷，人民出版社1993年版，第28页。
② 《邓小平文选》第2卷，人民出版社1994年版，第408页。
③ 《邓小平文选》第3卷，人民出版社1993年版，第144页。
④ 同上书，第143—144页。

还存在相当严重的混乱，特别是存在精神污染的现象"①。理论界、文艺界存在的这些精神污染问题导致了社会思想的混乱，严重影响了精神文明建设的健康发展。针对这种现象，邓小平明确提出："必须大力加强党对思想战线的领导。"②他指出，党在思想战线上的政策方针是正确的，之所以会出现严重的精神污染现象，主要是由于党的各级领导干部对这些政策方针贯彻执行不力所造成的。因此，他强调，党的各级领导干部首先要认识到祛除思想战线精神污染的必要性和紧迫性，要彻底改变过去那种在"思想战线的领导软弱涣散状况"和"对精神污染不闻不问，采取自由主义的态度"③，认真严肃对待思想战线存在的精神污染问题。祛除思想战线上的精神污染，最主要的就是要肃清封建主义和资产阶级思想对人们的影响。1980年8月，邓小平在中央政治局扩大会议上《党和国家领导制度改革》的讲话中详细列举了封建主义残余的影响在人们思想观念和我国社会建设各个领域的种种表现，同时强调要坚持以实事求是的科学态度对封建主义遗毒的表现进行准确如实的分析。肃清封建主义残余影响的目的就是为了使人们"从封建主义遗毒中摆脱出来，解放思想，提高觉悟，适应现代化建设的需要，努力为人民作贡献，为社会作贡献，为人类作贡献"④。在思想领域肃清封建主义残余影响的同时，也要积极开展对资产阶级思想和小资产阶级思想的批判。

20世纪90年代以来，以江泽民为核心的党的第三届中央领导集体，继承与发展了邓小平社会主义精神文明建设的思想。1992年10月，党的十四大报告提出要坚持"两手抓，两手都要硬"，"精神文明重在建设"，强调"只有物质文明和精神文明都搞好，才是有中国特色的社会主义"⑤。1996年10月，党的十四届六中全会又专门研究通过了《关于加强社会主义精神文明建设若干重要问题的决议》，系统阐述了新的历史时期社会主义精神文明建设的指导思想、目标任务、基本方针和重要措施，使社会主义精神文明建设理论在新的历史条件下得到了进一步的完善与发展。

江泽民在精神文明建设方面的理论贡献主要有：一是赋予精神文明新

---

① 《邓小平文选》第3卷，人民出版社1993年版，第39页。
② 同上书，第45页。
③ 同上。
④ 《邓小平文选》第2卷，人民出版社1994年版，第335—336页。
⑤ 《十四大以来重要文献选编》（上），人民出版社1996年版，第30—31页。

的科学命题：中国先进文化和中国特色社会主义文化。江泽民对精神文明建设从理论和实践的结合上进行了系统的认识和升华，明确提出了"中国特色社会主义文化"的科学命题，并形成了比较系统的中国特色社会主义文化建设理论体系。江泽民在1991年庆祝中国共产党成立七十周年大会上的讲话中，首次提出了建设"有中国特色的社会主义的文化"这一宏伟构想，创造性地提出了"有中国特色的社会主义的经济、政治、文化，是有机统一、不可分割的整体"的论断，对中国特色社会主义的文化理论作了初步的阐述。在1997年党的十五大报告中对此作了进一步系统的阐述，科学规定了有中国特色社会主义文化的本质内涵，指出：建设有中国特色社会主义的文化，就是以马克思主义为指导，以培育有理想、有道德、有文化、有纪律的公民为目标，发展面向现代化、面向世界、面向未来的、民族的科学的大众的社会主义文化。并且肯定了有中国特色社会主义文化的重要地位与作用，对有中国特色社会主义文化建设的根本任务、基本要求、基本原则和战略措施等进行了系统、科学的阐述，从而构建了比较系统、完整的中国特色社会主义文化建设理论的科学体系。在十六大报告中，江泽民进一步指出，有中国特色社会主义的文化，是凝聚和激励全国各族人民的重要力量，是综合国力的重要标志。在庆祝中国共产党成立八十周年大会上的讲话中，江泽民系统地阐述了"三个代表"重要思想，指出我们党要始终代表中国先进文化的前进方向。把"代表中国先进文化的前进方向"作为"三个代表"内容之一，突出了社会主义先进文化的伟大历史作用，体现了文化建设对党的建设的重要意义，是中国特色社会主义文化建设的一个重要的理论成果。从1991年庆祝党成立七十周年的讲话中提出中国特色社会主义文化的概念，到党的十五大报告中关于中国特色社会主义文化建设的论述，再到"三个代表"重要思想的提出，中国特色社会主义文化建设理论得到不断丰富与发展。这一理论的诞生，是继新民主主义文化论及社会主义精神文明论之后的又一次文化建设理论的新发展。二是阐明了新时期社会主义精神文明建设的必要性和紧迫性。江泽民认为，精神文明建设对社会主义社会的发展具有十分重要的意义，社会主义的优越性不仅表现在经济政治方面，表现在能够创造出高度的物质文明上，而且表现在思想文化方面，表现在能够创造出高度的精神文明上。"建设社会主义精神文明，关系跨世纪宏伟蓝图的全面实现，关系我国社会主义事业的兴旺发达。物质文明是基础，经济建设这个中心必须牢牢把握，毫不动摇，但是精神文明搞不好，物质文明也要受破坏，甚至社会也会变质。"① 三是丰富和发展了邓小平关于精神文明建设根本任务和目标的思想，在"四有"的基础上明确提出"四以"的科学论断，即必须以科学的理论武装人，以正确的舆论引导人，以高尚的精神塑造人，以优秀的作品鼓舞人，同时强调要努力培养德育、智育、体育、美育等全面发展的社会主义事业建设者和接班人，并将"人的全面发展"作为精神文明建设的最终目标。四是把物质文明建设和精神文明建设作为社会主义现代化建设的统一奋斗目标，提出："始终不渝地坚持两手抓、两手都要硬。任何情况下，都不能以牺牲精神文明为代价去换取经济的一时发展。"② 五是精神文明建设要始终坚持党的领导，并把它作为评价领导干部政绩的标准。江泽民指出："物质文明抓得好，精神文明抓得不好，不能说是一名合格的领导干部。看一名领导干部的政绩，不仅要看他抓物质文明建设的能力和成果，还要看他抓精神文明建设的能力和成果。"③ 同时他还强调要做好宣传教育部门以及党报党刊、通讯社、广播电台、电视台等重要宣传阵地领导班子的配备工作，充分发挥这些部门在精神文明建设中的重要作用，将社会思想舆论的主导权牢牢掌握在党的手中。六是建立一支包括宣传工作者、思想政治工作者、教育工作者、文化艺术工作者、新闻出版工作者、哲学社会科学工作者、科技工作者等在内的专门从事精神文明建设工作的宣传教育队伍，并充分发挥他们在精神文明建设中的领导和骨干作用，促进社会主义精神文明和社会主义文化的繁荣发展。七是精神文明建设要将社会效益和经济效益相统一，"实现社会效益和经济效益的正确结合，多出好的精神产品，而绝不允许'一切向钱看'的错误倾向冲击和危害社会主义精神文明建设，更不允许这种错误倾向泛滥而不受到批评和制止。"④八是在精神文明建设领域提出弘扬主旋律，提倡多样化的文化发展方针，并强调要把依法治国和以德治国紧密结合起来。

2002 年十六大以来，以胡锦涛为核心的中央领导集体继续推进社会主义精神文明建设事业，强调："一部人类社会发展史，是人类生命繁衍、财富创造的物质文明发展史，更是人类文化积累、文明传承的精神文明发

---

① 《十四大以来重要文献选编》（下），人民出版社 1999 年版，第 2045 页。
② 《江泽民文选》第 1 卷，人民出版社 2006 年版，第 474 页。
③ 同上书，第 381 页。
④ 同上书，第 358 页。

展史。人类社会每一次跃进，人类文明每一次升华，无不镌刻着文化进步的烙印。"① 并指出，任何时候都不能以牺牲精神文明为代价换取经济的一时发展，中国特色社会主义是全面发展、全面进步的事业，是物质文明和精神文明相辅相成、协调发展的事业，必须"坚持'两手抓，两手都要硬'的方针，坚持社会主义先进文化前进方向，促进人的全面发展，交好物质文明建设和精神文明建设两份答卷"②。在探索精神文明建设的过程中，胡锦涛不断赋予精神文明建设以新的科学内涵，丰富和发展了邓小平和江泽民的精神文明建设理论。2006年3月，胡锦涛在全国政协十届四次会议民盟、民进联组会的讨论时，明确提出以"八荣八耻"为主要内容的社会主义荣辱观。指出，在社会主义社会里，是非、善恶、美丑的界限绝对不能混淆，坚持什么、反对什么、倡导什么、抵制什么，都必须旗帜鲜明。2006年10月，在党的十六届六中全会通过的《关于构建社会主义和谐社会若干重大问题的决定》中提出和谐文化与社会主义核心价值体系的新概念，并强调社会主义核心价值体系是建设和谐文化的根本。2007年10月，在党的十七大报告中又提出提高国家文化软实力的战略任务。指出："当今时代，文化越来越成为民族凝聚力和创造力的重要源泉、越来越成为综合国力竞争的重要因素，丰富精神文化生活越来越成为我国人民的热切愿望。要坚持社会主义先进文化前进方向，兴起社会主义文化建设新高潮，激发全民族文化创造活力，提高国家文化软实力，使人民基本文化权益得到更好保障，使社会文化生活更加丰富多彩，使人民精神风貌更加昂扬向上。"十七大报告还提出弘扬中华文化，建设中华民族共有精神家园的战略目标和要求。指出：中华文化是中华民族生生不息、团结奋进的不竭动力。要全面认识祖国传统文化，取其精华，去其糟粕，使之与当代社会相适应、与现代文明相协调，保持民族性，体现时代性。加强中华优秀文化传统教育，运用现代科技手段开发利用民族文化丰厚资源。加强对各民族文化的挖掘和保护，重视文物和非物质文化遗产保护，做好文化典籍整理工作。加强对外文化交流，吸收各国优秀文明成果，增强中华文化国际影响力。2011年10月，在党的十七届六中全会通过的《中共中央关于深化文化体制改革的决定》中指出，要坚持中国特色社会主义文化发

---

① 《十六大以来重要文献选编》（下），中央文献出版社2008年版，第751页。
② 《十七大以来重要文献选编》（中），中央文献出版社2011年版，第929页。

展道路，努力建设社会主义文化强国。强调建设社会主义文化强国，就是要着力推动社会主义先进文化更加深入人心，推动社会主义精神文明和物质文明全面发展，不断开创全民族文化创造活力持续迸发、社会文化生活更加丰富多彩、人民基本文化权益得到更好保障、人民思想道德素质和科学文化素质全面提高的新局面，建设中华民族共有精神家园，为人类文明进步作出更大贡献。

新时期，以习近平为核心的新一届中央领导集体在新的历史起点上不断推进社会主义精神文明建设实践，强调要继续锲而不舍、一以贯之抓好社会主义精神文明建设，为全国各族人民不断前进提供坚强的思想保证、强大的精神力量、丰润的道德滋养。2013年8月，习近平在全国宣传思想工作会议上明确指出："只有物质文明建设和精神文明建设都搞好，国家物质力量和精神力量都增强，全国各族人民物质生活和精神生活都改善，中国特色社会主义事业才能顺利向前推进。"① 习近平的精神文明建设思想主要体现在以下几个方面：一是坚持以辩证的、全面的、平衡的观点正确处理物质文明和精神文明的关系。推进中国特色社会主义事业健康发展，必须促进物质文明建设与精神文明建设之间的协调、统一发展。物质文明与精神文明之间是相互的辩证关系，"物质文明的发展会对精神文明的发展提出更高的要求，同时精神文明的发展又会成为物质文明建设的动力，尤其是经济的多元化会带来文化生活的多样化，只有把精神文明建设好，才能满足人民群众多样化的精神文化生活需求。更进一步来说，要认清物质文明建设和精神文明建设的最终目的是什么，GDP、财政收入、居民收入等等是一些重要指标，但都不是最终目的，其最终目的就是要促进人的全面发展，包括改善人们的物质生活、丰富人们的精神生活、提高人们的生活质量、提高人们的思想道德素质和科学文化素质等等。"② 二是抓精神文明建设要办实事、讲实效，紧紧围绕促进人民福祉来进行。习近平提出，做好精神文明建设和文化建设工作，须坚决反对形式主义、官僚主义，努力满足人民群众不断增长的精神文化需求。"文化建设是一项重在建设的'树人工程'，是一项不容易出'政绩'的基础工程，是一项需要持之以恒的长期工程，不可能立竿见影。从通俗的意义上讲，文化工作是

---

① 习近平：《习近平谈治国理政》，外文出版社2014年版，第153页。
② 习近平：《之江新语》，浙江人民出版社2007年版，第66页。

一项相对务'虚'的工作,衡量标准比较'主观',表现载体比较多样,稍不留神就可能搞成'花架子'。因此,加快建设文化大省,更加需要我们发扬求真务实的精神,大兴求真务实之风,锲而不舍,脚踏实地,抓紧抓实。"① 三是精神文明建设要"从娃娃抓起"。针对当前社会上有些人把童谣低俗化、成人化,且存在着乱改古诗,乱编"脱口秀"的不良现象,习近平指出:"一个民族的文明进步,是在一代又一代人的传承和发展中形成的。未成年人的思想道德状况如何,直接关系到我们国家和民族未来的精神面貌。未成年人的工作,是事关未来的事业,是决定中华民族综合素质不断提高的基础工作。只有'从娃娃抓起',才能奠定社会主义精神文明的坚实基础。加强和改进未成年人思想道德建设,不是权宜之计,而是一项长期的艰巨的战略任务。"② 由于儿童辨别是非的能力不强,抵抗诱惑的能力也很弱,故童谣的健康与否直接关系着孩子的"精神空间"和"心理空间",对孩子的成长影响深远。因此,"我们要从培养未成年人的爱国情感、远大志向、文明习惯、良好素质等这些基本工作做起,真正把它作为精神文明建设的重中之重。"③ 四是把坚持法治与德治并举。习近平指出:"法治与德治,如车之双轮、鸟之两翼,一个靠国家机器的强制和威严,一个靠人们的内心信念和社会舆论,各自起着不可替代而相辅相成、相得益彰的作用,其目的都是要达到调节社会关系、维护社会稳定的作用,保障社会的健康和正常运行。从一定意义上说,依法治国是维护社会秩序的刚性手段,以德治国是维护社会秩序的柔性手段,只有把两者有机地结合起来,才能有效地维护社会的和谐,保障社会健康协调地发展。"④ 五是文艺创作一定要脚踩坚实的大地,坚持社会效益和经济效益的统一。习近平强调:"人民是文艺创作的源头活水,一旦离开人民,文艺就会变成无根的浮萍、无病的呻吟、无魂的躯壳。能不能搞出优秀作品,最根本的决定于是否能为人民抒写、为人民抒情、为人民抒怀。文艺工作者要想有成就,就必须自觉与人民同呼吸、共命运、心连心,欢乐着人民的欢乐,忧患着人民的忧患,做人民的孺子牛。艺术可以放飞想象的翅膀,但一定要脚踩坚实的大地。文艺创作方法有一百条、一千条,但最根

---

① 习近平:《文化建设不能搞成"花架子"》,《人民日报》2005年8月16日第10版。
② 习近平:《之江新语》,浙江人民出版社2007年版,第66页。
③ 同上。
④ 同上书,第206页。

本、最关键、最牢靠的办法是扎根人民、扎根生活。"① 同时，他指出：文艺创作应是坚持把社会效益和经济效益相统一，并把社会效益放在首位。"文化产品不能故作'清高'，不屑于讲'票房价值'，不能再走创作—获奖（省优、部优）—'搁'优的老路了。……先进的文化产品，应当既体现先进性，又能体现群众性；既不'趋利媚俗'，又不远离市场、忽视市场。从这个意义上讲，文化产品的意识形态属性与产业属性是一致的，占领市场与占领阵地是一致的，社会效益与经济效益是一致的，文化产品的先进性与实现人民群众的文化利益是一致的。我们要充分发挥社会主义市场经济体制的优势，创作和生产'贴近实际、贴近生活、贴近群众'和'面向现代化、面向世界、面向未来'的文化产品，去占领市场，赢得群众，不断巩固和扩大社会主义意识形态阵地。"②

二　中国共产党探索精神文明建设实践的基本经验

中国精神文明建设的发展历程，同时也是文化现代化的探索历程。在整个探索过程中，中国精神文明建设取得了巨大的成就，尤其是改革开放的不断深入，给当代中国文化的发展注入了新的生机和活力，引起了人们生活方式、思想观念、价值观念等一系列的变化，奠定了中国精神文明建设今后发展的基础和走向。由于社会主义精神文明建设事业是个全新的事业，所以在探索过程中，不可避免地会出现一些错误，给我国精神文明建设留下了深刻的教训与启示。总结我国精神文明建设的经验教训，将会进一步增强信心，从而在党的领导下使中国特色社会主义精神文明建设事业取得更大的成就。

（一）精神文明建设要始终坚持马克思主义的指导地位

马克思主义是我们认识世界、改造世界的强大思想武器，是人类文化的瑰宝，是先进文化的核心和灵魂。在当前非常复杂的历史条件下，要保持精神文明建设的先进性质和正确方向，马克思主义的指导地位只能加

---

① 《习近平在文艺工作座谈会上的讲话》，2014 年 10 月 15 日（http://culture.people.com.cn/n/2014/1015/c22219-25842812.html）。

② 习近平：《之江新语》，浙江人民出版社 2007 年版，第 9 页。

强,不能削弱,更不能搞指导思想多元化。只有以马克思主义为指导,中国精神文明建设才能保持其先进性。任何阶级的政治组织,都有反映自己阶级利益的指导思想。实践证明,只有以先进的理论为指导,才能成为先进的政党,才能领导精神文明建设的发展。中国共产党作为先进生产力发展要求,先进文化前进方向,最广大人民群众根本利益的忠实代表,必然要以先进的理论——马克思主义为指导。对马克思主义在精神文明建设中的巨大作用,我们党在1986年《中共中央关于社会主义精神文明指导方针的决议》中指出:坚持以马列主义、毛泽东思想为指导,是我国社会主义现代化事业的根本,也是社会主义精神文明建设的根本。作为工人阶级的科学世界观和全人类精神文明的伟大成果的马克思主义,是社会主义事业和党的领导的理论基础,是社会主义意识形态最重要的组成部分,对整个精神文明建设起着重大的指导作用。因此,只有以马克思主义及它的中国化的理论创新成果——毛泽东思想、邓小平理论、"三个代表"重要思想、科学发展观为指导,才能保证我国精神文明建设的先进性,才能使精神文明成为凝聚和激励全国各族人民的重要力量,在全社会形成共同的理想信念,在全体人民中树立正确的人生观、价值观、世界观,用马克思主义牢固占领社会主义思想文化阵地。

马克思主义具有与时俱进的理论品质,我们既要坚持马克思主义,又要根据新的变化了的实践发展马克思主义,不断进行理论创新。即在对待马克思主义态度问题上,中国共产党人应是马克思主义的坚持与发展相结合的统一论者。江泽民指出,在对待马克思主义的态度问题上,"一是必须坚持马克思主义的立场、观点、方法,坚持马克思主义的基本原理,这一点,要坚定不移,不能含糊。二是一定要贯彻解放思想、实事求是的思想路线,坚持勇于追求真理和探索真理的革命精神,这一点,也要坚定不移,不能含糊。我认为,这两个'坚定不移',两个'不能含糊',始终是检验我们是不是真正的马克思主义者的试金石"[①]。在什么是马克思主义、怎样对待马克思主义的问题上,历来存在两种截然不同的态度。一种是教条主义的态度;另一种是实事求是的态度。第一种态度不仅不能坚持马克思主义,而且只会窒息马克思主义甚至误党误国;而第二种态度才是真正坚持马克思主义。要使党和国家的事业不停顿,首先理论上不能停

---

① 《江泽民文选》第3卷,人民出版社2006年版,第335页。

顿。中国共产党非常重视理论创新，在马克思主义同中国实际相结合的过程中，根据革命与建设的特点，不断进行理论创新，实现了两次历史性的飞跃，产生了两大理论成果。第一次飞跃，找到了中国自己的革命道路，创立了毛泽东思想；第二次飞跃，找到了中国自己的社会主义建设道路，创立了中国特色社会主义理论体系，包括邓小平理论、"三个代表"重要思想和科学发展观等。在建设中国特色社会主义的新时期，以习近平为核心的新一届中央领导集体更加突出强调了理论创新的作用，提出了"四个全面"的重大战略思想。2014年12月，习近平在江苏调研时提出"四个全面"的战略思想，即全面建成小康社会、全面深化改革、全面依法治国、全面从严治党。这一战略思想的提出对于我国全面深化改革，推进中国特色社会主义事业的发展具有根本性的战略指导意义。总之，在精神文明建设的实践中，必须坚持以马克思主义为根本指导思想，否则，我们的社会主义精神文明建设事业就会因为没有正确的理论基础和思想灵魂而迷失方向，就会归于失败。但同时也要根据社会实践的发展，不断进行理论创新，以至为精神文明建设的发展与创新提供理论基础与前提。

（二）精神文明建设要坚决抵制"左"的思想文化倾向

在我国精神文明建设的实践中，"左"的思想文化倾向一直是精神文明建设的主要障碍，对精神文明建设的发展形成了极大的阻力，十年"文革"就是其最高表现。我国精神文明建设的发展历程表明，要使精神文明建设保持先进性并健康地发展，就必须坚决抵制与摒弃精神文明建设中"左"的思想倾向，从而制定正确的文化方针与政策。

首先，精神文明建设必须从我国社会主义初级阶段的实际出发。由于我国正处在社会主义初级阶段，生产力发展水平低，经济、政治不发达、不成熟、不完备，人们的思想道德素质还有待进一步提高。因此精神文明建设必须从我国社会主义初级阶段的实际出发，同初级阶段的经济社会发展和人们的思想觉悟状态相适应，而不能脱离国情，超越阶段，把只有在社会主义发达阶段甚至共产主义社会才有可能普遍实践的思想道德方面的要求硬要在现实社会予以推行。过去在精神文明建设发展方面存在的"左"倾错误的主要表现，就在于离开了我国经济文化的实际，超越了社会主义发展阶段，忽视了社会主义文化与共产主义文化的区别，用社会主义中、高级阶段或共产主义阶段的思想文化、价值观念来评价广大群众的思想言论和行为，成为衡量现实社会的文化标准，以至于在文化发展和精神文明建设方面急于求成，急功近利，结果欲速则不达，适得其反。

其次，必须坚持精神文明建设为经济建设服务的正确路线，紧紧围绕经济建设这一中心工作开展精神文明建设。在社会主义发展的初级阶段，经济建设是全党全国人民的中心工作，精神文明建设与党领导的其他各项工作一样都是为经济建设服务的，因此精神文明建设必须围绕经济建设这一中心工作展开。如果离开这一中心，社会主义精神文明建设就会失去方向，丧失其自身的物质基础。过去我们在精神文明建设上的主要失误就是偏离了精神文明建设要为经济建设服务的正确路线，长期推行"以阶级斗争为纲"的错误路线，使文化建设走入了误区。

再次，坚持摒弃以政治批判方式进行文化和精神文明建设的做法。以政治批判方式进行文化建设，使文化成为政治的附庸，无疑会造成政治对文化的专制。用政治意识形态的有色眼光去看待文化，会阻碍文化建设的进行。在这方面我们是有着血的教训的。在"文革"期间，以政治批判方式进行文化建设，许多社会学科被简单地与资产阶级意识形态画上等号，并被贬斥为资产阶级的伪科学而被打入冷宫，国外出现的新思想、新观点被一概拒之门外。在文化领域展开全面批判，许多优秀知识分子被当成资产阶级分子批判，许多优秀的文学作品被扼杀，给我国文化发展造成了不可估量的损失。实践证明，宽松的民主政治环境，会形成弘扬主旋律，提倡多样化的大好局面，从而有力地推动先进文化事业的发展。

最后，必须根据历史条件的发展变化，不断研究新情况、新问题。我国精神文明建设是一项艰巨的事业，这就要求我们必须与时俱进，不断根据新形势和新的时代特点，用新的方式和方法解决精神文明建设中遇到的新情况、新问题，要求我们摒弃"左"的、僵化的观点与思想，不断把精神文明建设引向深入。过去在很长一段时间内，不顾历史条件的发展变化，固守"左"的教条思想，用僵化的眼光去看待发展了的实践，把革命战争年代的对敌斗争方式用于和平年代，套用在精神文明建设上，靠人为地发动阶级斗争与搞群众运动推动文化发展，结果反而阻碍了文化的发展。

（三）知识分子是社会主义精神文明建设的主力军

在首都青年纪念五四运动七十一周年报告大会上，江泽民指出：知识分子作为人类科学文化的重要继承者和传播者，作为先进科学技术的重要开拓者,作为精神产品的创造者,在社会主义精神文明建设中是一支重要的骨干力量。在提高全民族的思想道德素质和科学文化素质,培育一代又一代有理想、有道德、有文化、有纪律的社会主义新人等方面,知识分子负有极其重要的职责,起着不可替代的作用。

近代以来我国精神文明建设的发展史就是一部进步知识分子的奋斗史。近代以来,中国的知识分子在黑暗中摸索,从物质文化到制度文化,再到精神文化的寻觅,为中国社会的进步立下了汗马功劳,充分表明了他们作为中国先进文化发展主力军的地位。在西方列强用坚船利炮打开中国大门的时候,开明的中国知识分子总结经验教训,大胆提出"师夷长技以制夷"的主张,呼吁人们"睁眼看世界"。洋务运动开了学习西方的先河,然而随着北洋水师在甲午战争中的失败,一些知识分子开始从物质文化的狭隘视野中解脱出来,迫切要求政治制度层面的改革。经过辛亥革命,中国的封建帝制被推翻,然而,之后的共和制度并没有给中国注入生机。中国的进步知识分子进一步认识到,中国的变革不能只局限在生产力和政治制度方面,更应触及其背后根深蒂固的文化理念,由此,他们开启了伟大的新文化运动。中国共产党成立后,中国的进步知识分子以马克思主义为指导,对中国的先进文化,即新民主主义文化、社会主义文化、中国特色社会主义文化进行了探索,并在此过程中形成了毛泽东思想、邓小平理论和"三个代表"重要思想,正是他们领导全国人民取得了新民主主义革命的胜利,取得了社会主义革命和建设的胜利。

应尊重与支持知识分子创造先进文化,开展精神文明建设的活动。任何时代先进文化的创立,都需要一定的条件,特别是主体条件,在这方面知识分子具有自身独特的知识优势,他们是人类科学文化知识的重要载体,通过自己的辛勤劳动,吸收和继承前人的科学文化知识,向全社会传播和辐射,成为人类科学文化知识的集散地。这种优势就决定了知识分子是创造先进文化和建设社会主义精神文明的主体,是先进文化的传播者,不管是革命时代,还是建设时代,知识分子都是发展先进文化和建设社会主义精神文明的主力军,离开知识分子的创造活动,精神文明建设要取得长足发展是不可能的。所以,不管什么时候我们都要尊重、相信和支持知识分子。在很长的历史时期中,由于种种原因,知识分子的政治地位、社会地位和经济地位低下,与他们在社会中的作用很不相称,这在一定程度上影响了知识分子积极性的发挥。社会主义制度的建立为尊师重教和尊重知识、尊重人才提供了舆论力量和良好的环境。但是，我们党在知识分子问题上也曾走过弯路，受极"左"路线的干扰，对社会主义条件下的知识分子做出了错误的估计，得出知识分子是资产阶级知识分子的荒谬结论，极大挫伤了他们的积极性。党的十一届三中全会以来，知识分子问题总体上得到较好的解决，国家采取了正确的知识分子政策，充分保障了知识分子在社会中的地位，在全社会形成了尊师重教的大好风气。广大知识分子，在这种氛围下焕发出了极大的积极性，为推进先进文化发展做出了突出的贡献。所以，我们任何时候都要响应党和政府必须"尊重知识，尊重人才，尊重劳动，尊重创造"的号召，真正把"四个尊重"落到实处，支持知识分子的创造活动，以便更好地适应新时期我国先进文化发展和精神文明建设的需要。

（四）以民族文化为根本，坚持"走出去，引进来"的文化发展道路

建设社会主义精神文明应当注意保持并努力发展文化的民族性，以民族文化为根本，尊重自己民族的传统文化，合理利用传统文化这个重要资源，注意发掘中国传统文化的正面价值，从文化发展的连续性和继承性的一面对待民族传统文化。社会主义文化的时代性与开放性的特点决定了，新时期我国社会主义精神文明建设坚持走出去，积极借鉴与吸收世界一切文明成果，同时把外国优秀文化引进来，走一条"走出去，引进来"的文化发展道路。

社会主义精神文明建设，应坚持以民族文化为根本。世界上任何文化都有其民族性。文化的民族性是指能够反映民族精神、民族特性的价值观念、思维方式、国民品性、人格追求、伦理情趣等思想文化的本质特征，是文化的民族风格、民族气派的表现。文化的民族性，能够反映特定民族文化类型的基本特质，具有不同于别的民族的文化心理和文化结构；能够反映特定民族的民族精神，具有超越时代、阶级的内容和精神，与民族存亡共始终。在考察民族文化的时候，必须注意民族文化发展的连续性和继承性，不能割断历史，不能妄自菲薄。中国传统文化承载着中华民族的基本价值追求，蕴含着中华民族的民族精神，有着独特的民族特质。所以，在社会主义精神文明建设的过程中，应当注意发掘中国传统文化的正面价值，从文化发展的连续性和继承性的一面对待民族传统文化。尤其是当今时代，经济全球化、世界多极化、文化多元化趋势继续加强，各种思想文化相互激荡。在这种态势下，我们应当注意保持并努力发展文化的民族性，尊重自己民族的优秀传统文化，合理利用优秀传统文化这个重要资源，以民族文化为根本。这样也有利于我们加强文化安全，防范西化、分化图谋。但是我们强调以民族文化为根本的同时，坚决反对狭隘民族主义，反对文化割据主义和保守主义，积极参与全球化的进程，增强民族文化的世界性。

社会主义精神文明建设，应坚持以弘扬和培育民族精神为己任。江泽民在十六大报告中指出："民族精神是一个民族赖以生存和发展的精神支撑。一个民族没有振奋和高尚的品格，不可能自立于世界民族之林。"[①] 这是党的十六大根据国际国内的新形势新情况而提出的一个具有重要意义的新论断。民族精神是指一个民族在长期的历史发展过程中逐步形成和培育起来的一种群体意识，是一个民族共同的思想品格、价值取向和道德规范的综合体现，是该民族存在和发展的精神支柱。在五千多年的发展中，中华民族形成了以爱国主义为核心的团结统一、爱好和平、勤劳勇敢、自强不息的伟大民族精神。我们党领导全国人民在中国革命和社会主义建设中又形成了延安精神，红岩精神，"两弹一星"精神，抗洪精神，抗"非典"精神等，极大地丰富和发展了民族精神的内涵。中国先进文化发展的一个重要职责，就是要为我们的民族和人民提供强大的精神力量，始终保持奋发有为、昂扬向上的精神状态，投身到改革开放和现代化建设的宏伟事业中，为实现中华民族伟大复兴而努力奋斗。正因为这样，弘扬和培育民族精神也就成为我国建设精神文明的一项极为重要的任务。

社会主义精神文明建设应坚持走一条"走出去，引进来"的文化发展道路。在新的世纪，中国需要了解世界，世界也需要了解和认识中国。今天的世界是一个文化多元的世界，世界各国、各民族都有自己独特的文化，即民族文化，中华文化就是这文化多元格局中的一枝奇葩。渊源于中华民族五千年文明史，植根于当代中国社会主义现代化建设实践，着眼于世界文化发展前沿的中国特色社会主义文化更是比资本主义文化优越的文化。然而，如果中华文化故步自封，不走出国门，不能吸收与引进外国先进文化，则无疑会落后于世界其他国家的民族文化，更不用说保持它的先进性了。实践证明，中华文化只有坚持一条"走出去，引进来"的发展道路，才能自立于世界文化之林，才能显示出它所具有的无比优越性。"走

---

① 《十六大以来重要文献选编》（上），中央文献出版社2005年版，第30页。

出去"就意味着中华文化要走出国门,走向世界。现在的世界是一个开放的世界,而中华文化则是一种开放性的文化,这种开放性就要求中华文化要坚持走出去,只有走出去,才能向世界展示它的博大精深,才能让世界了解它。随着改革开放的不断深入和我国经济实力的逐渐增强,日益开放的外部环境和高度发达的科技为中华文化走向世界提供了很好的条件。尤其是我国加入世贸组织,为中华文化走出国门提供了契机。随着中华文化不断走出国门,世界人民对中华文化的了解在加深,极大改变了中国在世界上的形象,国外的"中国热"也在加速升温。随着世界文化产业的迅猛发展,中国文化要整装远航,与世界各国进行文化交流,同时加强我国文化产业化的步伐,向世界文化市场进军,把我国的文化产业做大做强。今后我们文化走出去的重点应主要放在文化外贸上,把文化外贸作为扩大中华文化影响的主要手段之一,把文化贸易作为我国对外贸易的重要组成部分,采取市场经济的运作方式从事对外文化交流,在赚到掌声和喝彩的同时也能够赢得经济效益。"引进来"就意味着我们要把中华文化发扬光大,就必须借鉴与引进各国的优秀文化。中国的发展和进步离不开学习和借鉴世界各国的文明成果。世界上每个国家、民族都有自己的文化传统,都有自己的长处和优势,我们一定要有世界眼光和"拿来主义"的勇气,认真研究和借鉴世界各国的文明成果,贯彻"洋为中用"的方针,善于从其他国家民族文化中汲取营养,发展自己。因此,必要的文化引进会增强中华文化的丰富内涵,提高中华文化的竞争力,这是任何先进文化都具有的一个特质。当然学习借鉴与引进要建立在正确分析的基础上,要考虑到中国的国情和中华民族的特点,要善于区分先进与落后、科学与腐朽、有益与有害,积极吸收先进、科学、有益、健康向上的东西,坚决抵制落后、腐朽、有害的东西,以防其毒害中华文化。同时学习外国先进文化,不能丧失民族自尊心、自信心,不能丧失我们的民族精神和优良传统,否则将会危及一个民族的生存与发展。近年来,我国与世界各国的文化交流正在逐步展开,在使中华文化走向世界的同时,大力引进外国先进文化,取其长处,补己短处,为中华文化增添新鲜血液,使其始终充满生机与活力。

(五)始终坚持与时俱进的文化发展理念,积极推动精神文明建设理论与实践的创新和发展

在新的历史时期,随着实践的不断深入、变化和发展,人们的观念也在不断地更新，精神文明建设的发展要求我们要形成新的发展观，拥有与时俱进的文化发展理念。十六大报告指出："与时俱进，就是党的全部理论和工作要体现时代性，把握规律性，富于创造性。"① 这就提出了我们党坚持与时俱进的科学内涵和根本要求，对我国的精神文明建设的发展具有重要的指导意义。

与时俱进的文化发展理念是时代的要求。马克思主义的发展史和我们党的历史经验表明，解放思想、实事求是、与时俱进、开拓创新是马克思主义的品质，是引导社会前进的强大力量，是我们适应新形势、认识新事物、完成新任务的根本思想武器。时代在前进，文化实践在发展，我们的思想认识也应当与时俱进，根据时代和实践的要求勇于和善于不断创新，使我们对先进文化发展的认识不断深化。可以说，一部马克思主义为指导的文化发展史，就是一部与时俱进、不断进行理论创新的历史。马克思和恩格斯依据自由资本主义的时代特征，通过广泛而深入研究当时欧洲的社会矛盾和工人运动的特点与趋势，从而创立了马克思主义文化学说，奠定了马克思主义文化学说不断发展的基石。列宁立足俄国的实际，关注帝国主义和无产阶级革命时代的新情况和新特点，深入总结和研究无产阶级文化革命和社会主义文化建设的新经验、新规律，形成了马克思主义文化学说发展的新阶段——列宁的新文化观。毛泽东运用马列主义文化基本原理深入研究中国文化革命的特殊规律和发展途径，形成了具有鲜明时代特征和中国气派的新民主主义文化与社会主义文化思想。邓小平深入地研究了和平与发展时期新的时代特征，深刻总结了国内外社会主义文化建设的经验与教训，提出了反映中国特色社会主义文化发展实践规律的新的文化命题"社会主义精神文明"，开创了中国特色社会主义文化的新局面。江泽民站在历史发展和时代要求的高度，敏锐把握国际国内形势的发展变化，提出我们党要始终代表先进文化的前进方向，把中国特色社会主义文化推向一个更高的发展阶段。因此，要使党和国家的文化事业不停顿，就要求我们必须始终站在时代的前列，以"三个代表"重要思想为指导，以深邃的历史眼光和宽广的世界眼光看待文化问题，审视、分析和研究新的历史条件下国际国内形势发生的新变化和出现的新情况，回答和应对时代不断提出的新挑战和新课题，努力做到既不割断历史，又不迷失方向；既不落后时代，又不超越阶段。这样才能更好地体现先进文

---

① 《十六大以来重要文献选编》（上），中央文献出版社2005年版，第9页。

化与时俱进的时代品格。

与时俱进的文化发展理念是社会主义先进文化自身发展规律的体现。文化的"先进性",作为一个历史性的范畴,同时代的脉搏紧密相连,并能把握时代的发展趋势,站在时代的最前列,代表人类社会发展与进步的前进方向。保持文化的"先进性",能够保证我国文化发展的正确方向,有利于我国文化健康有序地发展。由于我国社会主义文化所具有的"先进性"的内在本质,我国文化发展总是呈现出一种积极向上的发展态势,拥有良性的发展轨道,这也是任何一种先进文化自身所具有的发展规律。而与时俱进的文化发展理念是先进文化这种自身发展规律的体现。文化的"先进性"内含了文化与时俱进的必然性,这是因为任何一种"先进"文化,都具有与时俱进的精神状态,都是一种具有科学性、时代性、开放性的与时俱进的文化。文化的发展规律是随着人类社会实践的发展而变化的,从而人们对文化的认识也是不断变化的。所以,要保持文化的"先进性",就必须在不断发展着的人类社会实践中不断进行文化创新,必须始终保持与时俱进的精神状态,只有这样才能用发展着的文化理论去指导不断向前推进的中国特色社会主义文化事业,最终完成中华文化伟大复兴的历史使命。

坚持与时俱进的文化发展理念,积极推动文化创新。江泽民一再指出:创新是一个民族的灵魂,是一个国家兴旺发达的不竭动力,也是一个政党永葆生机的源泉。坚持解放思想,实事求是,与时俱进,开拓创新,是贯彻"三个代表"重要思想的必然要求,也是促进文化繁荣与发展的不竭动力。世界在变化,我国改革开放和现代化建设在前进,人民群众的伟大实践在发展,这些都迫切要求我们要在文化上不断打开新视野、开拓新境界。只有通过实践,不断创新,自觉地把思想认识从那些不合时宜的观念、做法和体制的束缚中解放出来,从对马克思主义的错误的和教条式的理解中解放出来,从主观主义和形而上学的桎梏中解放出来,我们的文化事业才能与时俱进,永葆活力,不断发展,不断前进。只有立足于文化发展的伟大实践,着眼世界文化发展前沿,继承和发扬民族文化的优秀传统,不断从博大精深的传统文化中、从激昂向上的革命文化中、从健康有益的外来文化中、从与时俱进的最新实践中,汲取营养和力量,在内容和形式上积极创新,不断开拓能够极大促进我国先进文化发展的新途径,使中华文化历久弥新、充满生机。建立文化创新体系,首先要大力推进文化观念的创新，文化观念的创新要特别注重把对文化的理解从长期以来狭隘和片面的观念中解放出来。创新是发展文化事业的关键，文化创新的根本目的就是要解放文化生产力，生产出有价值、极富吸引力和号召力的社会主义文化产品。我们必须在马克思主义科学世界观的指导下，从文化发展和自身的实际出发，自觉适应生产力的发展要求，进行文化体制、文化机制和文化制度创新，从而推动社会主义先进文化不断向前发展。代表先进文化的前进方向，从本质说就是要坚持与时俱进的文化发展理念，顺应先进文化发展的时代要求，不断打破陈规、开拓创新，这就要求先进文化前进方向的代表者——中国共产党人要敢于同一切不适应时代需要的传统思想观念彻底决裂，打破一切阻碍中国社会前进的理论教条的束缚，面对新的时代创造新的理论，指引中国先进文化和社会主义精神文明建设实践不断前进。

（六）精神文明建设应坚持"两手抓，两手强"的原则，推动文化事业与文化产业的协同发展

长期以来，由于受教条主义的束缚，受"左"的思想的干扰，在文化方面，过分强调服从政治的意识形态要求，而无视文化生产的客观规律，无视文化产品的市场性及它的商品属性，从而造成对公益性文化事业和经营性文化产业缺乏分类管理和指导，使文化资源配置效率低下，这些都严重制约了我国先进文化的发展。因此，我国文化体制改革必须要区分开文化产业和文化事业，并在此基础上进行分类管理，制定不同的政策，必须坚持文化事业与文化产业"两手抓，两手强"的原则，一手抓文化事业的繁荣，一手抓文化产业的发展，把发展文化产业和文化事业统一起来，以促进我国先进文化的快速、健康发展。

首先，要积极繁荣文化事业。文化事业指的是公益性文化生产和文化服务事业，它为公众提供公共文化服务，在保障人们的文化权益、促进人的素质全面提高方面具有重要的作用，承载着国家政治意识形态导向、弘扬民族文化精神、塑造国民文化素质等重要功能。发展文化公益事业，保护和实现人民群众的基本文化利益，满足人民群众日益增长的精神文化需求，是社会主义制度优越性的重要体现。文化事业面向社会为公众提供文化产品和服务，不能完全采取市场化、商业化的经营管理方式，国家应支持和保障文化公益事业，加大对文化事业的投入力度，不断扩大人民群众的文化生活空间，提高全社会的文化生活质量。同时也应鼓励它们面向市场，努力降低其产品和服务的成本，不断增强自身发展活力。其次，要大力发展文化产业。文化产业是指从事文化产品生产和提供文化服务的经营性行业，是一个涵盖文学艺术业、广播影视业、新闻出版业、音像制品业、演出展览业、文化娱乐业、文化信息业、策划创意业、文化教育业、文化旅游业、体育竞技业等在内的广大的产业系统。它通过精神文化产品生产和再生产的规模化、商品化、信息化方式，使精神文化产品和服务的生产、供给市场化。发展文化产业，是市场经济条件下繁荣社会主义文化、满足人民群众精神文化需求的重要途径。当今世界，文化产业在社会生活和国民经济中的地位正在迅速上升，在许多国家已经成为重要的支柱产业和新的经济增长点。在我国，文化产业起步很晚。由于我国传统的文化管理体制实行的是计划管理模式，其运行模式是"财政支持型"、"社会福利型"、"政府管理型"，过分强调文化的意识形态属性，忽视了文化作为消费产品的商品属性，忽视了文化产业对发展现代经济的积极作用，所以我国在文化产业方面十分弱小。我国第一次正式使用"文化产业"这一概念是在2000年10月党的十五届五中全会通过的《中共中央关于制定国民经济和社会发展第十个五年计划的建议》中，随着我国社会主义市场经济的建立与完善和加入世界贸易组织，中国的文化产业逐步兴起，文化产业的增加值在GDP中占有越来越大的比重，并逐步成为国民经济新的增长点和支柱产业。在党的十六大，我国不仅把"文化产业"写进报告，而且对文化产业的地位作用、发展目标、发展手段、文化产业与文化事业的关系进行了全面的论述，这说明我国已充分认识到文化产业的重要性。当前发展文化产业，就要以资产为纽带，按照专业分工和规模经营的要求，提高产业集中度，组建大型文化产业集团，把文化产业集团做大做强，形成我国文化产业走向世界和参与国际竞争的主体力量，以应对发达资本主义强大的文化攻势。发展文化产业，就必须坚持冲破一切妨碍发展的思想观念，改变那种在计划经济体制下对文化形成的一系列传统认识，尤其是要改变过去忽略文化事业与文化产业的区别，忽略公益性文化与商业性文化区别的做法。在此基础上，建立有利于文化产业发展的文化市场，依法加强对文化市场的管理，建立、健全完整的国家文化产业政策系统和法律系统，使之成为文化产业持久规范发展的有力保证。

（七）精神文明建设必须坚持社会效益和经济效益的统一，并将社会效益放在首位

在社会主义市场经济条件下，文化产品具有社会属性和商品属性，商品属性是普遍的，社会属性是特殊的，两者应该是统一的。文化产品的社会属性和商品属性决定了文化产品既具有社会效益又具有经济效益，不能由于文化产品具有商品属性而忽略其社会属性，也不能因为具有一定的社会属性而轻易否定其商品属性。我们必须分类研究，正确处理好两者之间的关系，为中国特色社会主义建设事业服务。对于这一点，党的十六届四中全会通过的《中共中央关于加强党的执政能力建设的决定》明确指出："坚持把社会效益放在首位，实现社会效益和经济效益的统一，把文化发展的着力点放在满足人民群众精神文化需求和促进人的全面发展上。"[①] 在新的历史时期，习近平强调："一部好的作品，应该是把社会效益放在首位，同时也应该是社会效益和经济效益相统一的作品。文艺不能当市场的奴隶，不要沾满了铜臭气。优秀的文艺作品，最好是既能在思想上、艺术上取得成功，又能在市场上受到欢迎。"[②] 这就是说，在经济效益与社会效益发生矛盾时，必须把社会效益放在首位，绝不能为了追求经济效益而损害社会效益。但由于文化产品具有商品属性，文化产业作为市场经济中的重要产业，必然要受价值规律支配，文化产品价值的实现，也必然表现在追求经济效益上，那种只讲社会效益、不讲经济效益的做法也是片面的、错误的。在精神文明建设中，我们应坚持把文化产品的社会效益与经济效益统一起来，既要注重它的社会效益，又要考虑到它的经济效益，忽视任何一方都会对我国的文化发展造成不好的影响。

（八）加强精神文明建设，应坚持走一条全面、协调、可持续的文化发展道路

坚持科学发展观的指导，党的十六届三中全会提出："坚持以人为本，全面、协调、可持续的发展观，促进经济社会和人的全面发展。"强调"要按照统筹城乡发展、统筹经济社会发展、统筹人与自然和谐发展、统

---

① 《十六大以来重要文献选编》（中），中央文献出版社2006年版，第284页。
② 《习近平在文艺工作座谈会上讲话》，2014年10月15日（http://culture.people.com.cn/n/2014/1015/c22219-25842812.html）。

筹国内发展和对外开放的要求",推进改革和发展。党的十七大强调:"科学发展观,第一要义是发展,核心是以人为本,基本要求是全面协调可持续,根本方法是统筹兼顾。"①"要按照中国特色社会主义事业总体布局,全面推进经济建设、政治建设、文化建设、社会建设,促进现代化建设各个环节、各个方面相协调,促进生产关系与生产力、上层建筑与经济基础相协调。"② 党的十八大指出:"面向未来,深入贯彻落实科学发展观,对坚持和发展中国特色社会主义具有重大现实意义和深远历史意义,必须把科学发展观贯彻到我国现代化建设全过程、体现到党的建设各方面。……必须更加自觉地把全面协调可持续作为深入贯彻落实科学发展观的基本要求,全面落实经济建设、政治建设、文化建设、社会建设、生态文明建设五位一体总体布局,促进现代化建设各方面相协调,促进生产关系与生产力、上层建筑与经济基础相协调,不断开拓生产发展、生活富裕、生态良好的文明发展道路。必须更加自觉地把统筹兼顾作为深入贯彻落实科学发展观的根本方法,坚持一切从实际出发,正确认识和妥善处理中国特色社会主义事业中的重大关系,统筹改革发展稳定、内政外交国防、治党治国治军各方面工作,统筹城乡发展、区域发展、经济社会发展、人与自然和谐发展、国内发展和对外开放,统筹各方面利益关系,充分调动各方面积极性,努力形成全体人民各尽其能、各得其所而又和谐相处的局面。"③ 这是我们党和国家在新的世纪,从我国社会主义建设事业的全局出发提出的重大战略思想,是指导发展的世界观和方法论的集中体现,是推动经济社会发展,加快推进社会主义现代化必须长期坚持的重要指导思想,是全面、完整的新的科学发展观,它对我国的文化发展具有重要的指导意义。我们应以科学发展观为指导,坚持一条全面、协调、可持续的文化发展道路。

落实科学发展观,实现文化与经济、政治、社会的全面协调发展。随着经济的发展和社会的进步,今天我们所讲的发展,已经不单单是指经济的发展,而是同人口、资源、环境相协调的可持续发展,是同政治、文化、社会相协调的发展。在任何时候我们都要十分注意经济、政治、社会

---

① 《十七大以来重要文献选编》(上),中央文献出版社2009年版,第11—12页。
② 同上书,第12页。
③ 《十八大以来重要文献选编》(上),中央文献出版社2014年版,第6—7页。

与文化发展的协调性，保证政治、经济、社会和文化的全面协调发展。那种所谓一手硬、一手软的做法，片面理解发展，甚至以地方保护主义的态度，牺牲资源、环境去求得经济的一时发展，以牺牲精神文明、政治文明去谋求经济的一时发展，不但不能取得持久的发展，反而会贻误全面建设社会主义现代化建设的大局。树立和落实科学发展观，实现文化与经济、政治、社会的全面协调发展，这是 30 多年改革开放实践的经验总结。十六大报告中提出全面建设小康社会，使经济更加发展、民主更加健全、科教更加进步、文化更加繁荣、社会更加和谐、人民生活更加殷实的宏伟目标。要全面实现这个目标，就要认真落实科学发展观，坚持以经济建设为中心，更加自觉地促进社会主义物质文明、政治文明、精神文明和生态文明的协调发展。"四个文明"互为条件、相辅相成，共同推进社会主义社会的和谐发展。

　　落实科学发展观，实现文化领域的协调、可持续发展。落实科学发展观，实现文化领域的协调、可持续发展是文化发展的一个重要目标。这就要求我们首先要统筹城乡之间、地区之间的文化发展，改变经济落后地区和农村居民文化素质普遍低于经济发达地区与城市居民的局面，以实现地区之间、城乡之间拥有同样的文化程度。其次，落实科学发展观，还要求我们要保护民族文化，实现文化领域的协调、可持续发展。近年来，我国民族文化的状况令人担忧。随着经济社会的快速发展，民族文化种类的消亡速度也在加快，加强民族文化保护工作已迫在眉睫。现在，"死了一个人，亡了一门艺"已不是个别现象。如不加紧抢救，许多宝贵的民族文化遗产就会失传，我们将留下永久的遗憾。尤其是在现代化进程中，传统的民族民间文化受到挑战，这是许多国家特别是发展中国家面临的必须认真对待的重大课题。如果在经济建设发展的同时，那些我们曾引以自豪的丰富多彩的民族文化逐渐消亡，那么，中华文化的发展就会失去它丰富的源头，"先进文化"的建设也就无从谈起。所以要实现我国文化的可持续发展，就必须对民族文化加强保护。

第三章

社会主义核心价值观与精神
文明建设的统一性阐释

社会主义核心价值观与精神文明建设之间是辩证统一的关系，两者在价值基础、价值内容和价值目标上具有内在的一致性。社会主义核心价值观是社会主义文化的内核，从总体上规定着社会主义精神文明建设的性质和方向，在精神文明建设的过程中应充分发挥社会主义核心价值观的主导和引领作用。同时，精神文明建设也为社会主义核心价值观的构建和培育提供了良好的思想文化环境。当前深入推进社会主义核心价值观的建设工作，必须按照十八大报告的总体要求，从精神文明建设的整体出发，把社会主义核心价值观融入精神文明建设全过程，不断增强精神文明建设的思想内涵，使两者相互促进、共同发展。

一 社会主义核心价值观与社会主义
精神文明的辩证关系

社会主义核心价值观与社会主义精神文明均是我国在思想文化领域提出的重要科学命题，二者之间是辩证统一的关系。从其内在关系来看，主要体现在两个方面：一是社会主义精神文明与社会主义核心价值观之间是相互的关系，二者互为前提，互为基础。其中，社会主义核心价值观是社会主义精神文明的内核和灵魂，是社会主义精神文明建设的根本所在，决定着精神文明建设的性质和发展方向，是社会主义精神文明繁荣发展的重要思想保证；社会主义精神文明则是社会主义核心价值观的主要载体形式，精神文明建设的进一步深入可为社会主义核心价值观的培育提供良好的文化环境和氛围。二是社会主义精神文明与社会主义核心价值观在价值基础、价值功能、价值内容及价值目标等方面具有内在的一致性。第一，从价值基础来看，两者都是以马克思主义的主流文化和价值观为指导。正确的价值观是以科学世界观和相关真理为基础和理论前提的。没有科学的世界观体系作为指导和基础，任何价值观的培育都是无本之木，都会成为空中楼阁。社会主义核心价值观的培育同样要有科学的正确的世界观体系作为基础和前提。作为科学的世界观，马克思主义是我们在社会主义意识形态领域高举的一面旗帜，其基本立场、观点和方法贯穿于社会主义核心价值观的各个方面。同时，马克思主义也是社会主义精神文明建设的指导思想，从根本规定着精神文明建设的性质和发展方向。第二，从价值功能来看，两者都为社会主义和谐社会的构建和现代化的实现提供了强大的精神动力和思想支撑。社会主义核心价值观坚持广泛性与先进性的统一，既具有鲜明的价值导向，又兼容并蓄，尊重包容差异，能够最大限度地凝聚人心，在全社会形成思想共识。社会主义核心价值观是由一系列内涵明确、联系紧密的社会主义基本价值思想、价值理念构成的整体。它把马克思主义的基本原则同中国特色社会主义的实践结合起来，把中国共产党的远大理想同全体人民的共同理想结合起来，把中国精神同改革开放的具体实践结合起来，把马克思主义伦理道德观的基本要求同社会主义社会的具体行为规范结合起来，为社会发展提供了最基本的规范和动力。同样，精神文明建设也可为社会主义和谐社会的构建和现代化的实现提供强大的精神动力和思想支撑。社会主义精神文明建设的基本内容，包括思想道德建设和科学文化建设两个方面。其中思想道德建设是精神文明建设的灵魂，决定着精神文明建设的性质和方向。"思想道德建设的基本任务是：坚持爱国主义、集体主义、社会主义教育，加强社会公德、职业道德、家庭美德建设，引导人们树立建设有中国特色社会主义的共同理想和正确的世界观、人生观、价值观。"[①] 因而，思想道德建设解决的是整个民族的精神支柱和精神动力问题，对社会的政治、经济发展有巨大的能动作用。第三，从价值内容来看，社会主义核心价值观的基本内容涵盖了国家、社会、个人三个层面最核心的一些价值理念，而这些同时也是社会主义精神文明建设的重要内容。社会主义精神文明建设在社会上积极倡导社会主义、共产主义思想道德，坚持"把先进性要求同广泛性要求结合起来，鼓励支持一

---

① 《十一届三中全会以来党和国家重要文献选编（二）》（1992 年 10 月—1997 年 9 月），中共中央党校出版社 1997 年版，第 367 页。

切有利于解放和发展社会主义社会生产力的思想道德,一切有利于国家统一、民族团结、社会进步的思想道德,一切有利于追求真善美、抵制假恶丑、弘扬正气的思想道德,一切有利于履行公民权利与义务、用诚实劳动争取美好生活的思想道德"①。同时,在社会上大力弘扬和培育以爱国主义为核心的民族精神和以改革创新为核心的时代精神、艰苦奋斗的创业精神。此外,社会主义精神文明建设也为社会成员提供了最基本的道德规范和行为标准,在社会上"大力倡导文明礼貌、助人为乐、爱护公物、保护环境、遵纪守法的社会公德,大力倡导爱岗敬业、诚实守信、办事公道、服务群众、奉献社会的职业道德,大力倡导尊老爱幼、男女平等、夫妻和睦、勤俭持家、邻里团结的家庭美德。"② 第四,从价值目标来看,两者都是为了提高全民族的思想道德素质和教育科学文化素质,培育有理想、有道德、有文化、有纪律的社会主义公民,其最终目的是要实现人的自由而全面发展。人的自由全面发展是社会主义核心价值观的最高价值取向和目标,表现在现阶段就是培育有理想、有道德、有文化、有纪律的社会主义公民。社会主义核心价值观的实质就在于以实现人的自由全面发展并最终实现共同富裕为目标,从人民群众的根本利益出发谋发展、促发展,不断满足人民群众日益增长的物质文化需要,切实保障人民群众的经济、政治和文化权益,让发展的成果惠及全体人民群众。精神文明建设的根本任务和目标也是培育有理想、有道德、有文化、有纪律的社会主义公民。1986年9月,党的十二届六中全会通过的《关于社会主义精神文明建设指导方针的决议》指出,社会主义精神文明建设的根本任务,是适应社会主义现代化建设的需要,培育有理想、有道德、有文化、有纪律的社会主义公民,提高整个中华民族的思想道德素质和科学文化素质。1996年党的十四届六中全会通过的《关于加强社会主义精神文明建设若干重要问题的决议》再次强调:"根据党在社会主义初级阶段的历史任务,根据建国以来特别是改革开放以来的历史经验,我国社会主义精神文明建设,必须以马克思列宁主义、毛泽东思想和邓小平建设有中国特色社会主义理论为指导,坚持党的基本路线和基本方针,加强思想道德建设,发展教育科学文

---

① 《十一届三中全会以来党和国家重要文献选编(二)》(1992年10月—1997年9月),中共中央党校出版社1997年版,第367页。
② 同上书,第369页。

化,以科学的理论武装人,以正确的舆论引导人,以高尚的精神塑造人,以优秀的作品鼓舞人,培育有理想、有道德、有文化、有纪律的社会主义公民,提高全民族的思想道德素质和科学文化素质,团结和动员各族人民把我国建设成为富强、民主、文明的社会主义现代化国家。"

由上述可见,社会主义核心价值观与社会主义精神文明之间存在着辩证的相互关系,且在价值基础、价值功能、价值内容及价值目标等方面具有内在的一致性,而正是由于这种辩证的相互关系和内在的一致性构成了社会主义核心价值观融入社会主义精神文明建设的根本前提和基础。

二 社会主义核心价值观在精神文明建设中的主导和引领作用

(一) 社会主义核心价值观引领精神文明建设的有效性分析

1. 社会主义核心价值观是对社会主义属性的一种价值表达

社会主义核心价值观是对社会主义属性的一种价值表达,其价值基点是社会主义的基本价值与诉求。马克思、恩格斯在领导世界共产主义运动的实践中,曾就社会主义的基本价值问题进行过深刻论述。他们在设想未来共产主义社会经济、政治制度的同时,也设定了未来共产主义社会的价值目标,实现"人类解放"和"人的自由而全面的发展"始终是他们最高的价值追求。此外,马克思、恩格斯还论及了民主、自由、平等、公正、法治等一系列社会主义的基本价值。在他们看来,资产阶级民主是一种虚伪的民主,是资产阶级这个统治阶级借以压迫劳动阶级的一种工具。在《法兰西内战》一文中,马克思指出:"帝国制度是国家政权的最低贱的形式,同时也是最后的形式。它是新兴资产阶级社会当作自己争取摆脱封建制度的解放手段而开始缔造的;而成熟了的资产阶级社会最后却把它变成了资本奴役劳动的工具。"[①] 然而,公社作为无产阶级的民主政权,与一切旧有的政府形式所具有的压迫性不同,使劳动群众获得了真实、广泛的民主。"公社的真正秘密就在于:它实质上是工人阶级的政府,是生产者阶级同占有者阶级斗争的产物,是终于发现的可以使劳动在经济上获得解放

---

① 《马克思恩格斯选集》第 3 卷,人民出版社 1995 年版,第 55 页。

的政治形式。"① 关于自由,马克思、恩格斯认为,在一切阶级对立的社会中,人们不可能享有真正的自由,自由仅仅局限于统治阶级内部。只有在消除了阶级对立和阶级差别的社会条件下,人们才能摆脱一切束缚在他们身上的锁链而获得真正意义上的自由。"真正的自由和真正的平等只有在共产主义制度下才可能实现。"② 关于平等,马克思、恩格斯深刻指出:"平等,作为共产主义的基础,是共产主义的政治的论据。"③ 在他们看来,经济地位的不平等必然会导致人们在政治和社会地位上的不平等,生产资料私人占有是社会出现不平等现象的最终根源。因此,要消除社会差别和社会的不平等现象,就必须废除私有制,实行财产共有,只有实现了人们在经济地位上的平等,才能最终实现人们在政治和社会地位上的完全平等,才能保证在人们之间形成一种平等、和谐的人际关系和经济利益关系,促进社会和谐。关于公正,马克思、恩格斯指出:只有"把生产发展到能够满足所有人需要的规模;结束牺牲一些人的利益来满足另一些人的需要的状况;彻底消灭阶级和阶级对立;通过消除旧的分工,通过产业教育、变换工种、所有人共同享受大家创造出来的福利,通过城乡的融合,使社会全体成员的才能得到全面发展"④,才能消除资本主义社会出现的种种不公平现象,人类才能进入到一个实现了公平和正义的共产主义社会。关于法治,恩格斯指出:"所有通过革命取得政权的政党或阶级,就其本性说,都要求由革命创造的新的法治基础得到绝对承认,并被奉为神圣的东西。"⑤ 这就是说,无产阶级在建立自己的政权后,也要建立社会主义的法治基础,社会主义国家的"一切公务人员在自己的一切职务活动方面都应当在普通法庭上按照一般法律向每一个公民负责"⑥。马克思、恩格斯所阐释的这些社会主义的基本价值显然为社会主义核心价值观的生成提供了重要的价值基点。新中国成立以来,尤其是改革开放以来,随着我国社会主义实践的不断推进和对社会主义价值认识的日益深化,富强、民主、文明、和谐、自由、平等、公正、法治、爱国、敬业、诚信、友善等诸多社

---

① 《马克思恩格斯选集》第3卷,人民出版社1995年版,第58—59页。
② 《马克思恩格斯全集》第1卷,人民出版社1956年版,第582页。
③ 《马克思恩格斯全集》第42卷,人民出版社1979年版,第139页。
④ 《马克思恩格斯选集》第1卷,人民出版社1995年版,第243页。
⑤ 《马克思恩格斯全集》第36卷,人民出版社1974年版,第238页。
⑥ 《马克思恩格斯全集》第19卷,人民出版社1963年版,第7页。

会主义的核心价值日益在全社会得到更加广泛的认同和更大的实现。正是这些核心价值构成了今天我们所要构建和培育的社会主义核心价值观严整的逻辑体系。

2. 社会主义核心价值观的意识形态属性

从根本上说，将社会主义核心价值观融入精神文明建设全过程是由其意识形态本质决定的。意识形态是对一定社会经济基础和政治制度的内在反映，属于社会的观念和思想上层建筑，规定着社会的根本性质和发展方向。马克思、恩格斯曾指出："统治阶级的思想在每一时代都是占统治地位的思想。这就是说，一个阶级是社会上占统治地位的物质力量，同时也是社会上占统治地位的精神力量。支配着物质生产资料的阶级，同时也支配着精神生产资料，因此，那些没有精神生产资料的人的思想，一般地是隶属于这个阶级的。占统治地位的思想不过是占统治地位的物质关系在观念上的表现，不过是以思想的形式表现出来的占统治地位的物质关系；因而，这就是那些使某一个阶级成为统治阶级的关系在观念上的表现，因而这也就是这个阶级的统治的思想。"① 在历史上，统治阶级为了维护自己的阶级利益和统治地位，都会确立一套与本阶级利益相符合，并在社会上占据主导地位的意识形态。这也是统治阶级借以从思想和精神层面对被统治阶级实行有效控制，维持社会秩序正常运转的根本前提。意识形态的根本属性是由社会的经济基础决定的，有什么样的社会经济基础，就会有什么样的社会主导意识形态与之相伴随。资本主义意识形态建立在生产资料私有制度之上，保障的是少数资产阶级的利益，就其实质来讲是资产阶级借以维护其阶级利益和阶级统治，并对广大工人阶级和劳动群众进行专政的思想工具。与之相对应，社会主义意识形态建立在生产资料公有制基础之上，其维护的是大多数劳动人民的根本利益，是劳动人民为全社会共同利益而奋斗的思想基础，是维护社会主义制度，推动社会主义事业发展，凝聚社会力量，保障社会和谐的重要精神支撑。

核心价值观属于社会意识形态范畴，是集思想、理想、精神、道德于一体的社会价值认同体系，是社会意识形态的灵魂和核心所在，对社会意识形态的创新和发展起着重要的价值导向作用。核心价值观是维系公民思想意识统一，推动社会进步发展的重要前提。社会主义核心价值观是我们

---

① 《马克思恩格斯选集》第 1 卷，人民出版社 1995 年版，第 98 页。

党在意识形态领域亮起的一面鲜明旗帜,是社会主义意识形态的本质体现。社会主义核心价值观深刻体现了我国社会主义的本质,广泛涵盖了社会主义政治、经济、文化、社会建设等各个领域的价值诉求,是指导我国社会发展的核心价值观。社会主义核心价值观具有十分重要的意识形态维护功能,对于当前我国深入推进社会主义精神文明建设起着十分关键的作用。精神文明建设是中国特色社会主义建设事业中的一个重要组成部分,具有鲜明的意识形态性,是提升我国国家软实力,建设社会主义文化强国,推进社会主义事业发展的重要思想和文化支撑。社会主义核心价值观所包含四个层次的价值观,既是我国社会主义意识形态的重要方面,同时也是我国社会主义精神文明建设的重要内容,从根本上规定着我国精神文明建设的性质、方向、动力和规范。这也是我们将社会主义核心价值观融入精神文明建设的深层次动因。

3. 社会主义核心价值观的功能定位

社会主义核心价值观本身所具有的功能和价值是新时期发挥其对精神文明建设引领作用的前提基础。作为科学的价值观和思想理论,社会主义核心价值观具有价值导向、价值整合、激励、凝聚、规范和教育等功能。一是对个人成长和社会发展的价值导向功能。社会主义核心价值观不管是对于个人的成长,还是对于社会的进步与发展来讲,都具有十分重要的价值导向。社会主义核心价值观科学揭示了人生的目的和人生最大的价值意义,明确了人们奋斗的目标和价值取向,有利于人们正确世界观、人生观和价值观的形成。二是对社会力量的整合与凝聚功能。社会主义核心价值观具有强大的价值整合和凝聚功能。现阶段我国正处于改革发展关键时期,社会矛盾和社会问题日益突出,各种思想文化相互碰撞、激荡、交融,人们的价值观念也日趋多样化,各种价值观之间的冲突呈现出广泛性、复杂性和深刻性的特点,不少人的思想观念出现困惑和盲从,甚至导致理想破灭和信仰危机。社会主义核心价值体系的科学性、先进性与主导性等特点使它能够有效引领和整合多样化的社会意识和价值观,充分协调不同社会群体、阶层的利益关系,消除彼此之间的分歧和隔阂,化解社会矛盾,减少社会摩擦和冲突,使社会成员拥有共同的价值取向,增强社会成员的归属感和向心力,从而把人们的智慧和力量紧紧凝聚、整合在一起,使其成为一个勇于创新、坚强有力的统一整体,为推进社会主义文化和精神文明建设,构建社会主义和谐社会奠定共同的思想道德基础。在处理个人与社会之间的价值关系问题上，社会主义核心价值观在坚持集体主义原则的基础上，尊重个人价值与社会价值的有机统一，要求把个人利益同社会利益相结合，把权利与义务相结合，形成人与社会之间和谐的利益关系。三是对社会成员的教育和规范功能。从本质上讲，价值观教育是指一定社会的阶级或集团按照自己的意志和要求通过教育的手段对其成员的世界观、人生观和价值观施加影响，并最终构建与本阶级或集团利益相符合的价值观体系的过程。价值观教育在整个社会的教育体系中占据着十分关键的地位。在我国，价值观教育主要是指社会主义核心价值观教育。社会主义核心价值观教育是我国思想政治教育的重要组成部分，属于意识形态范畴，具有鲜明的阶级性，承担着我国社会主义意识形态的维护、建设和创新的重要任务。其主要内容是要对社会成员进行科学世界观、人生观和价值观的教育，开展马克思主义的理论教育以及中国特色社会主义的理想信念教育等，主要目的是要使全体社会成员树立起对马克思主义的崇高信仰，坚定对社会主义理想信念的信心和决心，实质就是要坚持和巩固马克思主义在我国社会主义意识形态的领导地位。同时，对社会成员进行社会主义核心价值观教育，关键是要做好社会主义核心价值观由理论向实践的转化工作。马克思指出："理论一经掌握群众，也会变成物质力量。理论只要说服人，就能掌握群众；而理论只要彻底，就能说服人。"[①] 社会主义核心价值观理论只有被人们所接受，并转化成为人们内心深处的信仰，才能充分发挥其指导社会实践的功能，并在社会实践的发展中不断体现着自己的价值，实现自身的发展。此外，社会主义核心价值观对社会成员的思想和行为具有很强的价值规范功能，为每一个社会成员的健康成长提供了最基本的道德规范和行为准则。

（二）社会主义核心价值观在精神文明建设实践中的主导和引领作用

价值观是文化的核心，尤其是在社会上占主导地位的核心价值观对文化建设具有根本性的指导意义。社会主义核心价值观是我国社会主义意识形态的本质体现，作为精神文明建设的灵魂和根本，社会主义核心价值观在精神文明建设的实践中发挥着十分重要的主导和引领作用，我国精神文明建设的根本指导思想。社会主义核心价值观所蕴含的最基本、最核心的

---

① 《马克思恩格斯选集》第1卷，人民出版社1995年版，第9页。

价值理念是我国精神文明建设的重要内容,体现了精神文明建设要追求和实现的根本性的价值目标和发展方向,对于推动我国精神文明建设健康发展具有十分重要的保障作用。其中,国家层面的价值观即"富强、民主、文明、和谐"对我国精神文明建设具有全局性的战略指导意义。"富强、民主、文明、和谐"是整个国家层面的价值追求和实现目标。近代以来,实现民族的独立,建立民主共和国,实现国家富强一直都是人们追求的梦想。然而,在贫困积弱、深受帝国主义侵略和压迫的具有半封建半殖民社会性质的近代中国,实现国家富强只能是一种空想。对此,毛泽东1945年4月中国共产党第七次全国代表大会上所做的政治报告中明确指出:"没有独立、自由、民主和统一,不可能建设真正大规模的工业。没有工业,便没有巩固的国防,便没有人民的福利,便没有国家的富强。一八四○年鸦片战争以来的一百零五年的历史,特别是国民党当政以来的十八年的历史,清楚地把这个要点告诉了中国人民。一个不是贫弱的而是富强的中国,是和一个不是殖民地半殖民地的而是独立的,不是半封建的而是自由的、民主的,不是分裂的而是统一的中国,相联结的。在一个半殖民地的、半封建的、分裂的中国里,要想发展工业,建设国防,福利人民,求得国家的富强,多少年来多少人做过这种梦,但是一概幻灭了。许多好心的教育家、科学家和学生们,他们埋头于自己的工作或学习,不问政治,自以为可以所学为国家服务,结果也化成了梦,一概幻灭了。这是好消息,这种幼稚的梦的幻灭,正是中国富强的起点。中国人民在抗日战争中学得了许多东西,知道在日本侵略者被打败以后,有建立一个新民主主义的独立、自由、民主、统一、富强的中国之必要,而这些条件是互相关联的,不可缺一的。果然如此,中国就有希望了。"[①] 这就是说,要实现国家富强的目标,第一步就是要实现民族的独立,建立一个自由、民主的共和国,只有这样,才能实现国家的富强、民族的振兴,才能顺利推进民主政治建设与和谐社会的构建,从而推动社会主义精神文明建设不断向前发展。社会层面的价值观即自由、平等、公正、法治的核心价值理念明确了当代中国社会最基本的价值取向,为推动社会的有序发展和社会文明程度的提高奠定了深厚的价值基础。个人层面的价值观即爱国、敬业、诚信、友善的核心价值理念,为全体社会成员判断行为得失、作出道德选择提供

---

① 《毛泽东选集》第3卷,人民出版社1991年版,第1080页。

了基本准绳,为促进我国精神文明建设事业的发展,实现精神文明建设的根本任务和目标奠定了坚实的基础。

(三) 精神文明建设在推进社会主义核心价值观培育中的重要作用

社会主义核心价值观是建设精神文明的根本,在精神建设的过程中起到了十分关键的作用,但同时,精神文明建设的深入发展也会在很大程度上推进社会主义核心价值体系的培育。

首先,加强精神文明建设有利于为社会主义核心价值观的培育提供一个良好的社会环境和思想文化氛围。通过精神文明建设能够进一步促进社会主义文化的健康发展,繁荣哲学社会科学,促进整个社会良好风气的形成,同时也使爱国主义、集体主义和社会主义的一系列价值理念深入人心。尤其是通过精神文明的各种创建活动促使人们积极参与到精神文明建设的实践中,享受到精神文明发展的各项成果,并在这个过程中切身体会到社会主义核心价值观所带来的身心上的愉悦,情感上的升华,思想上的提高,从而不断加强自身对社会主义核心价值观的认知和认同。

其次,加强精神文明建设有利于提高社会成员的思想文化素质和道德素质,为人们深入践行社会主义核心价值观奠定了坚实的群众基础。马克思曾指出:"'历史'并不是把人当做达到自己目的的工具来利用的某种特殊的人格。历史不过是追求着自己目的的人的活动而已。"[①] 这就是说人民群众是历史的创造者,是社会发展的主体,培育社会主义核心价值观同样离不开这个主体。没有人民群众的广泛参与,并身体力行地积极践行,培育社会主义核心价值观就是一句空话。同时,人民群众的社会实践也为社会主义核心价值观的培育提供了丰富多样的素材,是社会主义核心价值观理论创新和发展的不竭源泉。正如毛泽东在 1942 年 5 月延安文艺座谈会上的讲话中所说:"作为观念形态的文艺作品,都是一定的社会生活在人类头脑中的反映的产物。革命的文艺,则是人民生活在革命作家头脑中的反映的产物。人民生活中本来存在着文学艺术原料的矿藏,这是自然形态的东西,是粗糙的东西,但也是最生动、最丰富、最基本的东西;在这点上说,它们使一切文学艺术相形见绌,它们是一切文学艺术的取之不尽、用之不竭的唯一的源泉。这是唯一的源泉,因为只能有这样的源泉,此外

[①] 《马克思恩格斯全集》第 2 卷,人民出版社 1957 年版,第 118—119 页。

不能有第二个源泉。"① 既然人民群众是社会主义核心价值观的培育主体，那么，人民群众的思想文化和道德素质状况就会直接关系到社会主义核心价值观的培育工作能否顺利地深入推进。而加强精神文明建设则是提高人民群众思想文化和道德素质的关键所在。精神文明建设包括教育科学文化建设和思想道德建设两个方面。通过教育科学文化建设，繁荣发展文学艺术、哲学社会科学等文化事业，可以在很大程度上满足人民群众日益增长的精神文化需求，提高人们的文化素质，从而为社会主义核心价值观的培育提供有力的文化支撑。思想道德建设是精神文明建设的核心，决定着精神文明建设的性质和发展方向，加强思想道德建设，"倡导文明礼貌、助人为乐、爱护公物、保护环境、遵纪守法的社会公德，大力倡导爱岗敬业、诚实守信、办事公道、服务群众、奉献社会的职业道德，大力倡导尊老爱幼、男女平等、夫妻和睦、勤俭持家、邻里团结的家庭美德"②，有助于在全社会形成良好的社会风尚，提高整个社会的思想道德素质，为人们身体力行地积极践行社会主义核心价值观提供广泛的群众基础。

再次，加强精神文明建设有利于不断提高人们的政治素质和民主意识，使人们广泛地参与到国家政治生活的实践中，为社会主义核心价值观的培育提供有力的政治保证。列宁在1921年10月全俄政治教育委员会第二次代表大会上所作的报告中谈到新经济政策和政治教育委员会的任务时曾明确指出，要建立苏维埃的经济，群众光能够识字是不行的，必须大大提高他们的文化水平。他说："由于实行新经济政策，应当不断宣传这样一种思想：政治教育务必要能提高文化水平。应当用读和写的本领来提高文化水平，应当使农民有可能用读写本领来改进自己的经营和改善自己国家的状况。"③ "只要在我国还存在文盲现象，那就很难谈得上政治教育。这并不是政治任务，这是先决条件，没有这个条件就谈不上政治。文盲是处在政治之外的，必须先教他们识字。不识字就不可能有政治，不识字只能有流言蜚语、谎话偏见，而没有政治。"④ 这就是说，一个文盲是不可能有效参与政治生活并参加国家管理的，要促进民主政治的发展，必须大力提高整个社会的文化水平，提高公民的文化素质，文化素质的提高必然会

---

① 《毛泽东选集》第3卷，人民出版社1991年版，第860页。
② 《十四大以来重要文献选编》（下），人民出版社1999年版，第2057页。
③ 《列宁全集》第42卷，人民出版社1987年版，第196页。
④ 同上书，第200页。

带来人们民主意识的增强和政治素质的提升，从而使他们有效地参与到国家的政治生活之中。在这方面，精神文明建设扮演了十分重要的角色。精神文明建设的根本任务和目标就是要培养"有理想、有道德、有文化、有纪律"的社会主义"四有"公民，有利于人们政治素质和民主意识的提高，从而为社会主义核心价值观的培育提供有力的政治保证。

最后，加强精神文明建设对于促进党内优良作风的形成发挥着重要作用，为社会主义核心价值观的培育提供了坚强的政党支撑。党风建设与精神文明建设是辩证统一的关系，两者相互促进，互为条件和基础。党风问题不仅关系到党的建设问题，也直接关系到整个社会的风气问题。党风对社会风气的影响主要体现在它的带动力和引导力上，优良的党风是形成良好社会风气的风向标。毛泽东曾指出："先锋分子是胸怀坦白的，忠诚的，积极的与正直的；他们是不谋私利的，唯一地为着民族与社会的解放；他们不怕困难，在困难面前总是坚定的，勇往直前；他们不是狂妄分子，不是风头主义者，而是脚踏实地富于实际精神的人们，他们在革命的道路上起着向导的作用。"[①] 从这个意义上来说，党风建设本身就是精神文明建设的一个重要方面，是精神文化建设的关键所在。同时，精神文明建设也为加强和改进党的作风建设，巩固党的执政地位，完成党的执政的历史任务奠定了坚实的群众基础和社会基础。

---

① 《毛泽东文集》第 2 卷，人民出版社 1993 年版，第 42 页。

第四章

社会主义核心价值观融入精神文明建设的政策依据

党的十七届六中全会通过的《中共中央关于深化文化体制改革推动社会主义文化大发展大繁荣若干重大问题的决定》指出:"文化建设是中国特色社会主义事业总体布局的重要组成部分。没有文化的积极引领,没有人民精神世界的极大丰富,没有全民族精神力量的充分发挥,一个国家、一个民族不可能屹立于世界民族之林。物质贫乏不是社会主义,精神空虚也不是社会主义。没有社会主义文化繁荣发展,就没有社会主义现代化。"① 正是基于文化建设在现代化建设中的重要地位和作用。当前,深入推进我国社会主义精神文明建设,就必须全面贯彻党的文化方针与政策,将社会主义核心价值观融入精神文明建设的实践当中。

一 坚持重在建设的文化方针

社会主义核心价值观重在建设。这是社会主义核心价值观在实践中发挥作用和完善理论体系的前提和基础,只有重在建设,才能把社会主义核心价值观融入文化建设的各个方面,成为人们的价值观念和自觉行动;才能从总结人民群众创造的新鲜经验中深化对社会主义核心价值观的认识。社会主义核心价值观重在建设,是我国在文化领域所坚持的一条重要指导方针。重在建设,就是要在社会主义核心价值观建设的实践中始终做到"以立为本"。所谓"以立为本",是指要把社会主义核心价值观建设的重点放在培育新的价值理念、新的生活方式、教育方式以及新的表现形式上。要按照党的十八大报告的要求,大力弘扬民族精神和时代精神,深入

---

① 《十七大以来重要文献选编》(下),中央文献出版社2013年版,第561页。

开展爱国主义、集体主义、社会主义教育，丰富人民精神世界，增强人民精神力量，积极倡导科学的思想意识和价值观念。以立为本，还指要在思想文化领域强化阵地意识，以正面宣传为主，坚持正确舆论导向，"造成有利于进一步改革开放，建立社会主义市场经济体制，发展社会生产力的舆论；有利于加强社会主义精神文明建设和民主法制建设的舆论；有利于鼓舞和激励人们为国家富强、人民幸福和社会进步而艰苦创业、开拓创新的舆论；有利于人们分清是非，坚持真善美，抵制假恶丑的舆论；有利于国家统一、民族团结、人民心情舒畅、社会政治稳定的舆论。"① 通过正确舆论的引导，达到引领社会风尚，促进思想文化健康发展，促使人们树立起科学价值观念的目的。

  社会主义核心价值观重在建设，还要"注重实效"。社会主义核心价值观自身的建设以及融入精神文明建设全过程的工作贯彻落实的如何，主要是看它的实践效果如何。要达到良好的实践效果，一是要从社会实际和工作实际出发，制定切合实际的政策，根据不同的情况采取不同的策略和措施；二是在进行社会主义核心价值观的宣传教育时，要注意区分层次性，针对不同地区、人群的特点，把先进性要求和广泛性要求结合起来，把思想教育和行为规范的培育结合起来；三是要多层次、多渠道积极探索社会主义核心价值观建设的有效路径，把社会主义核心价值观融入精神文明建设全过程的工作真正落到实处；四是做好社会主义核心价值观理论的创新、转化、通俗化和大众化工作，使其能够真正为人民群众所认知、认同，并身体力行地去积极践行。同时，社会主义核心价值观重在建设，还要抓好社会主义核心价值观建设和融入的管理工作。正如江泽民指出的："建设包括管理，管理促进建设。加强和改善管理是发展宣传文化事业、繁荣文化市场的有力保证。"②

  坚持重在建设的方针，还要将社会主义核心价值观建设的长远目标与阶段性要求相结合。要使社会主义核心价值观真正为人们所接受并积极践行，并非一朝一夕之事，需要我们常抓不懈，找到行之有效的建设方法和途径。社会主义核心价值观建设的长期性是由人的认识规律、思想转化规律和社会发展现状决定的。毛泽东曾经说过："任何过程，不论是属于自

---

① 《十四大以来重要文献选编》（上），人民出版社1996年版，第654页。
② 同上书，第658页。

然界的和属于社会的，由于内部的矛盾和斗争，都是向前推移向前发展的，人们的认识运动也应跟着推移和发展。"① 人们对社会主义核心价值观建设规律的认识不可能一蹴而就，而是需要经过从认识到实践、从实践到认识的反复过程才能完成。此外，由于人的思想转化是一个长期的、缓慢的渐进过程，社会主义核心价值观在认识上成为全体公民的共识，行为上成为整个社会的准则也需要一个长期的过程。就社会发展现状来说，我国目前还存在着生产力还不发达，文盲半文盲人口仍占很大比重，科技教育比较落后，地区经济文化发展很不平衡的现象，再加上经济体制的转变必然会引起经济、社会生活和思想意识等方面的诸多重大变动，而体制、法律、政策、管理的完善需要一个较长的过程，这些都决定了社会主义核心价值观建设必然呈现出长期性和艰巨性的特点。这就要求我们，必须把社会主义核心价值观建设的长远目标与阶段性要求有机结合起来。一方面，要围绕中国特色社会主义的价值追求和战略目标，对社会主义核心价值观建设进行长远规划，建立一套科学的长效化的工作机制；另一方面，又要立足实际，切实把社会主义核心价值观建设落到实处，使其成为凝聚全民、促进社会进步的强大精神纽带和动力支撑。

二 坚持"二为"方向和"双百"方针

"二为"方向，即文化要为人民服务，为社会主义服务。为人民服务体现出的是文化的人民性和大众性，为社会主义服务体现出的是文化的政治性。早在延安时期，毛泽东就对文艺的人民性作了详细论述。1942年5月，毛泽东在延安文艺座谈会上的讲话中，明确提出文艺"为什么人的问题"，并强调："为什么人的问题，是一个根本的问题，原则的问题。"② 这个问题不解决，很多其他问题就难以解决。他指出，封建主义的文艺是为地主阶级服务的，资产阶级的文艺是为资产阶级服务的，而无产阶级的文艺则是"为人民的"，为"工农兵群众"服务的。他告诫全党，"必须站在无产阶级的立场上"去理解文艺"为什么人的问题"，而不能站在小资产阶级的立场上，"坚持个人主义的小资产阶级立场的作家是不可能真

---

① 《毛泽东选集》第1卷，人民出版社1991年版，第294页。
② 《毛泽东选集》第3卷，人民出版社1991年版，第857页。

正地为革命的工农兵群众服务的"①。针对当时文艺界存在的只热衷于"偏爱小资产阶级知识分子的乃至资产阶级的东西",而"对于工农兵群众,则缺乏接近,缺乏了解,缺乏研究,缺乏知心朋友,不善于描写他们;倘若描写,也是衣服是劳动人民,面孔却是小资产阶级知识分子"②的错误倾向,毛泽东强调,文艺工作者一定要把他们的立足点从小资产阶级的立场上移过来,"一定要在深入工农兵群众、深入实际斗争的过程中,在学习马克思主义和学习社会的过程中,逐渐地移过来,移到工农兵这方面来,移到无产阶级这方面来。只有这样,我们才能有真正为工农兵的文艺,真正无产阶级的文艺。"③除解决了文艺"为什么人的问题"外,毛泽东还着重讲到了"如何为"的问题。在文艺如何为工农兵群众服务的问题上,他指出要采用普及和提高两种方式和手段,并将普及工作和提高工作有机结合起来。文艺不仅具有人民性、大众化的特点,同时也具有鲜明的阶级性和政治性,"在现在世界上,一切文化或文学艺术都是属于一定的阶级,属于一定的政治路线的。为艺术的艺术,超阶级的艺术,和政治并行或互相独立的艺术,实际上是不存在的。"④无产阶级的文学艺术是无产阶级整个革命事业的一部分,是为无产阶级的政治革命服务的。从文艺与政治之间相互关系来看,"文艺是从属于政治的,但又反转来给予伟大的影响于政治。"⑤这就从根本上提出了文艺要为政治服务,革命的文艺要为无产阶级的政治服务的文化方针。

文艺为无产阶级的政治服务这一方针,从理论上讲无疑是正确的,但是如果过分地强调文艺的政治性,甚至将其作为政治的附庸和开展阶级斗争的工具,就会犯严重的"左"倾错误,从而阻碍文艺的繁荣发展。在这方面,"文化大革命"时期是有着深刻教训的。"文化大革命"时期,把文艺和学术问题过分地政治化,单纯用阶级、政治的眼光看待文艺和学术问题,用激烈的阶级斗争的手段处理文艺和学术问题,犯下了严重的"左"倾错误,给我国文艺和学术的发展造成了不可估量的损失。改革开放以后,我们党在汲取"文化大革命"教训的同时,对文艺的服务属性做

---

① 《毛泽东选集》第3卷,人民出版社1991年版,第856页。
② 同上书,第856—857页。
③ 同上书,第857页。
④ 同上书,第865页。
⑤ 同上书,第866页。

出了新的概括和总结，对在文化领域的这一方针作了重新的审视。1979年10月，邓小平就文艺和政治的关系作了深刻论述，指出："党对文艺工作的领导，不是发号施令，不是要求文学艺术从属于临时的、具体的、直接的政治任务，而是根据文学艺术的特征和发展规律，帮助文艺工作者获得条件来不断繁荣文学艺术事业，提高文学艺术水平，创作出无愧于我们伟大人民、伟大时代的优秀的文学艺术作品和表演艺术成果。"[1]"衙门作风必须抛弃。在文艺创作、文艺批评领域的行政命令必须废止。"[2] 同时，邓小平提出："我们的文艺属于人民"，"我们要继续坚持毛泽东同志提出的文艺为最广大的人民群众、首先为工农兵服务的方向"[3]。此外，邓小平还提出"社会主义文艺"的概念，强调："我们的社会主义文艺，要通过有血有肉、生动感人的艺术形象，真实地反映丰富的社会生活，反映人们在各种社会关系中的本质，表现时代前进的要求和历史发展的趋势，并且努力用社会主义思想教育人民，给他们以积极进取、奋发图强的精神。"[4] 从邓小平的论述当中可以看出，文艺为人民服务，为社会主义服务的文化方针已经几乎形成。1980年7月，《人民日报》发表《文艺为人民服务，为社会主义服务》的社论，首次公开了在文艺工作领域的新方针。至此，为人民服务，为社会主义服务方向的文化方针正式形成。"二为"方向文化方针的确立，为我国社会主义文化的繁荣发展指明了正确方向，同时也为我国社会主义核心价值观建设提供了科学的指南。

"双百"方针，即"百花齐放、百家争鸣"，是新中国成立后提出的繁荣发展社会主义文化的一条基本方针，对于推进我国社会主义核心价值观建设的发展具有十分重要的指导意义。"百花齐放、百家争鸣"文化方针的提出有一个逐步认识和形成的过程，是毛泽东根据新的形势的发展在文艺界和学术界分别提出来的。1951年，针对国内文艺界在京剧发展问题方面是全盘继承还是全部取消的争论，毛泽东明确提出"百花齐放，推陈出新"的文艺方针，主张对包括京剧在内的各种戏曲形式要采取批判继承的态度。1953年，针对在中国历史问题领域两位著名历史学家郭沫若和范文澜对中国奴隶制和封建制的分期问题方面的分歧和不同主张，又提出"百

---

[1] 《邓小平文选》第2卷，人民出版社1994年版，第213页。
[2] 同上。
[3] 同上书，第209、210页。
[4] 同上书，第210页。

家争鸣"的方针。1956年5月2日,毛泽东在最高国务会议第七次会议上正式提出"双百"方针。指出:"在艺术方面的百花齐放的方针,学术方面的百家争鸣的方针,是有必要的。这个问题曾经谈过。"① 1957年2月,毛泽东在《关于正确处理人民内部矛盾的问题》的讲话中对"双百"方针作了系统阐述。提出:"百花齐放、百家争鸣的方针,是促进艺术发展和科学进步的方针,是促进我国的社会主义文化繁荣的方针。艺术上不同的形式和风格可以自由发展,科学上不同的学派可以自由争论。利用行政力量,强制推行一种风格,一种学派,禁止另一种风格,另一种学派,我们认为会有害于艺术和科学的发展。艺术和科学中的是非问题,应当通过艺术界科学界的自由讨论去解决,通过艺术和科学的实践去解决,而不应当采取简单的方法去解决。"② 强调对于科学、艺术方面的是非,应当保持慎重的态度,提倡自由讨论,不能轻率地对一些问题下结论。同年3月,他在中国共产党全国宣传工作会议上的讲话中在谈到文化领域是"放"还是"收"的问题时,又进一步对"双百"方针进行了论述。明确指出:"百花齐放、百家争鸣,这是一个基本性的同时也是长期性的方针,不是一个暂时性的方针。""百花齐放是一种发展艺术的方法,百家争鸣是一种发展科学的方法。百花齐放、百家争鸣这个方针不但是使科学和艺术发展的好方法,而且推而广之,也是我们进行一切工作的好方法。这个方法可以使我们少犯错误。"③ 这一方法"合于辩证法的发展",同样也适用于马克思主义理论的发展方面。

"文化大革命"时期,随着我国在政策和路线方面的"左"倾错误倾向的日益严重,"双百"方针也遭到了严重的破坏,给我国文化的发展造成了很大损失。改革开放后,以邓小平为代表的第二届中央领导集体逐步恢复和发展了文化建设领域的这一方针。1979年2月,邓小平在《坚持四项基本原则》的讲话中指出:"思想理论问题的研究和讨论,一定要坚决执行百花齐放、百家争鸣的方针,一定要坚决执行不抓辫子、不戴帽子、不打棍子的'三不主义'的方针,一定要坚决执行解放思想、破除迷信、一切从实际出发的方针。"④ 同年10月,他在中国文学艺术工作者第四次

---

① 《毛泽东传(1949—1976)》上,中央文献出版社2003年版,第491页。
② 《毛泽东文集》第7卷,人民出版社1999年版,第229页。
③ 同上书,第278、279页。
④ 《邓小平文选》第2卷,人民出版社1994年版,第183页。

代表大会上的祝词中再次重申"百花齐放、百家争鸣"的文化方针，强调要继续坚持毛泽东提出的"双百"方针，"在艺术创作上提倡不同形式和风格的自由发展，在艺术理论上提倡不同观点和学派的自由讨论"①。文化领域"双百"方针的恢复和确立极大促进了我国社会主义文化的繁荣发展，为推进中国特色社会主义建设事业提供了坚实的思想文化基础。

三 弘扬主旋律，提倡多样化的文化发展方针

弘扬主旋律，提倡多样化是我国文化建设领域的一条重要方针，是"坚持'二为'方向和'双百'方针的具体体现"②。弘扬主旋律是"二为"方向的具体化，为人民服务、为社会主义服务始终是文化建设和发展围绕的鲜明主题。弘扬主旋律首先是由文化的人民性所决定的。毛泽东指出："一切革命的文学家艺术家只有联系群众，表现群众，把自己当作群众的忠实的代言人，他们的工作才有意义。"③"我们的文化是人民的文化，文化工作者必须有为人民服务的高度的热忱，必须联系群众，而不要脱离群众。"④ 邓小平也强调："人民需要艺术，艺术更需要人民。"⑤ "作品的思想成就和艺术成就，应当由人民来评定。"⑥ 新时期，胡锦涛更是明确提出社会主义文化应坚持"三贴近"原则，即贴近群众、贴近实际、贴近生活，要求文学艺术作品必须深入到广大群众的生活实践当中，反映群众的真实呼声。因此，弘扬主旋律就是要充分发挥人民在文化建设中的主体地位，坚持文化发展为了人民、文化发展依靠人民、文化发展成果由人民共享。在文化产品的创作、制作过程中，应始终把满足人民群众的精神文化需求为根本出发点和落脚点。弘扬主旋律也是由文化的政治性所决定的。早在延安时期，毛泽东就明确提出了文艺为政治服务的著名论断。改革开放以后，邓小平也多次强调文艺的政治性。他指出："文艺是不可能脱离政治的。任何进步的、革命的文艺工作者都不能不考虑作品的社会影响，

---

① 《邓小平文选》第2卷，人民出版社1994年版，第210页。
② 《十四大以来重要文献选编》（上），人民出版社1996年版，第655页。
③ 《毛泽东选集》第3卷，人民出版社1991年版，第864页。
④ 同上书，第1012页。
⑤ 《邓小平文选》第2卷，人民出版社1994年版，第211页。
⑥ 同上书，第212页。

不能不考虑人民的利益、国家的利益、党的利益。"① 这就是说，文化作为思想上层建筑，是具有政治属性的，任何一个社会的文化都要为社会的政治服务。在社会主义制度下弘扬主旋律，就是要在文化建设和发展的实践中始终贯彻"为社会主义服务"这个鲜明主题，"就是要在建设有中国特色社会主义的理论和党的基本路线指导下，大力倡导一切有利于发扬爱国主义、集体主义、社会主义的思想和精神，大力倡导一切有利于改革开放和现代化建设的思想和精神，大力倡导一切有利于民族团结、社会进步、人民幸福的思想和精神，大力倡导一切用诚实劳动争取美好生活的思想和精神。"②

提倡多样化是"双百"方针的具体体现。"双百"方针倡导文学艺术上的百花齐放，学术上的百家争鸣，允许不同的文艺流派、学术派别自由争论，这本身就会要求文化必须是多样化的。在文化领域提倡多样化是由多方面因素决定的。一是由文化本身发展的多样性决定的。文化往往是与一个民族的发展紧密相连的，民族的发展具有一定的差异性，不同的民族在长期发展的过程中会创造出符合本民族特点的各具特色的文化，这就造成了不同文化之间必然存在着差异性。文化的多样性发展总体上有利于社会文化的整体发展。二是由人们精神文化需求的层次性、多样化决定的。人的需要从根本上是具有层次性，多样化的。尤其是随着物质生活的提高，人们的精神需求在不断的多样化，这就不可避免地带来文化多样化的发展趋势。同时，要满足人们日益增长的精神文化需求，也需要生产出更多、更丰富的多层次、多样化的精神文化产品。三是由文化产品创作者的个体差异性决定的。由于文化产品创造者的文化志趣、价值理念、理论素质、知识水平等具有差异性，所以也会造成文化产品的多样和差异。四是由社会实践和生活实践的多样性决定的。丰富多彩、充满创造性的现代化建设的伟大实践与人们的社会生活实践，为文化艺术作品的创作提供了充足的养料和广阔的舞台，决定了文化产品的丰富性和多样性。在文化领域提倡多样化，就是要使广大的文艺工作者在坚持"二为"方向、"双百"方针和社会效益的前提下开展精神文化产品的创作活动，力求最大限度地满足人们日益增长的精神文化需要；就是要促进不同学术派别和艺术流派

---

① 《邓小平文选》第 2 卷，人民出版社 1994 年版，第 256 页。
② 江泽民：《论党的建设》，中央文献出版社 2001 年版，第 134 页。

自由地争鸣和争论,从而在文艺、学术界形成生动活泼的交流和创作局面。

总之,在文化领域弘扬主旋律,就要紧紧围绕"二为"方向,以满足人们的精神文化需求为目标,生产出更多更丰富能够反映时代要求和社会发展进步趋势以及能够体现人民群众根本利益,体现社会主义、集体主义和爱国主义等基本价值理念的文化产品,从而很好地实现社会主义主导价值观对社会风尚和人们思想文化的有效引领。提倡多样化就是要在文化领域坚持弘扬主旋律的前提下,在文化作品的内容、题材、风格等方面实现多样化。弘扬主旋律和提倡多样化是辩证统一的关系,主旋律规定的是文化的发展方向,多样化为主旋律文化的发展提供了有效的手段,只有两者的内在结合才能促进社会主义的繁荣发展。

四 提倡同志式的批评、反批评和自我批评的方针

在坚持四项基本原则的前提下,鼓励不同学术观点、艺术派别的争鸣和切磋,倡导同志式的批评、反批评与自我批评,是文学艺术、学术繁荣发展的重要保证。

首先,文艺批评是文艺界的一种主要斗争方法。1942年5月,毛泽东在延安文艺座谈会上的讲话中明确讲到,文艺批评必须坚持政治标准和艺术标准的有机统一。从政治标准来看,"我们的文艺批评是不要宗派主义的,……我们应该容许包含各种各色政治态度的文艺作品的存在。但是我们的批评又是坚持原则立场的,对于一切包含反民族、反科学、反大众和反共的观点的文艺作品必须给以严格的批判和驳斥"[①]。从艺术标准来看,"我们的批评,也应该容许各种各色艺术品的自由竞争;但是按照艺术科学的标准给以正确的批判,使较低级的艺术逐渐提高成为较高级的艺术,使不适合广大群众斗争要求的艺术改变到适合广大群众斗争要求的艺术,也是完全必要的。"[②] 这就是说,在实践中,要尊重文艺多样化存在和自由竞争的客观现实,同时,多样文艺的发展也要坚持一定的政治原则,并遵循文艺自身发展的客观规律。

---

① 《毛泽东选集》第3卷,人民出版社1991年版,第868—869页。
② 同上书,第869页。

其次，要在科学艺术界采取"放"的策略和方针，倡导同志式的批评与反批评。"放，就是放手让大家讲意见，使人们敢于说话，敢于批评，敢于争论；不怕错误的议论，不怕有毒素的东西；发展各种意见之间的相互争论和相互批评，既容许批评的自由，也容许批评批评者的自由；对于错误的意见，不是压服，而是说服，以理服人。"① 只有做到"放"，才能在科学文艺界对知识分子进行有效的思想改造，从而达到巩固国家政权，促进文化发展的目的。

再次，开展批评、反批评和自我批评要始终坚持科学的态度和方法。态度问题直接关系到开展批评、反批评和自我批评活动的效果。毛泽东指出，有无认真的批评与自我批评是中国共产党与其他政党互相区别的显著标志。"马克思主义者不应该害怕任何人批评。相反，马克思主义者就是要在人们的批评中间，就是要在斗争的风雨中间，锻炼自己，发展自己，扩大自己的阵地。"②"以'惩前毖后，治病救人'为宗旨的整风运动之所以发生了很大的效力，就是因为我们在这个运动中展开了正确的而不是歪曲的、认真的而不是敷衍的批评和自我批评。"③ 习近平在 2013 年 7 月党的群众路线教育实践活动工作会议上的讲话中，强调"要真正解决问题，就要有抛开面子、揭短亮丑的勇气，有动真碰硬、敢于交锋的精神，有深挖根源、触动灵魂的态度。"④ 在群众路线教育实践活动中，必须"坚持'团结—批评—团结'的公式，打消自我批评怕丢面子、批评上级怕穿小鞋、批评同级怕伤和气、批评下级怕丢选票等顾虑，既深刻剖析和检查自己，又开展诚恳的相互批评，触及思想和灵魂，既红红脸、出出汗，又明确整改方向。无论批评还是自我批评，都要实事求是、出于公心、与人为善，不搞'鸵鸟'政策，不马虎敷衍，不文过饰非，不发泄私愤。忠言逆耳，良药苦口。对批评意见，要本着有则改之、无则加勉的态度，决不能用'批评'抵制批评，搞无原则的纷争。"⑤ 在开展批评、反批评和自我批评的活动中，态度固然重要，但如果批评的方式和方法不当，也不会达

---

① 《毛泽东文集》第 7 卷，人民出版社 1999 年版，第 278 页。
② 同上书，第 232 页。
③ 《毛泽东选集》第 3 卷，人民出版社 1991 年版，第 1096 页。
④ 《习近平关于党的群众路线教育实践活动论述摘编》，党建读物出版社、中央文献出版社 2014 年版，第 45 页。
⑤ 同上书，第 46 页。

到批评的预期效果。1957年3月,毛泽东在中国共产党全国宣传工作会议上的讲话中强调:"革命的战斗的批评和反批评,是揭露矛盾,解决矛盾,发展科学、艺术,做好各项工作的好方法。"① 在批评方法的选择上,邓小平着重指出:"批评的方法要讲究,分寸要适当,不要搞围攻、搞运动。"② 江泽民也指出,开展批评和自我批评,要"勇于正视和解决存在的问题,决不回避和粉饰"③。

五 坚持古为今用、洋为中用、以我为主、为我所用的文化方针

坚持古为今用、洋为中用、以我为主、为我所用的文化方针,就是要坚持以科学的态度对待民族传统文化和外来文化,继承发扬民族优秀文化传统,要充分体现时代精神,立足本国,又大胆吸收世界一切优秀文化成果,反对民族虚无主义和全盘西化。

一是继承和发扬中国优秀传统文化。马克思曾经指出:"人们自己创造自己的历史,但是他们并不是随心所欲地创造,并不是在他们自己选定的条件下创造,而是在直接碰到的、既定的、从过去承继下来的条件下创造。"④ 我国社会主义文化深深植根于传统文化的土壤之中,离开传统文化,也就失去了自己的根,因此,社会主义文化的发展必须坚持"以我为主",以传统文化为根本。然而,对中国传统文化的继承并不是无批判地继承,中国传统文化在长期发展的过程中,虽然有很多合理、优秀的部分值得我们去继承和发扬,但也有一些如"三纲五常"、"男尊女卑"等和当今时代与社会发展不相适应的东西。因此,对待传统文化要采取理性和科学的态度,"决不能无批判地兼收并蓄",既不能全盘否定,也不能全盘继承和吸收,而是要"剔除其封建性的糟粕,吸收其民主性的精华"⑤,"必须将古代封建统治阶级的一切腐朽的东西和古代优秀的人民文化即多

---

① 《毛泽东文集》第7卷,人民出版社1999年版,第278页。
② 《邓小平文选》第2卷,人民出版社1994年版,第390页。
③ 《江泽民文选》第3卷,人民出版社2006年版,第291页。
④ 《马克思恩格斯选集》第1卷,人民出版社1995年版,第585页。
⑤ 《毛泽东选集》第2卷,人民出版社1991年版,第707页。

少带有民主性和革命性的东西区别开来"①。继承优秀传统文化并不意味着要无条件地照搬，而必须根据具体条件加以采用和吸收，使之符合中国实际。同时，还要结合时代的特点，赋予传统文化新的时代内涵，"使之与当代社会相适应、与现代文明相协调，保持民族性，体现时代性。"②

二是借鉴和吸收国外一切文明和优秀文化成果。世界文明是多样性的，每一个国家和民族都有着独特的历史文化传统，都是在长期的发展实践中形成的。因此，在外来文化中也有许多值得我们借鉴和吸收的较为合理的内容，对待外来文化绝不能采取全盘否定的态度，而应该有批判地借鉴和吸收，即使是对于西方文化也应如此。在《新民主主义论》中，毛泽东曾明确讲到应如何对待外来文化，他说："中国应该大量吸收外国的进步文化，作为自己文化食粮的原料，这种工作过去还做得很不够。这不但是当前的社会主义文化和新民主主义文化，还有外国的古代文化，例如各资本主义国家启蒙时代的文化，凡属我们今天用得着的东西，都应该吸收。"③但同时，对于外来文化也不能不加鉴别地全盘接受，"一切外国的东西，如同我们对于食物一样，必须经过自己的口腔咀嚼和胃肠运动，送进唾液胃液肠液，把它分解为精华和糟粕两部分，然后排泄其糟粕，吸收其精华，才能对我们的身体有益，决不能生吞活剥地毫无批判地吸收。"④在世界历史上，各民族和国家都曾创造出自己的、各具特色的文化和价值观，其中某些合理的、优秀的内容还是值得我们去借鉴甚至是可以吸纳的。然而，学习与借鉴应当建立在科学分析的基础之上，要从中国的国情和具体实际出发，而不能盲目信从，秉承"拿来主义"。对此，江泽民曾指出："学习外国，必须坚持为我所用的方针，进行认真鉴别。对什么东西可以学，什么东西不能学，要做到心里有数。对可以学的东西，也要结合自己的实际消化吸收，不能囫囵吞枣、生搬硬套，更不能邯郸学步、失其故步。"⑤同时，他强调在学习和借鉴资本主义国家一切好的东西时，决不能妄自菲薄，不能对社会主义事业缺乏信心。

三是在对待中国传统文化和外来文化方面，必须坚决反对民族虚无主

---

① 《毛泽东选集》第 2 卷，人民出版社 1991 年版，第 708 页。
② 《十七大以来重要文献选编》（上），中央文献出版社 2009 年版，第 27 页。
③ 《毛泽东选集》第 2 卷，人民出版社 1991 年版，第 706—707 页。
④ 同上书，第 707 页。
⑤ 《江泽民文选》第 2 卷，人民出版社 2006 年版，第 308—309 页。

义和全盘西化的错误倾向。

在对待中国传统文化方面，要坚决反对民族虚无主义思潮。民族虚无主义是当前我国社会存在的一股极为有害的错误思潮。民族虚无主义是虚无主义在民族问题上的表现，它无视民族特点，抹杀民族差别，否定民族文化传统和历史遗产，甚至认为"民族"是虚构的概念，根本否认民族的存在，实质上是一种大民族主义和大国沙文主义的一种恶变。民族虚无主义的实质是全盘西化，对此，有学者深刻指出，民族虚无主义"对民族传统文化的全盘否定，必然会导致对外国文化的全盘肯定，会无条件地颂扬西方资产阶级文化，会提出中国文化都要模仿欧美资本主义的主张，就会提出中国应该走资本主义道路的主张。因而，民族虚无主义与全盘西化是一个问题的两个不同提法。民族虚无主义的结论必然是全盘西化"①。

在对待外来文化方面要坚决反对全盘西化的错误倾向。"所谓'全盘西化'的主张，乃是一种错误的观点。形式主义地吸收外国的东西，在中国过去是吃过大亏的。"②"全盘西化"论者主张对西方文化不加鉴别地吸收和借鉴，更主要的是他们在社会的发展模式上主张走西方的道路。如一些新自由主义者打着改革、创新、还历史清白的旗号，在经济领域鼓吹西方经济学中的新自由主义，宣扬"私有制优越论"，主张全盘私有化；在政治领域，以推动政治体制改革为名，攻击人民民主专政，主张政治多元化，按照西方的政治模式设计中国的政治形式；在思想文化领域，提出"淡化意识形态"，取消马克思主义的指导地位，主张"意识形态多样化"。其目的就是要从根本上改变中国的社会主义制度，其危害性是显而易见的。对这股思潮的性质和危害，邓小平曾多次进行过深刻的剖析和论述。1985年5月，他在《搞资产阶级自由化就是走资本主义道路》的谈话中指出："中国在粉碎'四人帮'以后出现一种思潮，叫资产阶级自由化，崇拜西方资本主义国家的'民主'、'自由'，否定社会主义。这不行。中国要搞现代化，绝不能搞自由化，绝不能走西方资本主义道路。"③ 1986年9月，邓小平在党的十二届六中全会的讲话中对资产阶级自由化的实质进行了进一步的剖析，指出："自由化本身就是资产阶级的，没有什么无产阶级的、社会主义

---

① 梅荣政：《用马克思主义引领社会思潮》，武汉大学出版社2008年版，第327页。
② 《毛泽东选集》第2卷，人民出版社1991年版，第707页。
③ 《邓小平文选》第3卷，人民出版社1993年版，第123页。

的自由化,自由化本身就是对我们现行政策、现行制度的对抗,或者叫反对,或者叫修改。实际情况是,搞自由化就是要把我们引导到资本主义道路上去。"① 同年 12 月,邓小平在关于学生闹事问题同几位中央领导同志的谈话中又明确讲到了资产阶级自由化的危害性,他强调:"反对资产阶级自由化至少还要搞二十年。民主只能逐步地发展,不能搬用西方的那一套,要搬那一套,非乱不可。我们的社会主义建设,必须在安定团结的条件下有领导、有秩序地进行,我特别强调有理想、有纪律,就是这个道理。如果搞资产阶级自由化,就是再来一次折腾。搞资产阶级自由化,否定党的领导,十亿人民没有凝聚的中心,党也就丧失了战斗力。那样的党连个群众团体也不如了,怎么领导人民搞建设?"②

六 坚持先进文化的前进方向,大力发展先进文化

一个社会的文化坚持什么样的前进方向,直接关系到文化自身的繁荣和社会的发展问题。在庆祝中国共产党成立八十周年大会上,江泽民深刻指出:"坚持什么样的文化方向,推动建设什么样的文化,是一个政党在思想上精神上的一面旗帜。""我们党要始终代表中国先进文化的前进方向,就是党的理论、路线、纲领、方针、政策和各项工作,必须努力体现发展面向现代化、面向世界、面向未来的,民族的科学的大众的社会主义文化的要求,促进全民族思想道德素质和科学文化素质的不断提高,为我国经济发展和社会进步提供精神动力和智力支持。"③ 当代中国先进文化的发展方向首先体现在"三个面向"上,即面向现代化、面向世界、面向未来。面向现代化一方面揭示了文化建设与社会主义现代化之间的内在关联,明确了文化建设必须服从和服务于现代化建设事业的重大战略思想;另一方面,也指明了文化建设的发展目标就是要实现文化的现代化,建设社会主义文化强国,从而为社会主义现代化事业的健康发展和中华民族的伟大复兴提供坚实的思想保证、精神动力和智力支撑。面向世界是指先进文化具有一种宽广的世界视野和胸怀,它的发展不是孤立、封闭的,中国

---

① 《邓小平文选》第 3 卷,人民出版社 1993 年版,第 182 页。
② 同上书,第 196—197 页。
③ 《江泽民文选》第 3 卷,人民出版社 2006 年版,第 277、276 页。

先进文化只有博采众长，在同世界不同国家、民族的文化交流和碰撞中才能获得自身发展的动力。面向未来强调是先进文化的前瞻性，是指先进文化建设要把握时代脉搏，认清事物发展的客观趋势，并在此基础上积极进行文化创新。其次，体现在先进文化的民族性、科学性和大众化特点上。先进文化具有鲜明的民族特色，承载着中华民族在现时代的价值追求。先进文化不仅与中国优秀传统文化相承接，同时也符合中国社会发展的内在要求，尤其是社会主义条件下，同社会主义制度的有机结合使中国先进文化与其他文化相比具有一种巨大的优越性。同时先进文化也是一种科学的文化。当代中国先进文化的科学性，是指先进文化的发展必须坚持实事求是，正确反映客观世界发展的自身规律，反对一切封建迷信和愚昧无知，反对一切伪科学和反科学。先进文化还是一种大众的文化。大众化是衡量文化先进性的一个重要尺度。先进文化植根于人民大众，服务于人民大众，并最终依靠人民大众获得发展进步的动力。1942年5月，在延安文艺座谈会上的讲话中，毛泽东指出：“中国的革命的文学家艺术家，有出息的文学家艺术家，必须到群众中去，必须长期地无条件地全心全意地到工农兵群众中去，到火热的斗争中去，到唯一的最广大最丰富的源泉中去，观察、体验、研究、分析一切人，一切阶级，一切群众，一切生动的生活形式和斗争形式，一切文学和艺术的原始材料，然后才有可能进入创作过程。否则你的劳动就没有对象，你就只能做鲁迅在他的遗嘱里所谆谆嘱咐他的儿子万不可做的那种空头文学家，或空头艺术家。"[①] 因此，文化工作者要始终坚持"三贴近"即贴近群众、贴近实际、贴近生活的文化方针，从人民群众鲜活的生动实践中广泛搜集素材，只有这样才能创造出更多、更好并能真实反映群众生活的文艺作品。同时，文化工作者还要认真学习群众的语言，坚持用大众化的语言进行文艺作品的创作，这样创作出来的文艺作品才具有巨大的生命力和吸引力。

此外，坚持先进文化的前进方向，大力发展先进文化，必须支持健康有益文化，努力改造落后文化，坚决抵制腐朽文化。先进文化是一种能够促进社会进步、反映时代潮流、体现时代精神、代表人民根本利益的文化，是健康有益的文化，对于提高公民的思想文化素质，促进良好社会风尚的形成发挥着十分关键的作用。支持健康有益文化，就是要在精神文

---

① 《毛泽东选集》第3卷，人民出版社1991年版，第860—861页。

产品的制造、销售、传播方面坚持弘扬主旋律，发挥社会正能量，要创作出能够充分反映群众生活积极向上的文化。作为一种健康有益的文化，先进文化具有科学性、革命性、创造性、时代性、开放性、群众性的特点，而落后文化则往往表现出更多的非科学性、保守性、循规蹈矩、滞后于时代、封闭僵化、缺乏群众基础等特点。腐朽文化不是一般的落后文化，是指那些带有迷信、愚昧、颓废、庸俗、低级等色彩的文化，如封建迷信、黄、赌、毒等即是腐朽文化。如果说落后文化还有改造必要的话，那么腐朽文化则没有任何改造的必要，必须坚决加以抵制。

七 在思想文化领域应重视划清政策界限，引领社会思想的健康发展

在思想文化领域划清政策界限，即要划清马克思主义与反马克思主义的界限；划清学术问题与政治问题的界限；划清社会主义思想文化与封建主义、资本主义腐朽思想文化的界限。

一是划清马克思主义与反马克思主义的界限。马克思主义是我们党和国家的指导思想，在社会主义文化和意识形态领域占据主导地位。推进社会主义文化和精神文明发展，建设社会主义核心价值观必须坚持以马克思主义为指导。马克思主义在社会主义文化领域的指导地位主要缘于它的科学性和真理性。马克思主义是马克思、恩格斯站在世界历史的高度，以当时西欧资本主义社会的实际为中心，在揭示资本主义发展的基本规律以及对无产阶级解放道路规律揭示的基础上而创立的一种科学的、崭新的理论形态，是被革命实践证明了的全世界无产阶级的最正确最革命的科学思想的结晶。马克思主义为人们认识世界和改造世界提供了强大的思想武器和科学的世界观。"马克思学说具有无限力量，就是因为它正确。它完备而严密，它给人们提供了决不同任何迷信、任何反动势力、任何为资产阶级压迫所作的辩护相妥协的完整的世界观。"[①] 马克思主义是繁荣发展社会主义文化，将社会主义核心价值观融入精神文明建设的重要思想保证和理论支撑。然而，在社会上总有一股反马克思主义的错误思潮存在，如"宣扬极端自由化、全盘私有化等主张的新自由主义；宣扬指导思想多元化、

---

① 《列宁选集》第 2 卷，人民出版社 1995 年版，第 309 页。

'三权分立'、多党制等西方民主思想的民主社会主义；歪曲近现代中国革命的历史、党的历史和中华人民共和国历史，宣扬否定革命、否定中国共产党领导人民进行革命建设成就等观点的历史虚无主义；宣扬西方资产阶级民主、自由、人权具有普适性和永恒性的思潮等。这些思潮，或以与马克思主义完全对立的立场观点来出现，或以割裂、曲解马克思主义的形式来出现，或利用国际共产主义运动中和我国社会主义建设实践中的某些挫折、失误来出现，或打着'学术探讨'、'还原历史'和'价值中立'等名义来出现。这些思潮，尽管说法不同，具体观点不大一样，但实质都是要取消马克思主义的指导地位，否定中国共产党的领导和我国的社会主义制度，否定党和人民历经艰辛曲折、付出巨大历史代价而选择的正确理论和道路。"[1] 这些反马克思主义、反社会主义思潮的存在对我国占主导地位的马克思主义主流文化形成了一定的冲击和挑战。因此，在思想文化领域一定要划清马克思主义和反马克思主义之间的界限，坚持用马克思主义的立场、观点和方法对反马克思主义的思潮进行科学分析，揭露其危害和实质，并同这些思潮作坚决的斗争。这样才能不断促进马克思主义的创新和发展。毛泽东曾在1957年3月中国共产党全国宣传工作会议上的讲话中将马克思主义和反马克思主义之间的关系比喻作香花同毒草的关系，指出马克思主义正是在同反马克思主义的斗争中不断发展起来的。正如他所说："任何时候，总会有错误的东西存在，总会有丑恶的现象存在。任何时候，好同坏，善同恶，美同丑这样的对立，总会有的。香花同毒草也是这样。它们之间的关系都是对立的统一，对立的斗争。有比较才能鉴别。有鉴别，有斗争，才能发展。真理是在同谬误作斗争中间发展起来的。马克思主义就是这样发展起来的。马克思主义在同资产阶级、小资产阶级的思想作斗争中发展起来，而且只有在斗争中才能发展起来。"[2]

二是划清学术问题与政治问题的界限。毛泽东在1957年2月《关于正确处理人民内部矛盾的问题》的讲话中指出："利用行政力量，强制推行一种风格，一种学派，禁止另一种风格，另一种学派，我们认为会有害于艺术和科学的发展。艺术和科学中的是非问题，应当通过艺术界科学界

---

[1] 中共中央宣传部理论局主编：《划清"四个重大界限"学习读本》，学习出版社2010年版，第18页。
[2] 《毛泽东文集》第7卷，人民出版社1999年版，第280页。

的自由讨论去解决，通过艺术和科学的实践去解决，而不应当采取简单的方法去解决。"① 学术问题和政治问题之间既具有内在的联系，也具有其区别之处。学术为人民服务、为社会主义服务是我国文化建设领域的一项基本方针，这就是说，学术具有其政治性的特点。因此，在学术界对于事关政治方向和根本原则的问题，我们一定要旗帜鲜明，绝不含糊。对于在学术领域存在的思想政治观点，必须进行批评和斗争，不能听任它们搞乱人们的思想，搞乱我们的意识形态，否则就会危及整个国家和社会的安定团结。但同时，由于学术有其自身的客观发展规律，所以，处理学术问题上的争论决不能将其过分地政治化，采用急风暴雨式的激烈的批判斗争的方式，而应该采取摆事实、讲道理，以理服人的教育方式。毛泽东在1957年3月谈到知识分子的思想改造时曾经说过："思想改造的工作是长期的、耐心的、细致的工作，不能企图上几次课，开几次会，就把人家在几十年生活中间形成的思想意识改变过来。要人家服，只能说服，不能压服。压服的结果总是压而不服。以力服人是不行的。对付敌人可以这样，对付同志，对付朋友，绝不能用这个方法。不会说服怎么办？这就要学习。我们一定要学会通过辩论的方法、说理的方法，来克服各种错误思想。"② 1980年8月，邓小平在中共中央政治局扩大会议上关于《党和国家领导制度的改革》的讲话中也强调指出："历史经验证明，用大搞群众运动的办法，而不是用透彻说理、从容讨论的办法，去解决群众性的思想教育问题，而不是用扎扎实实、稳步前进的办法，去解决现行制度的改革和新制度的建立问题，从来都是不成功的。"③ 这就是说，对于学术问题的不同意见，必须坚持研究和讨论无禁区的原则，对于在学术讨论中存在的错误思想倾向，可以通过学术辩论、说服教育的方式来解决，这样才能顺利达到教育群众和团结群众的目的。

三是划清社会主义思想文化与封建主义、资本主义腐朽思想文化的界限。社会主义思想文化是以马克思主义为指导的先进文化，是顺应时代发展，推动中国社会进步的思想文化指南。建设社会主义核心价值观，推动社会主义思想文化的发展，必须认真划清社会主义思想文化与封建主义、

---

① 《毛泽东文集》第7卷，人民出版社1999年版，第229页。
② 同上书，第279页。
③ 《邓小平文选》第2卷，人民出版社1994年版，第336页。

资本主义腐朽思想文化之间的界限，充分认识封建主义、资本主义腐朽思想文化的实质及其危害性。改革开放后，邓小平曾多次讲到要在思想战线上肃清封建遗毒和资产阶级思想影响的问题。1980年8月，他在《党和国家领导制度的改革》的讲话中指出："我们进行了二十八年的新民主主义革命，推翻封建主义的反动统治和封建土地所有制，是成功的，彻底的。但是，肃清思想政治方面的封建主义残余影响这个任务，因为我们对它的重要性估计不足，以后很快转入社会主义革命，所以没有能够完成。现在应该明确提出继续肃清思想政治方面的封建主义残余影响的任务，并在制度上做一系列切实的改革，否则国家和人民还要遭受损失。"[①] 在讲话中，邓小平列举了在思想文化和社会领域存在的封建主义的残余影响，强调要采取实事求是的态度和马克思主义的世界观、方法论对封建主义遗毒的种种表现进行科学分析。并提出在对待封建主义遗毒方面，要坚持做到"三个划清界限"，即"首先，要划清社会主义同封建主义的界限，决不允许借反封建主义之名来反社会主义，也决不允许用'四人帮'所宣扬的那套假社会主义来搞封建主义。其次，也要划清文化遗产中民主性精华同封建性糟粕的界限。还要划清封建主义遗毒同我们工作中由于缺乏经验而产生的某些不科学的办法、不健全的制度的界限。"[②] 在思想文化领域反对封建主义腐朽思想文化的同时，也要坚决抵制和肃清资产阶级腐朽思想文化对思想和社会领域的影响。抵制和肃清资产阶级腐朽思想文化要反对两种错误倾向：一种错误倾向是，有些人以我们党在社会主义革命和建设的历史上犯过错误为由，认为社会主义不如资本主义；另一种错误倾向是，认为既然要肃清封建主义残余对思想文化的影响，就完全可以去宣扬资本主义的思想。这两种思想倾向都是根本错误的，是同社会主义所倡导的文化价值理念背道而驰的，必须坚决加以反对和抵制。邓小平强调，对于资本主义的思想文化必须采取科学的态度进行分析，要甄别"什么是资产阶级思想中需要坚决批判和防止蔓延的东西，什么是经济生活中需要坚决克服和抵制的资本主义倾向"[③]，以及对这些错误应如何进行批判都要进行认真研究，并作出妥善的规定。

[①] 《邓小平文选》第2卷，人民出版社1994年版，第335页。
[②] 同上。
[③] 同上书，第338页。

第五章

社会主义核心价值观融入
精神文明建设的方法论

科学的方法是增强社会主义核心价值观融入精神文明建设针对性和实效性的重要保证。对于方法的重要性，毛泽东曾有一个生动形象的比喻，他说："我们不但要提出任务，而且要解决完成任务的方法问题。我们的任务是过河，但是没有桥或没有船就不能过。不解决桥或船的问题，过河就是一句空话。不解决方法问题，任务也只是瞎说一顿。"① 新时期将社会主义核心价值观融入精神文明建设实践必须遵循事物发展的客观规律，掌握科学的方法和手段，这样才能达到融入的真正目的。

一 坚持现代与传统的统一

十七大报告指出："全面认识祖国传统文化，取其精华，去其糟粕，使之与当代社会相适应、与现代文明相协调，保持民族性，体现时代性。"② 将社会主义核心价值观融入精神文明建设全过程，必须坚持现代与传统的统一，把中国传统优秀的价值观同现代的价值理念相结合，实现由传统向现代的转变。当代中国是历史中国的延续和发展，历史是无法割断的，我们"尊重历史的辩证法的发展"，但决"不是颂古非今，不是赞扬任何封建的毒素"③。中国传统文化在其发展的过程中留下了一些糟粕的东西，以及一些与现代文明、当今时代特点和社会发展要求不相适应的传统价值观念，同时在其长期的发展中又被赋予了一种封建主义的文化色彩，

---

① 《毛泽东选集》第1卷，人民出版社1991年版，第139页。
② 《十七大以来重要文献选编》（上），人民出版社2009年版，第27页。
③ 《毛泽东选集》第2卷，人民出版社1991年版，第708页。

而这些正是我们在继承和吸收传统文化时需要摒弃的落后、腐朽的东西。然而，中国传统文化在其发展的过程中也留下了许多对当今社会发展仍然具有较大意义的文化价值理念，而这些正是我们今天不断创新和发展社会主义核心价值观丰富的文化资源。习近平在2013年2月24日中共中央政治局第十三次集体学习的谈话中强调，培育和弘扬社会主义核心价值观必须立足中华优秀传统文化。"中华文化源远流长，积淀着中华民族最深层的精神追求，代表着中华民族独特的精神标识，为中华民族生生不息、发展壮大提供了丰厚滋养。中华传统美德是中华文化精髓，蕴含着丰富的思想道德资源。""要认真汲取中华优秀传统文化的思想精华和道德精髓，……深入挖掘和阐发中华优秀传统文化讲仁爱、重民本、守诚信、崇正义、尚和合、求大同的时代价值，使中华优秀传统文化成为涵养社会主义核心价值观的重要源泉。"①

然而，即使是对于优秀传统文化和价值的继承与吸收，也有一个由传统向现代转变的问题，有一个如何与现代文明相契合以及如何加以改造以使其适应当今社会发展的问题，决不能把这些传统的东西拿过来直接使用，而是要经过审慎的分析、鉴别和思考，"去粗取精、去伪存真、由此及彼、由表及里"，把它变成自己的东西。对此，习近平强调："对历史文化特别是先人传承下来的价值理念和道德规范，要坚持古为今用、推陈出新"②。在这里，"古为今用、推陈出新"实质上讲的就是传统如何与现代相契合、相转化的问题。要做好传统文化的转化工作，就要找到传统文化与现代文明的契合点，尤其是要找到传统文化与代表人类前进方向的社会主义先进文化的契合之处。这是我们做好传统文化转化工作的根本前提。如，传统文化中的"仁爱"、"重民本"以及"尚和合"、"求大同"思想，虽有历史和阶级的局限性，但它所倡导的价值理念无疑与社会主义文化中的"以人为本"的价值理念和"社会主义和谐社会"、"共产主义社会"的价值理想具有诸多契合之处。"守诚信"、"崇正义"既是优秀传统文化的核心价值，同时也是现代社会所追求的核心价值，对于促进现代社会发展和社会主义市场经济的健康运行起着极为重要的作用。当前，最为重要的是要将传统文化的优秀价值理念融入社会主义核心价值观和社会主义精

---

① 习近平：《习近平谈治国理政》，外文出版社2014年版，第164页。
② 同上。

神文明建设的实践当中,使其成为社会主义文化发展的源头活水。必须善于从中国特色社会主义的当前社会实践中汲取新鲜养分,使传统文化能够真正适应时代和社会发展的需要,并顺利实现传统文化向现代的转化,充分发挥其对中国特色社会主义事业发展所具有的巨大推动作用。

二 坚持价值观破与立的统一

在文化领域,价值观的破与立是一对矛盾的辩证统一体。"破"就是破除和打碎一切与当前社会发展不相适应的落后的、腐朽的东西,是对不合时宜的旧事物的一种否定。"立"就是要在社会上树立和建立起一套适合国情实际并能够代表社会发展要求和前进方向的新事物。就价值观方面,我们要破除一切旧的价值观念,如要破除封建迷信,破除封建主义价值观残余的影响,破除资本主义腐朽文化和价值观念对人们思想的影响,等等。同时,还要在社会上确立起一套占主导地位的核心价值观体系,以引领社会思想文化和人们的价值观念健康发展。就"破"与"立"二者的内在关系来看,"破"是"立"的前提基础,没有"破"就无所谓"立"。如毛泽东所说:"不破不立,不塞不流,不止不行。"① "只有破坏旧的腐朽的东西,才能建设新的健全的东西。"② 然而,"破"与"立"是相互的关系,如果仅有"破"而没有"立",抑或认为只要有"破","立"就在其中了,都是不对的。做好社会主义核心价值观融入精神文明建设的工作,就必须掌握好"破"与"立"的辩证法,很好地处理"破"与"立"之间的辩证关系。在不同的历史时期,"破"与"立"的侧重点也有所不同。在革命时期,主要是以"破"为主,"破字当头",不破除和打碎旧的世界,新世界就无法建立起来。然而,在建设时期,就要改变过去那种"破字当头,立在其中"的传统观念和做法,而是要"以立为主"。

无论是"破"还是"立",都是当前我国发展社会主义核心价值观,促进精神文明建设和先进文化建设的客观需要。就"破"来说,先进文化作为一种新生事物,它的出现与成长必然会遭到旧事物的纠缠、抵制和反抗,甚至破坏。这就需要在"立"的同时,要破除旧的事物,为新事物的

---

① 《毛泽东选集》第2卷,人民出版社1991年版,第695页。
② 同上书,第732页。

发展扫清障碍。同时新事物的发展过程,实质上就是新旧事物之间斗争的过程,亦是新旧事物"破"与"立"的过程。从"立"来讲,对旧事物的破除并不等同于新事物的出现,尤其是社会主义核心价值观作为迄今为止人类最为先进的一种价值观体系,它的确立和发展不是一个简单的"破"或"立"的过程,而是一个"破"与"立"相互融合、相互交织的复杂的过程,在这个过程中,既要破除一些过时陈腐的价值观念,反对和抵制社会上存在的一切恶习,同时还要积极探索先进的主流文化和主导价值观念的多维构建途径和措施。当前,尤其是要做好社会主义核心价值观的理论创新、宣传教育和转化融入工作,不断"推进马克思主义中国化时代化大众化,坚持不懈用中国特色社会主义理论体系武装全党、教育人民,深入实施马克思主义理论研究和建设工程,建设哲学社会科学创新体系,推动中国特色社会主义理论体系进教材进课堂进头脑。广泛开展理想信念教育,把广大人民团结凝聚在中国特色社会主义伟大旗帜之下。大力弘扬民族精神和时代精神,深入开展爱国主义、集体主义、社会主义教育,丰富人民精神世界,增强人民精神力量。倡导富强、民主、文明、和谐,倡导自由、平等、公正、法治,倡导爱国、敬业、诚信、友善,积极培育和践行社会主义核心价值观。牢牢掌握意识形态工作领导权和主导权,坚持正确导向,提高引导能力,壮大主流思想舆论。"① 通过主流文化和价值观体系的构建,引领社会思想文化的健康发展。在弘扬和培育主流文化和价值观的同时,应坚决排除一切错误干扰,抵制和反对错误思潮尤其是一些反马克思主义、反社会主义的错误思潮,要坚持用马克思主义的立场、观点和方法对这些错误思潮的实质与危害进行深刻剖析。

三 坚持义与利的统一

义利之辨是中国古代思想史上的一个较为古老的话题。在历史上,既有割裂义利的重义轻利之说和轻义重利之说,同时也有主张义利统一的辩证之说。义与利是一对辩证的矛盾统一体,二者承载着两种不同的价值追求和取向,是道德原则与利益原则的统一。"义"追求的是一种道德上的价值取向,是规范人们社会行为的道德标尺。"利"追求的是一种利益所

---

① 《十八大以来重要文献选编》(上),中央文献出版社2014年版,第24—25页。

需，是决定人们社会行为的内在张力和驱动力。然而，义与利之间又是辩证统一、不可分割的关系。"利"是"义"产生的基础和前提。马克思曾指出，"'思想'一旦离开'利益'，就一定会使自己出丑。"① "我们首先应该确定一切人类生存的第一个前提，也就是一切历史的第一个前提，这个前提是：人们为了能够'创造历史'，必须能够生活。但是为了生活，首先就需要吃喝住穿及其他东西。"② 这就是说，物质利益是人们的第一所需，是人类赖以生存和发展的基础。没有物质利益，义也会失去其存在的意义。同时，"义"对"利"也具有一定的反作用，"义"在一定程度上规定了"利"的发展方向，明确了什么样的"利"才是有益于个人身心健康和社会发展的，什么样的"利"是有悖于"义"的，是不可取的。

社会主义的义利观主张义与利的辩证统一，主张把国家、社会的公义、集体的利益同个人利益相结合。坚持社会主义的义利观，就要坚决摒弃国家至上主义，反对过分地强调国家、集体利益而忽视甚至牺牲个人利益的做法。邓小平明确指出："在社会主义制度之下，个人利益要服从集体利益，局部利益要服从整体利益，暂时利益要服从长远利益，或者叫做小局服从大局，小道理服从大道理。我们提倡和实行这些原则，决不是说可以不注意个人利益，不注意局部利益，不注意暂时利益，而是因为在社会主义制度之下，归根结底，个人利益和集体利益是统一的，局部利益和整体利益是统一的，暂时利益和长远利益是统一的。"③ 同时，坚持社会主义的义利观也要坚决反对置国家、集体利益而不顾的个人至上主义。正如邓小平所说："每个人都应该有他一定的物质利益，但是这决不是提倡各人抛开国家、集体和别人，专门为自己的物质利益奋斗，决不是提倡各人都向'钱'看。要是那样，社会主义和资本主义还有什么区别？我们从来主张，在社会主义社会中，国家、集体和个人的利益在根本上是一致的，如果有矛盾，个人的利益要服从国家和集体的利益。为了国家和集体的利益，为了人民大众的利益，一切有革命觉悟的先进分子必要时都应当牺牲自己的利益。"④

极端个人主义是个人至上主义的一种表现。作为一股错误思潮，极端

---

① 《马克思恩格斯全集》第2卷，人民出版社1957年版，第103页。
② 《马克思恩格斯选集》第1卷，人民出版社1995年版，第78—79页。
③ 《邓小平文选》第2卷，人民出版社1994年版，第175页。
④ 同上书，第337页。

个人主义从根本性质上说是资产阶级的个人主义价值观，是与社会主义的集体主义价值观相悖的。极端个人主义无视个人与集体、社会的内在统一关系，片面强调个人利益，无视集体利益、社会利益和国家利益，在思想上具有很大的腐蚀性。现实生活中出现的以权谋私、行贿受贿、贪赃枉法、腐化堕落等现象和官僚主义现象，究其思想根源是和极端个人主义的价值观密不可分的。对此，江泽民曾明确指出："我们有些地方、有些单位对党员、干部的思想政治教育抓的不紧，拜金主义、享乐主义、极端个人主义在一部分党员、干部中滋长，也是腐败现象得以蔓延的一个重要原因"[1]。同时，极端个人主义也给我国和谐社会的构建带来了不可忽视的影响。由于极端个人主义无论在处理人与自然的关系还是人与人、人与社会的关系问题上，都强调从个人利益出发，从而使自身与他人、社会、自然处于严重的两极对峙状态，为和谐社会的构建带来了诸多不利因素。

坚持社会主义的义利观，还要坚决反对和抵制物质利益至上的拜金主义和享乐主义。拜金主义是极端个人主义的一种具体体现，主要表现为对金钱的崇拜和对占有金钱的一种强烈欲望，从本质上来说也是一种资产阶级的利己主义的价值观。马克思在《共产党宣言》中讲道："资产阶级在它已经取得了统治的地方把一切封建的、宗法的和田园诗般的关系都破坏了。它无情地斩断了把人们束缚于天然尊长的形形色色的封建羁绊，它使人和人之间除了赤裸裸的利害关系，除了冷酷无情的'现金交易'，就再也没有任何别的联系了。它把宗教虔诚、骑士热忱、小市民伤感这些情感的神圣发作，淹没在利己主义打算的冰水之中。它把人的尊严变成了交换价值，用一种没有良心的贸易自由代替了无数特许的和自力挣得的自由。……资产阶级撕下了罩在家庭关系上的温情脉脉的面纱，把这种关系变成了纯粹的金钱关系。"[2] 在《资本论》第1卷"所谓原始积累"一节中，马克思再次详细描写了对资本的崇拜及其所带来的严重后果。他说："资本来到世间，从头到脚，每个毛孔都滴着血和肮脏的东西。""资本逃避动乱和纷争，它的本性是胆怯的。这是真的，但还不是全部真理。资本害怕没有利润或利润太少，就像自然界害怕真空一样。一旦有适当的利润，资本就胆大起来。如果有10%的利润，它就保证到处被使用；有

---

[1] 《江泽民文选》第1卷，人民出版社2006年版，第324页。
[2] 《马克思恩格斯选集》第1卷，人民出版社1995年版，第275页。

20%的利润，它就活跃起来；有50%的利润，它就铤而走险；为了100%的利润，它就敢践踏一切人间法律；有300%的利润，它就敢犯任何罪行，甚至冒绞首的危险。如果动乱和纷争能带来利润，它就会鼓励动乱和纷争。走私和贩卖奴隶就是证明。"① 拜金主义的盛行不仅影响到个人的健康成长问题，同时也是造成社会不稳定的重要因素，危害性极大。

享乐主义也是极端个人主义的一种表现，享乐主义者②把享乐作为自己最高的人生价值追求。马克思、恩格斯曾就这种享乐哲学作出过深刻的批判，指出："享乐哲学一直只是享有特权的社会知名人士的巧妙说法。……一旦享乐哲学开始妄图具有普遍意义且宣布自己是整个社会的人生观，它就成了空话。""每一时代的个人的享乐同阶级关系以及产生这些关系的、这些个人所处的生产条件和交往条件的联系，迄今为止还和人们的现实生活内容脱离的并且和这种内容相矛盾的享乐形式的局限性，任何一种享乐哲学同呈现于它之前的现实的享乐形式的联系，这种不加区别地面向一切个人的哲学的虚伪性，——所有这一切当然都只有在可能对现存制度的生产条件和交往条件进行批判的时候，也就是在资产阶级和无产阶级之间的对立产生了共产主义观点和社会主义观点的时候，才能被揭露。这就对任何一种道德，无论是禁欲主义道德或者享乐道德，宣判死刑。"③ 这就是说享乐主义从根本上是资产阶级的建立在剥削制度基础之上的腐朽道德价值观。这里需要指出的是，马克思主义者并不一般地反对人们对幸福的追求和向往，而是鼓励人们追求幸福的生活和理想的社会，但这种对幸福生活的追求和对理想社会的向往必须是建立理性和科学基础之上的。享乐主义对社会的危害性极大。享乐主义容易造成人们价值观的极度扭曲，享乐主义者"由于把享乐作为人生的最高目的和理想，其固有的虚幻性和特有的无聊性决定了它不仅不能保证它的信奉者的行为活动的正确方向，相反地只会将其引向空想与不可遏制的无穷欲望和有限的实有之间无

---

① 《马克思恩格斯选集》第2卷，人民出版社1995年版，第266页。

② 注：2003年1月《羊城晚报·新闻周刊》第314期发表一篇题为《享乐主义者宣言》的文章，作者自称是享乐主义者，把享乐主义作为一种价值取向和人生目的加以张扬。鼓吹"享乐是我们的目的"，"享受一种恣肆横溢的精神自由才是我们灵魂的归宿"，"享乐主义者是进取精神的亲儿，是审美主义的朋友"等。与《享乐主义者宣言》同时发表的一组文章还声称："要重新定义享乐"，"要给享乐松绑"，"生活要靠感觉，不要靠说法"，"社会进化的历史，就是享乐的发展史"，"最高的享乐就是精神意淫"，"一个以享乐为本位的消费时代到来了"，等等。

③ 《马克思恩格斯全集》第3卷，人民出版社1960年版，第489、490页。

法调和的矛盾的泥潭之中，其结果只能是使他作为人的本质的丧失和完完全全的精神空虚。"① 享乐主义还会带来诸多如违法犯罪、腐败等严重的社会问题。正是基于享乐主义的危害，2001年9月中国共产党第十五届中央委员会第六次全体会议通过的《中共中央关于加强和改进党的作风建设的决定》明确提出要"坚持艰苦奋斗，反对享乐主义"。并号召"党员干部要加强思想道德修养，培养积极向上的生活情趣，做到自重、自省、自警、自励。要自觉抵御拜金主义、享乐主义、极端个人主义的侵蚀，做到一身正气，一尘不染，以共产党人的高风亮节和人格力量影响和带动群众。"② 当前，反对享乐主义，就要在全社会大力弘扬艰苦奋斗精神，倡导勤俭节约、勤俭办一切事业，反对浪费和腐化奢侈之风。正如胡锦涛所说："艰苦奋斗作为我们党的优良传统和作风，作为我们马克思主义政党的政治本色，是凝聚党心民心、激励全党和全体人民为实现国家富强、民族振兴共同奋斗的强大精神力量，是我们党保持同人民群众血肉联系的一个重要法宝。""越是改革开放和发展社会主义市场经济，越要弘扬艰苦奋斗的精神。即使将来我们的国家发达了，人民的生活富裕了，艰苦奋斗的精神也不能丢。那种认为艰苦奋斗是老一套、已经过时了的想法是错误的，也是很有害的。"③

当前，在深入推进社会主义核心价值观融入精神文明建设的过程中，必须坚持社会主义的义利观，坚持个人利益与集体利益、物质利益和精神利益的辩证统一，既要把国家利益放在首位而又要充分尊重公民个人合法利益，既要重视人的物质方面的需求，也不能忽视人的精神方面的需求。同时，在社会主义市场经济的建设实践中，必须处理好竞争与协作、效率与公平、经济效益与社会效益、先富与后富等之间的关系，坚持以人为本，加快推进以改善民生为重点的社会建设，把解决人们的思想问题同解决实际问题结合起来，着力解决好人民群众最关心、最直接、最现实的利益问题。通过现实利益问题的解决，使人们充分感受到社会主义核心价值观的重大意义和价值，从而促进对社会主义核心价值观的认知、认同。

---

① 唐凯麟：《论幸福——兼析享乐主义》，《求索》1996年第3期。
② 《十五大以来重要文献选编》（下），人民出版社2003年版，第2014页。
③ 《十六大以来重要文献选编》（上），中央文献出版社2005年版，第81、82页。

四　坚持先进性与广泛性的统一

　　我国社会主义文化和思想道德建设具有层次性，既有先进性的要求，也有广泛性的要求。因此，在推动社会主义核心价值观融入精神文明建设的实践中必须坚持先进性与广泛性的统一，针对不同层次的人提出不同的要求，只有做到因人而异、对症下药，才能达到宣传与教育的效果，才能将社会主义核心价值观很好地融入精神文明建设的实践中去，并充分发挥社会主义核心价值观的教育功能，达到以社会主义核心价值观武装人们头脑的目的。在社会主义文化和思想道德建设中，先进性要求与广泛性要求是辩证统一的关系，"没有广泛性要求，就难以在全社会形成为人们普遍接受的共同理想人格和道德观念，先进性要求就会失去基础。广泛性要求是社会主义道德建设的一条'底线'。有了这条'底线'的约束，普通群众就有了一条准绳，向'先进性'提高也有了一个扎实的基础。反之亦然。先进性要求科学地反映社会发展规律，指明了社会前进方向，激励并召唤人们为实现价值理想而奋斗，在推动社会进步中起着重要作用。"[①] 在思想道德建设的实践中，中国共产党历来就十分重视把先进性要求与广泛性要求相结合，从实际出发针对党员群体和普通群众提出不同标准的要求。对于党员干部这个先进分子群体，我们党历来主张用共产主义道德来进行教育，要求"共产党员在各级政府中应该成为坚决勇敢、刻苦耐劳、急公好义、礼义廉耻的模范"。[②] "共产党员无论何时何地都不应以个人利益放在第一位，而应以个人利益服从于民族的和人民群众的利益。"[③]

　　除对党员干部群体提出先进性的要求外，我们党还把先进性要求同广泛性要求结合起来，在全社会大力倡导"爱国守法、明礼诚信、团结友善、勤俭自强、敬业奉献"的基本道德规范，"鼓励支持一切有利于解放和发展社会主义社会生产力的思想道德，一切有利于国家统一、民族团结、社会进步的思想道德，一切有利于追求真善美、抵制假恶丑、弘扬正气的思想道德，一切有利于履行公民权利与义务、用诚实劳动争取美好生

---

①　黄中平：《大力倡导"八荣八耻"　努力提高道德水准》，《党课》2006 年第 5 期。
②　《毛泽东文集》第 2 卷，人民出版社 1993 年版，第 54 页。
③　《毛泽东选集》第 2 卷，人民出版社 1991 年版，第 522 页。

活的思想道德"①。当前,推进社会主义核心价值观融入精神文明建设的一项重要任务,就是要在社会主义核心价值观的建设方面既体现出其先进性的一面,又要照顾到大多数人的实际,使其具有广泛的认同性与实践性,成为全体社会成员的共同遵守。

五 坚持一元与多样的统一

将社会主义核心价值观融入精神文明建设,就要在思想文化领域坚持核心价值观的一元主导和价值意识的多样并存的方法论原则。核心价值观的一元主导地位从根本上说是由其意识形态的本质属性所规定的。在阶级社会中,思想领域总是由那个社会的统治阶级的意志和思想体系占统治地位的。任何一个社会的统治阶级,为了巩固其政治统治地位,都会竭力维护和发展其统治地位的意识形态。因此,在阶级社会中,统治阶级的思想始终是占统治地位的思想,而这样的思想只能是一元的,不可能是多元的。这就是说,在一个社会当中能够代表统治阶级利益并占主导地位的核心价值观只可能是一个。因此,确立社会主义核心价值观的一元主导地位,必须坚决反对指导思想多元化的错误倾向。但同时也要认识到,一个社会的指导思想虽然是一元的,但这并不排斥在一个社会中存在着多样的价值意识。而多样的价值意识则是由多样的社会存在决定的。这正如马克思、恩格斯所说:"在不同的占有形式上,在社会生存条件上,耸立着由各种不同的、表现独特的情感、幻想、思想方式和人生观构成的整个上层建筑。"② 多样价值意识的存在客观上为主流文化和价值观体系的创新和发展提供了丰富的思想材料和给养,这就要求我们在思想文化领域要始终坚持尊重差异、包容多样的基本方针。只有在尊重差异中扩大社会认同,在包容多样中形成思想共识,才能有效抵制各种错误思想意识的影响,引导多样化社会思想和思潮朝着积极健康的方向发展。列宁指出:"多样性不但不会破坏在主要的、根本的、本质的问题上的统一,反而会保证这种统一。"③ 核心价值观能否有效发挥其主导和引领作用,很大程度上要看它是

---

① 《十四大以来重要文献选编》(下),人民出版社1999年版,第2054页。
② 《马克思恩格斯选集》第1卷,人民出版社1995年版,第611页。
③ 《列宁全集》第33卷,人民出版社1985年版,第209页。

否能够做到尊重和包容大多数社会群体的思想意识。具体而言,"尊重差异,就是要尊重广大群众包括不同的阶级、阶层、社会群体、集体和个人的思想意识、价值观念上客观存在的差异性,把鼓励先进和照顾多数统一起来,针对不同社会群体、社会阶层的思想实际提出不同的要求。""包容多样,就是要根据社会主义社会发展的辩证法、特别是社会主义精神文化发展的辩证法的要求,树立多样共生的意识,以海纳百川的宽阔胸怀包容各种有益无害的思想文化现象,从多元社会思潮的争鸣、比较中汲取养分,求同存异"①,不断扩大核心价值观的包容度和影响力。在建设社会主义核心价值观的过程中,必须充分认识到,尊重包容多样化思潮和社会意识与坚持核心价值观主导地位并不是对立的,要正确处理好一元主导与多样并存的关系。

这就要求我们,一方面,不能因为强调社会主义核心价值观的主导地位而否认社会思想和价值意识多样化的客观现实。社会主义核心价值观要巩固自己的主导地位,引领整合多样化社会思想和价值意识,就必须充分尊重多样化社会思想和价值意识应有的社会地位,为其存在与发展创造宽松的社会政治和文化环境。否则,发挥核心价值体系的主导和引领作用就会流于空谈,达不到实质性的效果。另一方面,也不能因为社会思想和价值意识多样化的客观存在而否认社会主义核心价值观的主导作用。多样化社会和价值意识的发展决不能损害社会主义核心价值观的主导地位,离开了社会主义核心价值观的主导和引领,多样化社会思想和价值意识就会由于缺乏科学理论的指导而偏离正确的航向,从而给中国特色社会主义事业的发展带来巨大损害。在社会思想和价值意识多样化的客观现实下,坚持核心价值观的主导,就是坚持马克思主义的指导地位不动摇,坚持用发展着的马克思主义指导实践,牢牢掌握意识形态领域的指导权、主动权、话语权。总之,在对待社会主义核心价值观与多样化社会思想和价值意识关系问题上,我们既不能以主导性排斥多样性,也不能以多样性否定主导性,要始终坚持主导性与多样性的统一。这样才能充分发挥社会主义核心价值观在引领多样化社会思想和价值意识中的导向和整合功能,形成一元与多样、主导与包容的辩证格局。

---

① 梅荣政:《用马克思主义引领社会思潮》,武汉大学出版社2008年版,第31页。

六 坚持人文与科学的统一

提高社会主义核心价值观融入精神文明建设的有效性，还要营造一个浓厚的人文与科学的社会环境。人文精神与科学精神是先进文化发展的两种精神维度，对于推进精神文明建设和社会主义核心价值观建设具有十分重要的价值和意义。关于人文精神的实质内涵，有学者指出："人文精神应该是人存在的意义和价值的最高体现，它诱导人以真善美为旨趣，在自由创造和自我完善的过程中，逐步逼近真善美的境界。"[①] 这就是说，人文精神是以人为中心，体现的是对人的生存价值和意义的一种人文关怀，其终极目标是要实现人的自由而全面发展。当前，在建设社会主义核心价值观和精神文明的过程中，弘扬人文精神，就是要以促进人的自由而全面发展为旨向，以培育有理想、有道德、有文化、有纪律的社会主义"四有"公民为目标，坚持以人为本的价值理念，将人文关怀的种种措施落实到具体的工作实践中。一是尊重人民群众的首创精神，发挥其在社会主义核心价值观和精神文明建设中的主体作用。人民群众是历史的创造者，不仅是物质财富的创造主体，也是精神财富的创造主体。人民群众的实践为社会主义核心价值观和精神文明建设理论的创新和发展提供了不竭的动力和源泉。因此，在社会主义核心价值观和精神文明建设的实践中，应充分挖掘人民群众的创造潜能。二是把解决人民群众的思想问题同解决实际问题相结合，推进以改善民生为重点的社会建设。民生问题是关系到人民群众切身利益的问题，民生问题解决的好坏直接关系到群众对先进文化、党的先进的价值理念以及党和国家的政策方针的认同程度。因此，在实践中必须着力解决民生问题，切实保障群众的民主权利和合法权益。三是坚持以文化人，做到"以科学的理论武装人，以正确的舆论引导人，以高尚的精神塑造人，以优秀的作品鼓舞人"[②]。以科学的理论武装人，即坚持不懈地以马克思主义及马克思主义中国化的最新理论成果武装人们的头脑；以正确的舆论引导人，即新闻舆论要坚持正确的方向，激励人民，服务大局，促进改革，维护稳定；以高尚的精神塑造人，即把我们党的崇高理想和信

[①] 李醒民：《科学精神与人的价值》，《自然辩证法研究》1998 年第 1 期。
[②] 《十四大以来重要文献选编》（上），人民出版社 1996 年版，第 647 页。

念、优良的传统和作风,包括中华民族几千年来形成、发展起来的优秀传统文化和美德,灌输到人们的思想和行动中去;以优秀的作品鼓舞人,即充分发挥优秀作品鼓舞士气、催人奋进的作用,引导人们以昂扬向上的精神状态投入到中国特色社会主义现代化的事业中去。通过以文化人的种种举措,为人们践行社会主义核心价值观营造良好的精神文化氛围。此外,在精神文明建设中弘扬人文精神,还要大力促进哲学社会科学事业的繁荣发展。江泽民强调:"加强哲学社会科学研究,对党和人民事业的发展极为重要。一个民族要兴旺发达,要屹立于世界民族之林,不能没有创新的理论思维。没有理论创新的民族,不可能成为强盛的民族。这是人类文明发展史给人们的一个重要启示。哲学社会科学,是人们认识世界、改造世界的重要工具,是推动历史发展和社会进步的重要力量。哲学社会科学的研究能力和成果,也是综合国力的重要组成部分。"① 哲学社会科学是我国先进文化的重要组成部分,对于人们认识纷繁复杂的社会现象,提高人们的思想道德修养和精神境界,推动精神文明建设事业的发展发挥极为重要的作用。

关于科学精神的实质内涵,有学者指出:"科学精神是科学技术知识的理性凝炼和科学技术活动的文化积淀,它贯穿于科学知识、科学方法、科学探索的方方面面。科学精神始终保持着对未知领域探索的渴望,具有一种不断向上的精神,它不迷信任何偶像,不囿于任何传统,不承认任何教条,不听命于任何权威,不屈从于任何压力,其精神本质就是求实和创新。科学精神这种求实性和创新性,使其在精神文明领域独树一帜,成为一种朝气蓬勃,永远向上的革命因素,成为促进人类思想解放的革命的精神力量,成为人类各个历史时期思想解放的先导并从而推动整个社会的前进。"② 这就是说,科学精神就是一种求真务实、开拓进取、勇于创新的精神。科学精神在改造客观世界的同时,也改造了人们的主观世界。因此,科学精神不仅能够推动物质文明的发展,也能在很大程度上推进文化和精神文明的发展。马克思、恩格斯曾说:"只要人存在,自然史和人类史就彼此相互制约。"③ 这是科学技术发挥双重作用的根本前提。关于科学技术

---

① 《江泽民论有中国特色社会主义(专题摘编)》,中央文献出版社2002年版,第275页。
② 陈建新:《论科学技术对精神文明建设的推动作用——学习邓小平科技思想》,《华南理工大学学报》(社会科学版)1998年试刊。
③ 《马克思恩格斯选集》第1卷,人民出版社1995年版,第66页。

在精神文明建设中的重要意义,江泽民在谈话中多次指出:"科学的发展不断揭示了自然和社会的发展规律,使人类得以科学地解释自然现象和社会现象,能动地驾驭自然和社会,创造出日益丰富的物质文明和精神文明。"① "科学普及工作对两个文明有着重要作用。我们不仅要靠科学技术提高物质文明的发展水平,而且要依靠科学技术的力量推进社会主义精神文明建设。"② 关于弘扬科学精神的重要性,江泽民指出:"科学精神是人们科学文化素质的灵魂。它不仅可以激励人们学习、掌握和应用科学,鼓舞人们不断在科学的道路上登攀前进,而且对树立正确的世界观、人生观、价值观,掌握科学的工作方式和方法,也具有重要的意义。"③ 弘扬科学精神可为社会主义核心价值观融入精神文明建设创造良好的科学氛围。

新时期,自然科学与人文社会科学正日益融合在一起成为推动社会发展的强大推动力。正如江泽民所说:"当代科学技术的发展,使得自然科学、技术与社会科学之间相互影响、渗透,联系愈来愈紧密,由此产生的综合学科、交叉学科层出不穷,社会经济和科技已经形成一个复杂的大系统。自然科学的发展丰富了社会科学理论。马克思主义的科学世界观和方法论,对自然科学研究有重要指导作用。我们提倡社会科学工作者要注意学习自然科学知识,自然科学工作者要注意学习社会科学知识,学习马克思主义理论特别是邓小平同志建设有中国特色社会主义理论。我们要在实现中国社会主义现代化的伟大事业中,加强自然科学和社会科学的紧密结合,深刻认识并掌握当今经济和社会发展的内在规律,运用科学的理论和方法去指导实践。"④ 正是基于科学精神与人文精神在社会实践发展中的重要地位,当前发展社会主义文化,推进社会主义核心价值观和精神文明建设必须坚持科学精神与人文精神的统一,从而为社会主义核心价值观融入精神文明建设提供良好的人文科学环境。

---

① 《十五大以来重要文献选编》(下),人民出版社2003年版,第2408页。
② 江泽民:《论科学技术》,中央文献出版社2000年版,第68页。
③ 《江泽民论有中国特色社会主义(专题摘编)》,中央文献出版社2002年版,第275页。
④ 江泽民:《论科学技术》,中央文献出版社2000年版,第57—58页。

第六章

将社会主义核心价值观融入国民教育之中

将社会主义核心价值观融入国民教育之中是当前深入推进社会主义精神文明建设的一个重要方面。国民教育既承担着对国民进行知识文化普及教育，培养有知识有文化的高素质现代公民的历史使命，同时也担负着文化的传承与创造，推进社会主义文化大繁荣大发展，建设社会主义文化强国的战略任务。从当今世界发展的趋势来看，综合国力的竞争在很大程度上取决于人才的竞争和文化的竞争，因此，将社会主义核心价值观融入国民教育之中，实施科教兴国战略，建立现代国民教育体系，形成人才竞争优势，不断推进精神文明建设的发展无疑具有十分重大的意义。

一 国民教育在社会主义精神文明建设中的作用

关于国民教育的概念，学界不少学者都对其进行了解读，如顾明远主编的《教育大辞典》指出，国民教育是指国家为本国国民（或公民）举办的学校教育。一般为小学和初中教育，有的国家还包括幼儿教育和高等教育。有学者提出，从结构学的维度来看，国民教育指的是对一个国家所有种类、层次教育的统摄体，包括普通教育、专业教育、职业教育，学历与非学历教育，基础、中学、高等教育与成人教育等；[①] 还有学者认为，国民教育实质上就是以学校教育为主体，以成长教育为重心的国家学历教育，国民教育体系则是由国民教育的所有要素组成的国家学历教育体系。[②]

[①] 李栋、杨道宇：《让国民教育走向国民性教育》，《理论界》2014年第1期。
[②] 张振元：《现代国民教育体系初探》，《吉林工程技术师范学院学报》（教育研究版）2003年第7期。

然而，可以看出，学者们对国民教育概念的解读仅仅是对国民教育范围的界定，是一种浅层次的、表面性的解释，不足以从根本上去认识国民教育的本质与目的。因此，对国民教育概念的解读还须由表及里，从深层次上去认识和揭示国民教育的本质内涵。在近代中国，张之洞与袁世凯等人在联名奏请停科举广学校的奏折中曾说："设立学堂者，并非专为储才，乃以开通民智为主，使人人获得有普及之教育，且有普通之知能，上能效忠于国，下得自谋其生。其才高者，固足以佐治理，次者亦不失为合格之国民。"[1] 即是说，国民教育的核心不在于培养个别的精英人才，而在于通过对民众进行普及教育，培养民众的国家和集体意识，使之成长为具有健全人格的新型公民，同时提高整个社会的智力和道德水平。这也是国民教育的根本目的所在。由此可见，国民教育就是指国家通过学校教育，包括学历和非学历教育、基础和高等教育、成人教育等多种形式对公民进行文化知识传授和思想道德教育的一种教育实践活动，其真正的意蕴不仅仅在于文化知识的普及和传承，更重要的还是要增强公民的国民意识，促进公民健全人格的养成，从而将其培养成为一个德、智、体、美、劳全面协调发展的社会有用之才。

新中国成立以来，我国的国民教育经历了由传统国民教育体系向现代国民教育体系转变的过程。新中国成立初期，为改变旧中国文盲占据绝大多数人口，整个社会知识文化水平较低的局面，从而适应新社会的发展，我国一方面开展了广泛的扫盲识字运动；另一方面也对旧的教育制度和体制进行了根本性的改造。新中国成立前夕召开的新政协会议所通过的《中国人民政治协商会议共同纲领》的第五章"文化教育政策"对新中国教育事业的改革，包括新中国教育事业的性质、任务和方法等都做出了明确规定，为新中国成立初期教育事业的改革和发展指明了方向。《共同纲领》第四十一条规定了我国文化教育的性质，即"中华人民共和国的文化教育为新民主主义的，即民族的、科学的、大众的文化教育。"[2] 同时明确了新中国的文化教育的主要任务是"提高人民文化水平、培养国家建设人才、肃清封建的、买办的、法西斯主义的思想、发展为人民服务的思想"[3]。第

---

[1] 舒新城：《中国近代教育史资料》上册，人民教育出版社1961年版，第63页。
[2] 《建党以来重要文献选编（1921—1949）》第26册，中央文献出版社2011年版，第766页。
[3] 同上。

四十二条提出了对国民进行公德教育的任务，强调"提倡爱祖国、爱人民、爱劳动、爱科学、爱护公共财物为中华人民共和国全体国民的公德。"①第四十六条提出了教育方法改革的任务，指出："中华人民共和国的教育方法为理论与实际一致。人民政府应有计划有步骤地改革旧的教育制度、教育内容和教学法。"②第四十七条强调："有计划有步骤地实行普及教育，加强中等教育和高等教育，注重技术教育，加强劳动者的业余教育和在职干部教育，给青年知识分子和旧知识分子以革命的政治教育，以应革命工作和国家建设工作的广泛需要。"③

关于新中国教育的性质和教育改革的必要性，时任教育部部长马叙伦在1949年12月召开的第一次全国教育工作会议的开幕词当中做了很好的说明。他说，新中国的教育应该是反映新中国的政治、经济，作为巩固与发展人民民主专政的一种斗争工具的新教育。由于我们的国家是以工农联盟为基础的人民民主专政的国家，我们的教育也应该以工农为主体，大量地培养工农出身的新型知识分子，作为我们国家建设的坚强骨干。他指出："中国的旧教育是帝国主义、封建主义和官僚资本主义统治下的产物，是旧政治旧经济的一种反映，和旧政治旧经济借以持续的一种工具。它提倡封建的、买办的、法西斯主义的思想，它是为帝国主义和封建买办的统治者服务的……代替这种旧教育的应该是作为反映新的政治经济的新教育，作为巩固与发展人民民主专政的一种斗争工具的新教育。这种新教育就是新民主主义的，即民族的、科学的、大众的教育。""我们要实施的这种新教育和旧教育是性质上完全相反的东西，是势不两立的。因此，我们对于旧教育不能不作根本的改革，而这种改革正如共同纲领所规定，必须是有计划有步骤地来进行。这样，在我们面前就发生了一系列问题，如全国教育的制度，各级学校的课程、教材、教学方法、师资，等等，都要求一个彻底的，同时是有计划有步骤的变革和解决。这就是摆在我们全国教育工作者面前极其复杂艰巨的任务。"④

---

① 《建党以来重要文献选编（1921—1949）》第26册，中央文献出版社2011年版，第766页。

② 同上书，第767页。

③ 同上。

④ 何东昌：《中华人民共和国重要教育文献（1949—1975）》，海南出版社1998年版，第6—7页。

1953年后，随着我国经济领域计划经济体制的建立，教育体制的改革也同时纳入到了国家计划的轨道，同我国高度集中的计划管理体制相适应，逐渐形成了党政领导下的高度集中的计划指令式的教育体制。新中国成立初期，经过对旧的教育体制的改造，基本形成了以基础教育、高等教育和职业教育为主体的较为系统和完整的国民教育体系，新中国的教育事业取得了长足发展。然而，"从五十年代后期开始，由于全党工作重点一直没有转移到经济建设上来，由于'阶级斗争为纲'的'左'的思想的影响，教育事业不但长期没有放到应有的重要地位，而且受到'左'的政治运动的频繁冲击。'文化大革命'更使这种'左'的错误走到否定知识、取消教育的极端，从而使教育事业遭到严重破坏，广大教育工作者遭受严重摧残，耽误了整整一代青少年的成长，并且使我国教育事业同世界发达国家之间在许多方面本来已经缩小的差距又拉大起来。"①

十一届三中全会后，我们党实现了教育领域的拨乱反正，并对过去在计划经济体制下形成的高度集中的教育体制做了一些调整和改革，使我国的教育事业得到了恢复和发展。但并没有从根本上转变过去在传统教育体制上的政府计划管理模式。有学者指出："新中国成立以来，中国高等教育一直实行政府计划管理模式，这种模式持续了三个发展时期。第一个时期是1985年前，包括高等教育的改造、调整、发展、停滞（'文革'期）、恢复、再发展这几个阶段；第二个时期是1986年以后，主要控制发展规模，优化结构，改善条件，深化改革，提高教育质量和办学效益；第三个时期是1999年以后，高校扩招促进了高等教育的大跃进，高等教育机构从之前的800余所，到2005年时已经达到2000余所，高等教育机会逐年扩大，适龄入学青年从扩招之前的约9%迅速增加到今天的27%，已达高等教育大众化阶段。从这几个时期的高等教育改革和政策的实施情况来看都是由上至下的，虽然在每一个时期都有一定的放权，但在重大决策上和宏观体制上并没有真正改变计划管理的模式。"传统教育体制的行政化倾向依然十分严重。"高校行政化治理作为传统的做法一直沿袭至今，政府直接介入大学内部事务，以行政层级管理控制着学校。"② 这种传统教育体

---

① 《十一届三中全会以来党和国家重要文献选编（一）》（1978年12月—1992年9月），中共中央党校出版社1998年版，第177页。
② 钱民辉：《中国高等教育体制改革为何总是处在两难之中》，《清华大学教育研究》2013年第5期。

制的计划管理模式在一定程度上阻碍了教育事业的健康发展,因此,促使传统的国民教育体系向现代国民教育体系转变就显得尤为重要。2002年11月,江泽民在十六大报告中正式提出"形成比较完善的现代国民教育体系"的战略任务,并将其作为全面建设小康社会的重要奋斗目标。2003年10月,党的十六届三中全会再次强调深化教育体制改革,"构建现代国民教育体系和终身教育体系"的重要性。2004年10月出版的《〈中共中央关于完善社会主义市场经济体制若干问题的决定〉辅导读本》对"现代国民教育体系"的概念和内涵做了科学解读,指出:"现代国民教育体系是指由五个方面教育和三项保障机制所构成的整个教育事业。包括义务教育、基础教育、高等教育、职业教育和成人教育,国民教育经费保障机制、国民教育教师保障机制和国民享受教育权利保障机制。建立现代国民教育体系,以提高国民素质为目标,切实保障国民享有基本教育权利,增强教育为经济社会发展服务的能力。"① 2007年8月,胡锦涛在全国优秀教师代表座谈会上的讲话中强调:要推进教育体制改革和创新,围绕构建现代国民教育体系的目标,建立健全教育管理体制、教育投入体制,改进培养模式、教育内容、教育方法,着力提高教育质量,为我国教育事业发展提供强大动力和体制保证。

国民教育是我国社会主义精神文明建设的重要组成部分,同时对社会主义精神文明建设的发展又具有十分重要的战略意义。一是国民教育是培养新时期高素质现代化人才的关键。从根本上说,我国社会主义精神文明建设的主要任务和目的就是要培养有理想、有道德、有纪律、有文化的社会主义的"四有"公民,造就高素质的适应现代社会发展的有用人才。即"要造就数以亿计的工业、农业、商业等各行各业有文化、懂技术、业务熟练的劳动者。要造就数以千万计的具有现代科学技术和经营管理知识,具有开拓能力的厂长、经理、工程师、农艺师、经济师、会计师、统计师和其他经济、技术工作人员。还要造就数以千万计的能够适应现代科学文化发展和新技术革命要求的教育工作者、科学工作者、医务工作者、理论工作者、文化工作者、新闻和编辑出版工作者、法律工作者、外事工作

---

① 《〈中共中央关于完善社会主义市场经济体制若干问题的决定〉辅导读本》,人民出版社2003年版,第488页。

者、军事工作者和各方面党政工作者。"① 而国民教育则是人才培养的关键所在。通过国民教育,不仅可以提高人们的文化知识水平,还能够使人们熟练掌握科学技术和劳动技能,使其适应经济社会发展的各个领域,同时也能够使人们的思想得到升华、道德水平逐步提高,从而不断促进人的个性和身心健康和谐发展,从而成为对社会、对国家有用的人才。二是国民教育承担着文化的传承和文化的创造任务。国民教育在民族文化的延续和传承方面扮演着十分重要的角色,是民族文化传播的重要手段。对国民进行传统文化教育是国民教育的重要内容,也是使一个国家的文化保持民族性的根本所在。通过传统文化教育不仅可以使人们领悟到本民族文化的思想真谛,增强其对民族文化的认知和认同感,同时也可以使民族精神得以代代相传,使其始终成为推动一个民族发展的精神旗帜。国民教育不仅具有文化的传承功能,同时也具有文化的创新和创造功能。一个民族文化的发展必须始终紧跟时代的发展,符合时代的要求,只有这样一个民族的文化才可能显示出强大的生命力和巨大的优越性,才能对人们具有更大的吸引力和凝聚力。必须根据时代发展的要求不断进行文化创新和创造,为民族文化的发展增添时代的因子和新的东西,从而使民族文化能够始终保持文化的发展活力,站在时代的前沿,引领社会的发展。而要做到这些,就必须通过教育培养人的创新能力,不断提高人们的创新水平,进行文化知识的创造,以推动社会的发展和人们文明程度的提高。三是国民教育能够增强国民对国家的认同感。对国家的认同感是维系公民个人同国家之间紧密关系的一个非常重要的方面,只有强化公民对国家的认同感,才能进一步增强公民对国家的归属感,使公民在任何情况下都能情系祖国、心系祖国,为祖国的强大而奉献自己的终身。要增强对国家的认同感,必须通过教育培育公民的国家意识,使其充分认识到自己作为国家的一部分而应承担的义务和责任。四是国民教育在培养科技人才,促进科学技术的发展中起着关键的作用。邓小平在1978年的全国科学大会上指出:"科学技术人才的培养,基础在教育。"② 1985年,邓小平同志在全国教育工作会议上再次强调:"我们多次说过,我国的经济,到建国一百周年时,可能接近

---

① 《十一届三中全会以来党和国家重要文献选编(一)》(1978年12月—1992年9月),中共中央党校出版社1998年版,第176页。
② 《邓小平文选》第2卷,人民出版社1994年版,第95页。

发达国家的水平。我们这样说，根据之一，就是在这段时间里，我们完全有能力把教育搞上去，提高我国的科学技术水平，培养出数以亿计的各级各类人才。我们国家，国力的强弱，经济发展后劲的大小，越来越取决于劳动者的素质，取决于知识分子的数量和质量。一个十亿人口的大国，教育搞上去了，人才资源的巨大优势是任何国家比不了的。有了人才优势，再加上先进的社会主义制度，我们的目标就有把握达到。现在小学一年级的娃娃，经过十几年的学校教育，将成为开创二十一世纪大业的生力军。中央提出要以极大的努力抓教育，并且从中小学抓起，这是有战略眼光的一着。如果现在不向全党提出这样的任务，就会误大事，就要负历史的责任。"① 2002年9月，江泽民在庆祝北京师范大学校庆100周年大会上指出："我们要继续坚定不移地实施科教兴国战略，不断培养大批合格的有中国特色社会主义的建设者，不断造就大批具有丰富创新能力的高素质人才，不断提高全民族的思想道德素质和科学文化素质。这是实现中华民族伟大复兴的必然要求，也是我国社会主义教育事业的历史任务。"② 胡锦涛在2007年8月全国优秀教师代表座谈会上的讲话中也强调指出：当今世界，经济全球化深入发展，科技进步日新月异，国际竞争日趋激烈，知识越来越成为提高综合国力和国际竞争力的决定性因素，人才资源越来越成为推动经济社会发展的战略性资源，教育的基础性、先导性、全局性地位和作用更加突出。中国的未来发展，中华民族的伟大复兴，归根结底靠人才，人才培养的基础在教育。教育是提高人民思想道德素质和科学文化素质的基本途径，是发展科学技术和培养人才的基础工程。大力发展教育事业，是发挥我国人力资源优势、建设创新型国家、加快推进社会主义现代化的必然选择。

二 社会主义核心价值观与国民教育

社会主义核心价值观与国民教育之间是相互的辩证关系，社会主义核心价值观对国民教育起到的是一个根本的引领作用，必须将社会主义核心价值观融入国民教育之中，推动国民教育的健康发展，而国民教育则为社

---

① 《邓小平文选》第3卷，人民出版社1993年版，第120—121页。
② 《江泽民文选》第3卷，人民出版社2006年版，第499页。

会主义核心价值观的理论创造和理论的大众化及广泛传播提供了有效的手段和途径。

将社会主义核心价值观融入国民教育之中是我们党于新的历史时期提出的一项重大的战略任务，其目的是为了巩固全党、全社会共同的思想基础。关于社会主义核心价值观融入国民教育的问题，在多个党的正式文件中都有涉及和论述。2006年10月，党的十六届六中全会通过的关于《中共中央关于构建社会主义和谐社会若干重大问题的决定》首次明确提出"坚持把社会主义核心价值观融入国民教育和精神文明建设全过程、贯穿现代化建设各方面"的战略任务。2007年10月，党的十七大报告强调要"切实把社会主义核心价值观融入国民教育和精神文明建设全过程，转化为人民的自觉追求。"2010年6月21日，中共中央政治局召开会议，审议并通过了《国家中长期教育改革和发展规划纲要（2010—2020）》（以下简称《纲要》）。《纲要》特别强调要加强学生的思想道德建设。《纲要》指出："坚持德育为先。立德树人，把社会主义核心价值观融入国民教育全过程。加强马克思主义中国化最新成果教育，引导学生形成正确的世界观、人生观、价值观；加强理想信念教育和道德教育，坚定学生对中国共产党领导、社会主义制度的信念和信心；加强以爱国主义为核心的民族精神和以改革创新为核心的时代精神教育；加强社会主义荣辱观教育，培养学生团结互助、诚实守信、遵纪守法、艰苦奋斗的良好品质。加强公民意识教育，树立社会主义民主法治、自由平等、公平正义理念，培养社会主义合格公民。加强中华民族优秀文化传统教育和革命传统教育。把德育渗透于教育教学的各个环节，贯穿于学校教育、家庭教育和社会教育的各个方面。切实加强和改进未成年人思想道德建设和大学生思想政治教育工作。构建大中小学有效衔接的德育体系，创新德育形式，丰富德育内容，不断提高德育工作的吸引力和感染力，增强德育工作的针对性和实效性。加强辅导员、班主任队伍建设。"[①] 2011年10月，十七届六中全会通过的关于《中共中央关于深化文化体制改革推动社会主义文化大发展大繁荣若干重大问题的决定》强调：必须强化教育引导，增进社会共识，创新方式方法，健全制度保障，把社会主义核心价值观融入国民教育、精神文明建设和党的建设全过程，贯穿改革开放和社会主义现代化建设各领域，体现

---

① 《十七大以来重要文献选编》（中），中央文献出版社2011年版，第868—869页。

到精神文化产品创作生产传播各方面,坚持用社会主义核心价值观引领社会思潮,在全党全社会形成统一指导思想、共同理想信念、强大精神力量、基本道德规范。2013年12月,中共中央办公厅在颁发的《关于培育和践行社会主义核心价值观的意见》中再次明确提出:"培育和践行社会主义核心价值观要从小抓起、从学校抓起。坚持育人为本、德育为先,围绕立德树人的根本任务,把社会主义核心价值观纳入国民教育总体规划,贯穿于基础教育、高等教育、职业技术教育、成人教育各领域,落实到教育教学和管理服务各环节,覆盖到所有学校和受教育者,形成课堂教学、社会实践、校园文化多位一体的育人平台,不断完善中华优秀传统文化教育,形成爱学习、爱劳动、爱祖国活动的有效形式和长效机制,努力培养德智体美全面发展的社会主义建设者和接班人。适应青少年身心特点和成长规律,深化未成年人思想道德建设和大学生思想政治教育,构建大中小学有效衔接的德育课程体系和教材体系,创新中小学德育课和高校思想政治理论课教育教学,推动社会主义核心价值观进教材、进课堂、进学生头脑。完善学校、家庭、社会三结合的教育网络,引导广大家庭和社会各方面主动配合学校教育,以良好的家庭氛围和社会风气巩固学校教育成果,形成家庭、社会与学校携手育人的强大合力。"①

社会主义核心价值观是引领国民教育健康发展的一面精神旗帜。作为一个科学、先进的思想理论体系,社会主义核心价值观是在全社会占主导地位,起着统摄作用的价值观,对国民教育的发展具有根本性的指导意义,指明了国民教育发展的方向。社会主义核心价值观与国民教育在内容和目标方面具有内在的一致性。从内容来看,社会主义核心价值观所包含的三个层面的核心价值同时也是国民教育的重要内容。从目标来看,开展国民教育的根本目的是以德树人,培养有理想、有道德、有纪律、有文化的社会主义公民,而建设社会主义核心价值观的最终目的也是为了促进人的全面自由发展,其现实目标就是要培养有理想、有道德、有纪律、有文化的社会主义公民。这种一致性使得社会主义核心价值观对于国民教育的发展具有极大的引领作用。江泽民曾指出:思想领域的阵地马克思主义不去占领,非马克思主义、反马克思主义的东西必然会去占领。学校是文化传承和创新以及培养人才的主要基地,同时也是各种错误思想和思潮充斥

---

① 《十八大以来重要文献选编》(上),中央文献出版社2014年版,第580页。

的主要场所,因此,在学校教育中必然要有一个占主导地位的文化,没有主导文化的引领,校园文化就会偏离正确的发展方向,势必造成青年大学生思想上的混乱和行为上的错位,甚至导致理想信念动摇。我国学校的社会主义性质决定了学校教育必然以马克思主义为指导,体现社会主义的本质要求,符合社会主义的发展方向。当前,应坚持把社会主义核心价值观的基本要求和内容融入学校教育当中,并充分发挥其对学校教育的主导和引领作用,这样才能充分发挥学校教育对校园社会思潮的正确引导作用。从根本上说,社会主义核心价值观在学校教育中的重要地位是由其基本内容和性质所决定的。社会主义核心价值观是学校教育的思想内核,从根本上规定着校园文化的性质和发展方向。总之,学校教育应始终突出社会主义核心价值观这个主旋律,牢牢把握先进文化的前进方向,积极营造健康向上的校园文化氛围,培养自尊、自信、自强、自立的精神,自觉抵制不良思想的侵蚀,在校园形成知荣辱、讲正气、促和谐的风尚。通过举办各种校园文化活动,使学生在丰富多彩的校园文化活动中增强对社会主义核心价值观的认同感,把他们培养成为对国家、社会、人民有用的人才。

三 将社会主义核心价值观融入校园文化建设之中

文化是人们在生活中实践和传承的思维、行为和组织的方式及其产品。一个民族的文化在其历史的演进中逐渐积淀而形成自己的传统,从而体现了这个民族的价值和伦理观念、思维和行为方式、生活习惯和审美情趣。校园文化是学校特有的一种文化现象,是在学校这一特定的文化氛围里,以广大师生为主体创造的精神财富及其承载这些财富的规章制度、实践活动和物质形态的总和。校园文化在对学生进行社会主义核心价值观教育方面具有十分重要的价值和功能。校园文化所蕴含的功能主要有:一是导向和规范功能。校园文化能以其特有的精神环境和文化氛围、美丽的校园物质环境和各种制度规范潜移默化地对生活在校园中的大学生在思想观念、行为方式、价值取向等起到引导和规范作用,使之符合学校所确定的目标。二是凝聚和激励功能。校园文化是一个学校风格和精神的集中体现,承载着课堂教学无法替代的价值功能。校园文化尤其是其中的校园精神文化对高校师生具有巨大的凝聚力和向心力。校园文化还具有激励功能。它会激发内部组织成员的竞争意识和拼搏精神，使组织成员内心产生积极进取精神。良好的校园文化可以对学生进行全面的教育，促使他们德智体美全面发展。三是教育功能。校园文化能在潜移默化中引导学生树立正确的人生观、价值观，全面提高学生的思想道德素质和科学文化素质，促进学生的全面发展。四是辐射功能。高校校园文化一旦形成较为固定的模式，会向高校外辐射，深刻地影响他人的思想、观念、行为等。也就是说，高校校园文化不仅会对内部组织成员产生各种影响，在高校内部发挥作用，而且还会通过各种渠道影响社会。五是创新功能。校园文化能够作用于生活在其中的组织成员，激发他们的创新意识，开发他们的创新潜能，提高他们的创新能力。正是基于校园文化所蕴含的这些功能使得其在大学生思想行为和价值观的形成中起着重要作用，当前应坚持以社会主义核心价值观为指导，并将其融入校园文化建设，充分发挥校园文化对学生价值观教育中的潜移默化的影响作用。

校园文化是一个有系统、有组织的有机复合体，各个组成部分相互影响、密切联系，共同构成校园文化整体。校园文化主要包括：物质文化、制度文化、行为文化、精神文化、网络文化等各种层次的文化形态。校园文化以其特有的精神环境和文化氛围、美丽的校园物质环境和各种制度规范潜移默化地使生活在校园中的大学生在思想观念、行为方式、价值取向等方面受到影响。正是基于校园文化在学生教育实践中所发挥的重要作用，当前必须将社会主义核心价值观的基本要求贯穿到整个校园文化的建设之中。

第一，将社会主义核心价值观融入校园物质文化建设之中。校园物质文化是校园文化建设的基础和前提，是校园文化建设的重要内容和物质载体，也是校园文化建设的重要支撑。它通过校园的环境布局、建筑风格、绿化美化、环境卫生等文化设施，传递学校的办学理念、审美意识和文化特色。校园物质文化会对学生心理健康和道德构建产生暗示和外在的影响，达到环境育人的效果。在创建优美校园的同时，要注重物质文化建设与社会主义核心价值观的内容有机结合，寓德育于物质文化建设之中，做到思想性与艺术性的有机统一。在校园物质文化建设中要注意以下三点：一是要增强校园物质文化环境的文化品位和艺术含量。在校园物质文化的营造过程中，要注意把学校建筑的实用和审美有机地结合起来。校园建筑的设计者和建设者在设计和建造各种校园建筑时，不但要考虑校园建筑的本原性功能即实用性，同时应把校园建筑看作是一种独特的艺术品，赋予校园建筑更多的文化品位和艺术含量。二是要注意校园物质文化设施的合理布置和安排。在校园物质文化环境的营造过程中，既要做到校园建筑与教学设备、文化设施和生活设施等有机结合，又要做好大小园林、草地、花坛等合理布局，还要充分发挥校报校刊、壁画塑像等文化设施在对大学生进行思想文化和政治教育中的地位和作用。只有这样才能为大学生的健康成长营造一个优美的物质文化环境。三是建造并利用具有历史价值和传承意义的校园景观，为推进社会主义核心价值观大众化营造体现浓郁大学精神的校园物质文化生态。校园物质文化作为校园文化的外在体现，包含了设计者、建设者和使用者的价值观、审美观，具有相当的持久性。尤其是一所具有悠久历史文化传统的高校更是如此，校园内富有历史价值和传承意义的物质景观，向人们诉说着大学发展的历史和典故，展示着大学精神的历史风貌和传统内涵，激励着人们奋发向上，勇往直前。

第二，将社会主义核心价值观融入校园制度文化建设之中。校园制度文化是学校中各种规章制度、管理准则相互联系组成的规范体系。科学的管理和完善的制度是学校理念和办学宗旨的规范化体现，它约束、规范着大学生的行为，使他们在制度中校正观念，在规范中把握方向，从而培养守法遵规、明礼诚信的自我教育观念和道德准则。在学校各种规章制度的制定中，要坚持把社会主义核心价值观的基本要求融入其中，使其既能起强制作用，又能发挥激励规范的作用，使大学生在执行制度、遵守纪律的同时，享有自尊，实现自我价值。从而最大限度内形成大学生的价值认同，全面增强社会主义核心价值观教育的效果。一是坚持把社会主义核心价值观教育与对大学生的日常教育管理制度相结合。高校教育管理部门要把倡导社会主义核心价值观作为分内工作，建立健全有效的激励约束机制，注重在日常教育管理中体现价值向导，使符合社会主义核心价值观的行为得到鼓励，违背社会主义核心价值观的行为受到制约，进而使社会主义核心价值观的要求成为大学生日常学习生活的遵循。要把对大学生的基础道德和文明修养教育与他们日常的行为养成、管理结合起来；把学习、实践与考核结合起来；把过程考核与结果考核结合起来；把对学生的入学教育和毕业教育相结合，培养学生科学的世界观、人生观和价值观。通过这些促进大学生对社会主义核心价值观的认知、认同，使其积极践行社主义核心价值观,不断提高自身思想政治素质。二是坚持把社会主义核心价值观教育与对教师的日常管理制度相结合。高校知识分子往往身兼教师、学者、甚至是思想家等多种角色,本身具有较高的理论水平,且政治嗅觉、思想嗅觉、文化嗅觉都十分灵敏。他们掌握着高校的课堂与学术的话语权,又具有较高的学术威信和理论说服能力,对学生往往会产生潜移默化的影响。尤其是思想政治理论课教师更是如此。思想政治理论课教师是高等学校教师队伍的一支重要力量,是党的理论、方针、政策的宣讲者,是大学生健康成长的指导者和引路人,对于推进和谐校园文化建设,确保校园主流意识形态的主导地位具有十分重要的意义。当前,高校应按照社会主义核心价值观的要求不断创新教师管理制度。要建设一支专业技术水平高、素质过硬、政治觉悟较高的教师队伍;在对教师的管理制度的制定中要始终体现以人为本的价值理念,保证各项人文关怀措施的真正落实。要把对教师的教学管理制度同学习制度相结合,不断提高教师的专业水平和马克思主义理论水平;采取各种措施为教师搭建学术发展的科研平台,做好项目资金的配套和落实等。通过这些使教师充分发挥自己的表率作用,用自己的实际行动去感召青年大学生积极投身于中国特色社会主义的建设事业之中。三是建立和规范礼仪制度,传播主流价值理念。建立和规范一些必要的礼仪制度,举行升国旗仪式、入党仪式等各式各样的仪式活动,是传播主流价值理念,培育爱国主义意识、社会和集体意识,增强学生对社会主义核心价值观认同感的一条重要途径。国旗是国家的象征,通过升降国旗仪式可以使大学生受到直接的爱国主义教育,增强国家和民族观念。入党仪式是集中对大学生进行的党性教育和社会主义、集体主义教育。对于引导大学生继承光荣革命传统,树立集体意识,增强社会责任感,自觉用邓小平理论、"三个代表"重要思想、科学发展观武装头脑,树立和践行社会主义荣辱观,坚定中国特色社会主义的理想信念,为全面建设小康社会、实现中华民族的伟大复兴奋发成才,具有非常重要的意义。四是按照社会主义核心价值观的基本要求,建立和健全高校的领导体制和工作机制。高校宣传部门是社会主义核心价值观的建设部,应在学校党委直接领导下,负起建设的主体责任,发挥牵头抓总、统筹谋划的作用,协调党政各部门的建设工作。此外,还要建立和完善师生参与、专家咨询和集体决策相结合的决策机制和制度,提高决策的科学化和民主化水平。健全干部选拔任用机制,深化干部人事制度改革,注重形成鲜明的选拔任用导向，使真正践行社会主义核心价值观的干部得到褒奖和提拔，违背核心价值体系的人和事受到抑制和惩处，从组织上保证社会主义核心价值观的贯彻落实。建立健全与践行核心价值观相配套的监督约束机制，形成党内监督、群众监督和舆论监督相互作用、相互补充、相互协调的体制机制，切实保障社会主义核心价值观的贯彻落实。

第三，将社会主义核心价值观融入校园精神文化建设之中。校园精神文化是校园文化的核心与灵魂，对整个校园文化的发展起着基本的导向作用，从深层次影响着大学生的行为、理想、信仰等。校园精神文化是指学校在办学过程中逐渐形成并不断趋于稳定的精神成果和意识观念。精神文化涵盖着学校教育管理理念、学术风气、精神风貌、道德心理等诸多方面，不仅是校园文化建设的源泉，体现共同的追求和理想，还是衡量一所学校园文化水平和建设方向的根本尺度。在校园精神文化建设中，最关键的就是要培育学校精神。学校精神是师生员工经过长期努力积淀形成的相对稳定的理想、信仰、道德、情操和追求。学校精神一旦形成，就会通过各种文化形式和活动载体，内化为师生的一种坚强的内在精神力量，从深层次影响着师生员工的行为、理想、信仰等。当前，将社会主义核心价值观融入校园精神文化之中，一是营造优良校风、学风、教风，在全校形成学习和践行社会主义核心价值观的良好风气和氛围。二是科学提炼校训、校歌，进行校史教育是培育大学精神文化，进行社会主义核心价值观教育的重要抓手。三是挖掘与社会主义核心价值观密切相关的传统，积极培育大学精神。每个学校都有自己的传统和独特的精神。学校传统是学校在办学过程中积淀下来的学校优良的物质文化、制度文化和精神文化的体现。尤其是大学精神是对一所大学爱国主义优良传统的最好诠释。大学精神是高校的安身立命之本，是维系高校运转的内在精神力量。

第四，将社会主义核心价值观融入校园行为文化建设之中。校园行为文化也是校园文化建设中的重要内容，学生可通过参加各种校园文化实践活动直接体验和感受社会主义核心价值观的重大意义和价值。首先，加强学生社团组织建设，营造有利于大学生社会主义核心价值观教育的实践舞台。学生社团是指学校中具有共同兴趣和爱好的学生自愿参加和组成的学生团体，在提高学生综合素质、引导学生适应社会、促进学生成长就业等方面发挥着重要的作用，是新形势下高校开展思想政治教育和社会主义核心价值观宣传教育活动的主阵地。因此，加强对大学生的社会主义核心价值观教育，应充分重视和加强学生社团组织建设。在学生社团组织建设中，高校应坚持以社会主义核心价值观为指导，积极组织学生社团开展各种实践活动，探索实践的内容和形式；学校应从政策上支持学生社团的发展，并将其活动纳入到现行的学分制体系和学校的正常管理体系当中，使社团活动实现规范化、制度化。要加强对社团的指导和管理，重视对社团干部的选拔、培训，丰富社团活动内容，加强社团与社会的联系。充分保障学生社团活动的资金来源，注重精品社团的培育，对有价值和有前景的社团给予重点扶持；学生的社团文化活动要能够突出主流价值观的基本要求，并坚持思想性、艺术性、学术性、娱乐性相结合，使学生在潜移默化中受到良好的思想政治和道德教育。其次，将社会主义核心价值观融入丰富多彩的校园活动之中，精心组织各种文体活动，让抽象的理论说教变得生动具体，使学生在实践中不知不觉地接受社会主义核心价值观的宣传教育。要积极组织开展丰富多彩的校园文化活动。举办以社会主义核心价值观为主题的校园文化活动，并以文艺表演、演讲比赛、知识竞赛、创业大赛等多种形式提高广大学生参与活动的积极性。通过参加各类校园文化活动，使学生的认识得到深化、觉悟得到提高。要把校园文化活动的形式与内容有机结合起来，既要注重校园文化活动形式的多样性，又要注重其内涵的深刻性。要精心设计和组织开展内容丰富的思想政治、学术科技、文娱体育等文化活动，把德育、智育、体育、美育渗透到校园文化活动之中，使大学生在活动中思想感情得到熏陶、精神生活得到充实、道德境界得到升华。要着力提升校园文化活动内容的品位，打造独具特色的品牌文化，为丰富广大师生文化生活，促使学生健康成长营造良好的校园文化氛围。要利用重大节庆日、民族传统节日以及开学典礼、毕业典礼等时机，开展爱国主义、民族传统、礼节礼仪等教育。

第五，将社会主义核心价值观融入校园网络文化建设之中。学校校园网络建设比较完善，既具有方便、快捷、信息量大、实效性强的特点，又具有便于管理、易于建设的优势，应该作为建设社会主义核心价值观的有效载体充分利用。然而，网络的开放性也为各种社会思想的涌现和渗透提供了一个广阔的空间。各种各样的社会思潮、"主义"充斥于校园互联网上，在很大程度上削弱了马克思主义在高校意识形态中的主导地位，同时也对学生正确价值观的形成造成了一定的冲击和影响。因此，新时期，学校必须加强校园网络阵地建设，以社会主义核心价值观为指导积极开展生动活泼的网络思想政治教育活动。一是加强网上主流文化和价值观的宣传，形成网上正确的舆论导向。江泽民曾指出："舆论工作就是思想政治工作，是党和国家的前途和命运所系的工作。"① 对于高校来说，当前既要进一步抓好思想政治教育进网络工作，抓好网络思想教育平台建设，又要抓好文化传播平台建设，形成以社会主义核心价值观为主要内容的主流舆论。要加强党的理论和党与国家政策方针的网络宣传与传播，加强对网上热点问题的分析，把学生的情绪引导到健康理性的轨道上来。同时还要根据学生群体的心理特点和接受习惯，遵循思想文化传播规律，既重视内容的更新，也探求形式的改变，不断丰富宣传的内容和方式。二是充分利用校园网络平台开展马克思主义理论和社会主义核心价值观的学习活动。根据网络信息交流的交互性特点，可通过校园网络专门设置马克思主义理论和社会主义核心价值观的学习平台，使大学生自由交流学习经验，提高自身的理论水平。此外，也可通过校方微博或 BBS 论坛开展马克思主义理论和社会主义核心价值观的理论宣介和学习讨论活动。通过这些校园网络平台引导学生由传统的被动式接受教育转变为主动参与思想交流，在思想碰撞中自然而然地接受主流的思想观点。三是以社会主义核心价值观为主题开展作品展示、知识竞赛、设计大赛、征文大赛等丰富多彩的校园网络文化活动，并使学生参与其中。通过各种校园网络文化活动的开展使大学生自身的认识得到深化，觉悟得到提高，精神生活得到充实，道德境界得到升华。四是结合学生的实际，建设特色鲜明、融思想性、专业性、服务性于一体的主题网站。如可通过建设一批特色鲜明的"红色网站"对学生进行思想政治教育，用主流文化和价值观引领学生的思想健康发展。构筑网上文化精品库，通过网络进行名著点阅、名片点映和名曲点播等，对学生进行优秀传统文化的教育，提高学生的文化品位，拓宽学生的视野和知识结构。开辟思想政治理论课网上第二课堂，通过思想政治理论课辅导与答疑、课件、教学媒体资源、网上授课、网上专家讲座等形式对学生进行社会主义核心价值观教育。通过开辟网上团校、党校，让学生了解党史、党情，吸引学生主动靠近党组织，加入党组织，同时为有志加入党组织的青年学生提供学习入党知识的平台。

---

① 《江泽民文选》第 1 卷，人民出版社 2006 年版，第 564 页。

四 将社会主义核心价值观融入教材体系和课堂教学之中

学校是进行社会主义核心价值观宣传教育的主阵地。由于青少年在身心等各方面还不成熟，还不能形成一套自己完整的价值观，面对复杂多样的信息还不能正确地进行选择和取舍。因此，学校在引导学生践行社会主义核心价值观中发挥着重要的作用。要坚持把社会主义核心价值观纳入国民教育总体规划，使其真正进教材、进课堂、进学生头脑。坚定不移地贯彻党的教育方针，把社会主义核心价值观的基本要求同教育目标体系有机结合起来，作为衡量教育是否成功的重要标准，作为衡量教育对象是否合格的重要标准。把社会主义核心价值观的基本要求同各级各类学校的教育内容结合起来，贯穿于学校素质教育、思想政治教育之中，渗透于学校教育的其他学科之中。

教材是课堂教学和学生学习的前提基础。应将社会主义核心价值观融入课程标准的制定和教材的内容体系当中，明确教育教学的鲜明导向。各层次、各学科专业教材的编写应坚持以社会主义核心价值观为指导，把社会主义核心价值观的基本要求和社会主义核心价值观的12个核心价值在教材的内容中充分体现出来。同时，应充分发挥课堂主阵地、主渠道作用，有计划地从各个不同角度和不同方面贯穿和渗透社会主义核心价值观与社会主义核心价值观教育。对于中小学校来说，要充分发挥开设品德与社会、思想品德等主课堂的优势，加强爱国主义教育、理想信念教育、文明行为习惯的养成教育和诚实守信教育，引导学生树立正确的世界观、人生观、价值观，培养有理想、有道德、有文化、有纪律的中国特色社会主义事业的建设者和接班人。

对于高校来说，要通过思想政治理论课这一主渠道，加强对大学生的社会主义核心价值观教育，提高大学生的理论素养。要坚持不懈地通过课堂教学这个主渠道进行马克思主义中国化的最新成果的宣传教育，发挥其对大学生潜移默化的正确导向作用。在当前建设社会主义核心价值观的思想文化背景下，应坚持以社会主义核心价值观为统领，并将其融入思想政治理论课教学全过程，不断推进教学内容、方法体系的改革与创新，从而达到用社会主义核心价值观武装大学生的目的。首先，要紧紧围绕社会主义核心价值观教育的基本要求,将其四个方面的内容融入思想政治理论课的教学内容之中。结合与社会主义核心价值观密切相关的一些重大的理论和现实问题对教学内容进行科学系统的规划和设计。其次,按照社会主义核心价值观教育的要求创新思想政治理论课教学方式和方法。用社会主义核心价值观统领思想政治理论课,不仅要在教学内容上体现建设社会主义核心价值观的要求,而且要坚持解放思想、实事求是、与时俱进这些马克思主义的精髓,努力创新思想政治理论课教学方式和方法,探索体现时代性、反映规律性、富于创造性的思想政治理论课教学新路子,以保证把社会主义核心价值观教育的任务落到实处。思想政治理论课教师应充分认识实践教学在学生正确价值观、理想信念形成中的重要作用。实践证明,通过开展思想政治理论课实践教学活动,是对学生进行思想政治教育行之有效的好方法。高校应鼓励和组织思想政治理论课教师积极开展第二课堂,充分利用学校的实践基地进行思想政治理论课实践教学,并不断丰富实践教学的内容和形式,努力拓展实践教学的渠道和空间。通过实践教学不断加深大学生对全面建设小康社会的认识,深化对科学发展观的理解和对构建社会主义和谐社会的认识,增强对党的基本路线、基本纲领和奋斗目标的理解和认同,树立社会责任意识、历史使命意识和大局意识,培养他们自强自立、艰苦奋斗和乐善仁义的道德情操,做到社会实践与课堂教学、服务社会、勤工助学、创业就业相结合,保障和促进大学生健康发展和早日成才。此外,还要积极开辟思想政治理论课网络教学阵地,抓好思想政治教育进网络工作。网络文化对我国高校社会主义意识形态的影响是双重性的,它一方面为我国高校社会主义主流意识形态建设提供了广阔的发展平台和空间,能够增强社会主义意识形态对广大师生的影响力和吸引力,并为我们开展高校思想政治工作提供有效的手段和方式;另一方面也为我国高校社会主义主流意识形态建设带来了巨大的挑战和压力。在网络世界中,西方尤其是美国利用自己在互联网上的强势主导地位,大肆进行文化渗透和扩张,影响着几乎所有国家尤其是作为西方文化渗透重点的社会主义国家青年大学生的价值观念、思维方式和生活方式。网络社会不同文化、思想观念、价值理念的交融与冲突,错误思潮在互联网上的盛行与传播给大学生的思想行为造成了很大影响,致使一部分大学生包括一些学生党员出现思想迷惘,信仰迷失的不良现象。正是基于校园网络在思想文化传播中的重要位置,以及网络给青年大学生带来的负面影响,高校必须重视互联网的建设、运用、管理，使其成为传播马克思主义、社会主义主流价值观，防止错误思潮侵袭校园文化建设的前沿阵地，为青年大学生学习和掌握马克思主义理论、形成马克思主义的世界观、人生观和价值观、树立中国特色社会共同理想信念、弘扬以爱国主义为核心的民族精神和以改革创新为核心的时代精神、践行社会主义荣辱观提供良好网络文化环境。

学校教育的其他学科也都承担着传承科学知识、塑造健康人格、提高思想道德素质的功能。在中小学，要把社会主义核心价值观的要求渗透到其他各门课程，如语文、生物、历史等课程的教学之中。譬如，通过语文课中的古文诗词可对学生进行优秀传统文化教育，培养学生的爱国情怀，使学生树立起对民族传统文化的认同和对中华民族的热爱。通过历史课堂可对学生进行党的历史教育和国情教育，使学生树立起为实现中华民族的伟大复兴而奉献的光荣使命感和责任感。通过物理、化学、生物等课程，培养学生的创新意识和科学精神。通过音、体、美、劳等课程加强对学生的美育和劳动教育，使学生树立起正确的价值观。在高校，要把社会主义核心价值观的要求渗透到各门专业课之中，将专业教育和思想政治教育结合起来，促进学生的全面发展。尤其是要充分发挥高等学校哲学社会科学课程在社会主义核心价值观的宣传和教育方面的作用。正如 2004 年 10 月由中共中央、国务院下发的《关于进一步加强和改进大学生思想政治教育的意见》中所指出：高等学校哲学社会科学课程负有思想政治教育的重要职责。哲学社会科学中的绝大部分学科都具有鲜明的意识形态属性，对于帮助大学生坚定正确的政治方向，正确认识和分析复杂的社会现象，提高思想道德修养和精神境界具有十分重要的作用。要坚持和巩固马克思列宁主义在意识形态领域的指导地位，在哲学社会科学教学中充分体现马克思主义中国化的最新理论成果，用科学理论武装大学生，用优秀文化培育大学生。要发扬理论联系实际的优良学风，发挥哲学社会科学的优势，紧密围绕大学生普遍关心的、改革开放和现代化建设中的重大问题，做好释疑解惑和教育引导工作。

五　将社会主义核心价值观融入学生的社会实践之中

社会主义核心价值观不仅是个理论命题，同时也具有很强的实践性。

要使社会主义核心价值观广泛深入人心,就必须使人们自觉践行社会主义核心价值观,在践行中把对社会主义核心价值观从心理上的认同升华为内心的一种信仰。只有这样社会主义核心价值观才能得到广大社会成员的普遍认同和接受。因此,对大学生进行社会主义核心价值观教育,既要重视价值观理论的学习和教育,也要重视实践养成。习近平强调:"道不可坐论,德不能空谈。于实处用力,从知行合一上下功夫,核心价值观才能内化为人们的精神追求,外化为人们的自觉行动。"[1] 开展丰富多彩的社会实践活动,可以为学生深刻理解和掌握社会主义核心价值观提供感性基础、理解契机和内化为思想素质的体验机制,对于促进大学生了解社会、了解国情、增强才干、奉献社会、锻炼能力、培养品格具有不可替代的作用。只有在实践中才能使学生切实感受到社会主义核心价值观的价值和意义,才能使其身体力行地积极践行社会主义核心价值观。在社会实践教育活动中,各级各类学校要积极组织学生参加社会调查、志愿服务、公益劳动、科技创新等社会实践活动,不断丰富社会实践的内容和形式,努力拓展社会实践的渠道和空间。应充分重视红色教育基地在学生价值观教育中的作用。定期组织学生到延安、井冈山、红旗渠、焦裕禄烈士陵园、大别山等红色教育基地参观、考察和学习,通过实物和图片,使学生直观地去认识和了解党的革命和建设的奋斗历史,深切地感受到幸福生活的来之不易,从而增强对党的信心和对社会主义的理想信念。在此过程中,使党的艰苦奋斗、敢于争先、勇往直前、为民服务的优良传统和作风在大学生身上得以很好传承。同时,高校要做好大学生的三下乡活动,从经费、政策等各方面对活动予以帮助和支持,使大学生通过下乡调研、支教等多种形式亲身践行和体验社会主义核心价值观,在践行和体验中加深大学生对社会主义核心价值观的认同和理解。高校还要做好大学生城市社区的志愿服务活动,使大学生在社会服务和帮助他人的过程中使自身的情感得到升华,集体和服务意识得到强化,社会责任感得到加强。社区是进行社会实践的一个重要阵地,也是开展社会主义核心价值观教育的一个不可缺少的领域。应加强我国社区和社团建设,把社区服务实践活动纳入国民教育计划,以拓宽核心价值体系教育的渠道。各种社区组织要充分发挥自己的活动优势,通过开展社区志愿者服务、青少年道德评议活动等各

---

[1] 习近平:《习近平谈治国理政》,外文出版社2014年版,第173页。

种行之有效的实践活动，使广大青少年在广泛的实践参与中，切实把外在的道德要求内化为青少年的道德意识、道德习惯和道德品质。此外，可充分利用社会的教育资源对大学生进行价值观教育，如通过开展大型的科技活动、文体活动、重大的节日纪念日、重大历史事件和历史人物的纪念日等活动，使学生参与其中，激发学生的爱国热情和为祖国奉献的精神。通过免费开放文化馆、博物馆、图书馆、科技馆等文化设施和开展社会模范人物事迹的宣介等活动对大学生进行文化教育和思想道德教育。

六　着力构建学校、家庭、社会紧密协作的教育网络

完善学校、家庭、社会三结合的教育网络，引导广大家庭和社会各方面主动配合学校教育，是将社会主义核心价值观融入国民教育的重要保障。江泽民曾经指出："加强和改进教育工作，不只是学校和教育部门的事，家庭、社会各个方面都要一起来关心和支持。只有加强综合管理，多管齐下，形成一种有利于青少年学生身心健康发展的社会环境，年轻一代才能茁壮成长起来。"[①] 2001年我国颁发的《公民道德建设实施纲要》强调："家庭、学校、机关、企事业单位和社会在公民道德教育方面各有侧重、各有特点，是相互衔接、密不可分的统一整体。必须把家庭教育、学校教育、单位教育和社会教育紧密结合起来，相互配合，相互促进。"[②] 社会主义核心价值观的教育是一个系统的工程，必须在全社会形成一种合力，才能使其达到积极的教育效果。因此，新时期必须构筑学校、家庭、社会三位一体的教育网络，为社会主义核心价值观真正融入国民教育之中营造良好的社会氛围。

首先，家庭是社会主义核心价值观教育的基础平台。著名的苏联教育家苏霍姆林斯基曾说，有许多力量参与人的教育过程，其中第一是家庭。美国教育社会学家也认为，对儿童和青年的生活最重要最有力的三种影响

---

① 江泽民：《关于教育问题的谈话》（2000年2月1日），《人民日报》2000年3月1日第1版。
② 《十五大以来重要文献选编》（下），人民出版社2003年版，第1988页。

是家庭、同辈团体和学校。家庭教育是德育和价值观教育的开始，是未成年人社会化的第一个场所。家长的思想理念和价值观念往往会对孩子起到潜移默化的影响，这种对孩子的价值观启蒙教育是其他教育方式和手段所无法比拟的。因此，家庭在进行社会主义核心价值观的传播和教育中扮演着十分重要的角色。马克思曾指出："我们现在假定人就是人，而人对世界的关系是一种人的关系，那么你就只能用爱来交换爱，只能用信任来交换信任，等等。如果你想得到艺术的享受，那你就必须是一个有艺术修养的人。如果你想感化别人，那你就必须是一个实际上能鼓舞和推动别人前进的人。"① 在家庭中，父母不仅要传授给孩子做人的道理，传播正确的价值观、道德观，还要做践行社会主义核心价值观的模范，以自己的行为去潜移默化地影响孩子的行为。只有这样，父母才能够给孩子提供良好的教育和成长环境，培养其健全人格和优良品行。

其次，营造社会环境，加强社会主义核心价值观的渗透式教育。当前，随着经济全球化、文化多元化趋势的不断加强，以及互联网的普及应用，人们的价值取向呈现出多元化的发展趋势，渗透式的教育方式为更多人接受。我们应该重视渗透式教育方式，以耳濡目染、潜移默化、春风化雨般的方式将社会主义核心价值观的教育渗透到社会生活和学校生活的各个方面，使人们能够自觉地树立起正确的世界观、人生观和价值观。新时期，必须加强社会环境的改善，用良好的社会环境促进社会主义核心价值观教育工作的"无意识"化，进行渗透性教育，让受教育者在不知不觉中受到价值观的熏陶，从而达到价值观教育的目的。要充分利用各种文化设施，如博物馆、科技馆、烈士陵园、展览馆、纪念馆、文化遗址、风景名胜等加强对国民尤其是青少年的爱国主义和历史优良传统教育，为其形成正确的人生观、价值观提供良好的环境和场所。1997年7月，中宣部向社会公布了首批百个爱国主义教育示范基地，并以此影响和带动全国爱国主义教育基地的建设。这些基地蕴含着极为丰富的爱国主义教育资源，并有很大的教育感染力量。我国有很多的节假日，每一个节假日都有其特殊的纪念意义，各种重要节日、纪念日，蕴藏着宝贵的道德教育资源。要充分利用"五四"、"七一"、"八一"、"十一"等革命节日，"三八"、"五一"、"六一"等国际性节日，以及民间传统节日、历史人物纪念日等，举

---

① 《马克思恩格斯全集》第3卷，人民出版社2002年版，第364页。

行形式多样的群众性庆祝、纪念活动，增强人们对祖国、对家乡、对自然、对生活的热爱，陶冶道德情操。重大事件也是进行爱国主义和社会主义核心价值观教育的重要途径。如中国的历届全国人民代表大会就是对国民进行国情教育和社会主义价值观念的一次大好机会，它能够加深人们对中国的社会主义基本经济制度和政治制度的了解，使人们看到社会主义的优越性，激发他们的爱国主义热情和对社会主义的向往。中国航天载人飞行的圆满成功、奥运会的成功举办都是对国民进行的一次爱国主义洗礼。

第七章

将社会主义核心价值观融入群众性精神文明创建活动之中

一 群众性精神文明创建活动的内涵及特点

群众性精神文明创建活动是指政府倡导并在全国或地方范围内广泛开展的广大群众积极参与其中的大规模群众性精神文明建设实践活动。群众性精神文明创建活动是精神文明重在建设的重要体现，同时也是将精神文明建设理论转化为人民群众社会实践的主要载体和形式，是提高全社会思想道德素质和教育科学文化素质，培育"四有"新人的关键所在。群众性精神文明创建活动的内涵主要体现为以下几个方面：

首先，群众性精神文明创建活动是精神文明建设实践的重要载体形式。精神文明建设不仅是个重大的理论命题，同时也是一个极富现实意义的实践命题。只有在实践中，精神文明建设的各项任务才能真正得到落实，精神文明建设理论的正确性才能得到实践的检验并充分发挥精神文明建设理论对群众社会实践的指导作用。而开展群众性精神文明创建活动则为精神文明建设实践提供了一个很好的活动平台和载体形式，通过创建活动能够充分凝聚和发挥社会各界群众的智慧和力量，将精神文明建设作为一项系统工程扎扎实实地去做，从而把精神文明建设的各项任务最大限度地落到实处。

其次，群众性精神文明创建活动是由群众首创并广泛参与的活动。群众性精神文明创建活动最首要也是最关键的一点就是它的建设主体是人民群众，具有极大的群众性和广泛性。群众性主要体现在，精神文明创建活动是由人民群众首创而后再由政府倡导并开展的一种精神文明建设实践活动，其内容和素材均是来源于基层干部群众的实践和创造。人民群众中蕴藏着深厚的文化创造源泉，蕴藏着高昂的文化创造热情。因此，开展群众性精神文明创建活动必须尊重人民群众的首创精神，善于发现人民群众中蕴藏的积极向上的思想精神，充分重视人民群众的社会实践对于群众性精神文明创建活动的价值和意义，在全社会营造浓厚的创新氛围，增强人民群众推进创新的积极性和主动性，挖掘人民群众的创造潜能。广泛性主要体现在，群众性精神文明创建活动不是单个公民的一种个人行为，而是由社会成员共同参与的大规模的群体性行为，其涉及人数众多，人员极为广泛，无论是基层群众还是机关干部，无论城市居民还是农村居民都被吸纳到了群众性精神文明创建活动之中。广泛性还体现在，创建活动内容涉及面很广，包含了思想道德、科教文体等精神文明建设的各个领域。

再次，群众性精神文明创建活动不同于一般的由民众组织和参与的民间活动，是由政府主导并开展的活动。虽然群众是精神文明创建活动的主体，创建活动必须有群众的广泛参与，但精神文明创建活动的开展需要有步骤、有秩序地进行，同时，精神文明创建活动是一个系统的精神文明建设工程，需要协调各个方面的力量，调动各个方面资源，以及各个相关职能部门的工作配合，包括精神文明创建活动方案的设计，活动的具体实施等都要求有一个有能力保证精神文明创建活动正常开展的领导者和实施者。再加上群众性精神文明创建活动关注的是公共领域，追求的是整个社会的风气好转和全民族的文明进步，而决非小团体或少数几个人的利益。因此，这个活动的领导者和具体的实施者只能是既能掌握国家政策方针又能掌握各方面资源，能够把群众有效组织起来的政府和相关职能部门，而不可能是其他社会团体或个人。为此，在群众性精神文明创建活动中，必须充分发挥政府的领导作用和组织作用，保证创建活动有序地展开。关于领导者与群众之间的内在关系，毛泽东曾经指出："只有领导骨干的积极性，而无广大群众的积极性相结合，便将成为少数人的空忙。但如果只有广大群众的积极性，而无有力的领导骨干去恰当地组织群众的积极性，则群众的积极性既不可能持久，也不可能走向正确的方向和提到高级的程度。"[①] 即是说，在实践中，只有充分调动和发挥领导骨干与群众的两个积极性，并使之相结合，才能真正把群众组织起来，才能把工作做得更好。对于群众性精神文明创建活动也是如此，要很好地开展创建活动并使之达到预设的目的，就要充分发挥政府在创建活动中的领导和组织作用。政府

---

① 《毛泽东选集》第3卷，人民出版社1991年版，第898页。

应时刻倾听群众呼声，集中群众智慧，在组织群众参与精神文明创建的活动过程中充分发扬民主。同时，应因势利导，做好宣传教育工作，鼓励广大群众积极参与精神文明创建活动。此外，政府还应精心策划一些群众喜闻乐见、行之有效、各具特色的活动方案和内容，使丰富、健康的内容与生动活泼的形式统一起来，以便吸引更多的群众参与其中，真正达到开展群众性精神文明创建活动的目的。

最后，群众性精神文明创建活动的开展具有很强的针对性和目的性。整体而言，开展群众性精神文明创建活动的目的有三个：一是要在创建活动的实践中实现精神文明建设成果由全民共享的任务和目标。二是要在创建活动中使人民群众通过自身的切身感受自觉地接受正确的世界观、人生观和价值观教育，从而提高整个社会的思想道德素质和教育科学文化素质。无论是创建文明城市、文明单位活动，还是创建文明村镇活动，无论是创建文明行业活动，还是各种形式的共建活动，都是着眼于提高人们的思想道德素质和科学文化素质，培育"四有"新人这个根本任务和目标。关于开展群众性精神文明创建活动的目的，从中央文件关于精神文明建设的根本任务和目标所提出的指导性的意见中可以看出。1986 年 9 月，党的十二届六中全会通过的《中共中央关于社会主义精神文明建设指导方针的决议》明确指出："社会主义精神文明建设的根本任务，是适应社会主义现代化建设的需要，培育有理想、有道德、有文化、有纪律的社会主义公民，提高整个中华民族的思想道德素质和科学文化素质。"[①] 这就明确指出了开展群众性精神文明创建活动的根本目的和任务就是要培育"四有"公民，提高整个社会的思想道德素质和科学文化素质。1996 年 10 月，党的十四届六中全会通过的《中共中央关于加强社会主义精神文明建设若干重要问题的决议》明确了我国社会主义精神文明建设的指导思想是："必须以马克思列宁主义、毛泽东思想和邓小平建设有中国特色社会主义理论为指导，坚持党的基本路线和基本方针，加强思想道德建设，发展教育科学文化，以科学的理论武装人，以正确的舆论引导人，以高尚的精神塑造人，以优秀的作品鼓舞人，培育有理想、有道德、有文化、有纪律的社会主义公民，提高全民族的思想道德素质和科学文化素质，团结和动员各族

---

① 《十一届三中全会以来党和国家重要文献选编（一）》（1978 年 12 月—1992 年 9 月），中共中央党校出版社 1998 年版，第 191 页。

人民把我国建设成为富强、民主、文明的社会主义现代化国家。"① 同时，《决议》对我国社会主义精神文明建设要实现的主要目标也做了明确的论述，即"在全民族牢固树立建设有中国特色社会主义的共同理想，牢固树立坚持党的基本路线不动摇的坚定信念；实现以思想道德修养、科学教育水平、民主法制观念为主要内容的公民素质的显著提高，实现以积极健康、丰富多彩、服务人民为主要要求的文化生活质量的显著提高，实现以社会风气、公共秩序、生活环境为主要标志的城乡文明程度的显著提高；在全国范围形成物质文明建设和精神文明建设协调发展的良好局面。"② 这些均为群众性精神文明创建活动的开展提供了指导性的意见和总的要求。

三是要通过群众性精神文明创建活动促进物质文明和精神文明的协调发展。在改革开放和现代化建设的实践中，我们党对于"两个文明"的协调发展给予了高度重视，认识到："建设社会主义精神文明，关系跨世纪宏伟蓝图的全面实现，关系我国社会主义事业的兴旺发达。物质文明是基础，经济建设这个中心必须牢牢把握，毫不动摇，但是精神文明搞不好，物质文明也要受破坏，甚至社会也会变质。"③ 正是基于这种认识，实现物质文明和精神文明的协调发展逐渐成为我国在经济社会发展过程中所坚持的一条基本方针。作为精神文明建设实践的重要载体形式，通过群众性精神文明创建活动的开展，能够极大推进精神文明建设的步伐，从而改变精神文明建设滞后于物质文明建设的局面，促进"两个文明"协调发展。

群众性精神文明创建活动在实践当中也呈现出了自身的一些鲜明特点，除其本身具有的群众性、广泛性、目的性特点之外，还具有层次性、导向性、动态性、基层性、实效性、创新性等特点。层次性是指群众性精神文明创建活动的开展既有全国性的也有地方性的、甚至行业性、单位性的，正是这种多层次的精神文明创建活动把所有群众参与活动的热情和积极性充分地调动起来，以致在精神文明的创建方面形成一股巨大的合力，从而使得创建活动能够在此基础上取得更大的成效。导向性是指群众性精神文明创建活动具有明显的政治和思想导向，创建活动开展的目的就是要

---

① 《十一届三中全会以来党和国家重要文献选编（二）》（1992年10月—1997年9月），中共中央党校出版社1997年版，第364—365页。
② 同上书，第366页。
③ 同上书，第361页。

以活动本身引领健康社会风尚的形成。同时在精神文明活动的创建中渗透和贯穿民主的原则，倡导民主的作风，培育民主的理念，不断提高公民的民主政治素质和参与国家政治生活的能力和水平，促进广大民众对国家政策、路线、方针以及对中国特色社会主义道路的认同。通过精神文明活动的创建还可以将文化知识的传承和学习贯穿其中，使公民在活动中提升自身的文化素质。动态性是指群众性精神文明创建活动不是一个简单的活动的创建和开展问题，而是一个动态的发展过程。活动的内容和形式随着形势的变化而变化，活动的水平随着人们的认识水平和精神生活品位的提高而提高。实效性是指群众性精神文明创建活动要从实际出发，以立为本，持之以恒，贵在落实，务求实效，而不能热衷于坐而论道，玩花架子，搞形式主义。创新性是指群众性精神文明创建活动没有统一模式和固定模式，必须根据时代的发展变化而不断更新和丰富自身活动的内容及活动方案，不断创新活动方式和手段，拓宽活动渠道。在精神文明理论建设方面也要勇于创新，而不能安于现状，故步自封。

二 开展群众性精神文明创建活动的理论根据

从历史经验来看，成功的社会实践总是离不开科学理论的指导，群众性精神文明创建活动的开展也是如此。群众性精神文明创建活动是在马克思主义的思想和理论指导下开展的一项于国于民皆有益处的社会文化实践活动，创建活动的开展有其深刻的内在理论根据。马克思主义的认识论和群众史观等为开展群众性精神文明创建活动提供了重要的理论基础；党的实事求是的思想路线和党的群众观点和群众路线的根本工作路线及科学的领导方法则为开展群众性精神文明创建活动提供了最直接的思想来源和方法论原则。

开展群众性精神文明创建活动是用马克思主义认识论思想来解决精神文明建设问题的一次实践和尝试。马克思主义的认识论认为，实践是认识的来源，是认识发展的动力，认识的辩证过程就是在实践基础上由感性认识到理性认识，又由理性认识到实践的能动飞跃，是实践、认识、再实践、再认识，循环往复，无限发展的过程。马克思、恩格斯把实践的观点引入认识论，以社会实践为基础，运用辩证法考察人类认识运动，揭示了认识的辩证过程。列宁曾对此做出过概括："从生动的直观到抽象的思维，并从抽象的思维到实践,这就是认识真理、认识客观实在的辩证途径。"①毛泽东根据经典作家的论述,对马克思主义的认识论进行了详细的阐述,从而使马克思主义的认识论得到了丰富与发展。他在《实践论》中以社会实践为基础,系统论述了认识与实践的辩证关系,详尽论证了人们认识发展的具体过程,指出从感性认识到理性认识,从理性认识到实践,是认识过程的两次能动的飞跃,并明确把马克思主义的认识论概括为"能动的革命的反映论"。在这篇文章的结尾,毛泽东在全面阐述马克思主义认识论的基础上,对实践与认识即知与行的辩证关系进行了概括和总结,他指出:"通过实践而发现真理,又通过实践而证实真理和发展真理。从感性认识而能动地发展到理性认识,又从理性认识而能动地指导革命实践,改造主观世界和客观世界。实践、认识、再实践、再认识,这种形式,循环往复以至无穷,而实践和认识之每一循环的内容,都比较地进到了高一级的程度。这就是辩证唯物论的全部认识论,这就是辩证唯物论的知行统一观。"② 这一总结被人们概括为"实践—理论—实践"的公式,可以说这一公式是对毛泽东坚持和发展马克思主义认识论基本观点的一个集中概括,同时这一公式也是人类认识运动的一个总公式。开展群众性精神文明创建活动的过程从根本上是符合马克思主义认识论即从实践到理论,再由理论到实践两个基本环节的。群众性精神文明创建活动是由群众首创并由政府主导推行的活动,这本身就表明精神文明创建活动的内容与素材首先是来源于群众的社会实践,然后将群众的成功实践经验加以总结,上升为理论认识,再用新的理论认识去指导群众的进一步实践。群众性精神文明创建活动的开展正是遵循了"实践—理论—实践"这一基本途径,在实践与理论的辩证运动的过程中而不断得以推进与完成的。

此外,开展群众性精神文明创建活动的一个重要的理论基础就是马克思主义的群众史观。与历史上唯心主义的英雄史观不同,马克思主义的群众史观强调了人民群众在推动人类社会进步中的伟大作用,指出人民群众是实现社会变革的决定力量。人民群众不仅是物质财富的创造者,同时也是精神财富的创造者。这就明确了精神文化生产和建设的主体是人民群众,只有人民群众的广泛参与,精神文明建设才能够得以顺利开展,整个

---

① 《列宁全集》第 55 卷,人民出版社 1990 年版,第 142 页。
② 《毛泽东选集》第 1 卷,人民出版社 1991 年版,第 296—297 页。

社会的精神文明程度才能够得以提高。同时，开展群众性精神文明创建活动也是我们党的群众观点与群众路线在精神文明建设中的具体体现。群众路线是以毛泽东为代表的中国共产党人在马克思主义中国化的历程中探索出的一条具有中国特色的根本工作路线。1981年6月，在中共中央通过的关于《建国以来党的若干历史问题的决议》中，我们党对群众路线的内涵作出了科学的概括和总结：群众路线就是一切为了群众，一切依靠群众，从群众中来，到群众中去。"一切为了群众，一切依靠群众"的思想，是中国共产党在中国革命与建设的过程中围绕群众问题而形成的马克思主义的群众观点，是群众路线的核心内容。"一切为了群众"是群众路线的基本出发点和最终归宿，是党的根本宗旨。"一切为了群众"就要坚持把实现人民群众的利益作为一切工作的出发点和归宿，把是否符合人民群众的利益作为自己一切言行的最高标准，并树立向人民群众负责的思想，把全心全意为人民服务落到实处。"一切依靠群众"是党的群众路线的基本立足点。"一切依靠群众"就是无产阶级政党的一切工作，必须紧紧依靠广大人民群众，依靠人民群众的智慧和力量，依靠人民群众的信任和支持，组织群众，领导群众，实现党"为人民服务"的根本宗旨。"从群众中来，到群众中去"是党的基本领导方法和工作方法，是我们党制定与执行纲领、路线、方针、政策的方法和途径。正如毛泽东在《关于领导方法的若干问题》一文中所指出："在我党的一切实际工作中，凡属正确的领导，必须是从群众中来，到群众中去。这就是说，将群众的意见（分散的无系统的意见）集中起来（经过研究，化为集中的系统的意见），又到群众中去作宣传解释，化为群众的意见，使群众坚持下去，见之于行动，并在群众行动中考验这些意见是否正确。然后再从群众中集中起来，再到群众中坚持下去。如此无限循环，一次比一次地更正确、更生动、更丰富。"①

党的群众观点与群众路线为开展群众性精神文明创建活动提供了正确的领导方式和工作方式。"一切为了群众"告诉我们，在精神文明创建活动中要坚持以人为本的理念，全心全意为人民服务，始终将人民群众的根本利益放在首位，使精神文明建设成果由全民共享。毛泽东在《关心群众生活，注意工作方法》一文中指出，要想得到群众的拥护，就必须把群众

---

① 《毛泽东选集》第3卷，人民出版社1991年版，第899页。

的实际生活问题"提到自己的议事日程上","就得和群众在一起,就得去发动群众的积极性,就得关心群众的痛痒,就得真心实意地为群众谋利益,解决群众的生产和生活的问题,盐的问题,米的问题,房子的问题,衣的问题,生小孩子的问题,解决群众的一切问题。"① 这就是说,开展群众性精神文明创建活动要同解决人民群众普遍关心的实际问题结合起来,要坚持做到"三为",即:为群众诚心诚意办实事,尽心竭力解难事,坚持不懈做好事。群众性精神文明创建活动只有同人民群众的利益、需求相结合,把群众关心的热点问题和现实问题作为活动的突破口,从老百姓最关心的事情做起,才能变为广大群众的自觉行动,使人民群众乐于参与,在参与中受到教育,得到提高,又实实在在享受到精神文明建设的成果。"一切依靠群众"就是说,精神文明创建活动的开展要紧紧依靠群众的力量,充分调动群众的积极性,组织和领导群众广泛参与到精神文明活动的创建当中。只有这样,精神文明创建活动才能够有序展开,并取得积极成果。在开展精神文明创建活动的过程中,还要始终坚持"从群众中来,到群众中去"的领导方式和工作方式,妥善处理领导者与群众之间的关系,保证精神文明创建活动的顺利开展。"从群众中来"即是在精神文明创建活动的开展过程中,作为一个领导者和组织者,政府及相关职能部门应深入到群众中去进行调查了解,倾听各方面的意见,获得十分丰富的真实的感性材料,然后运用马克思主义的立场、观点和科学的思维方法,对群众意见进行加工和创造,使之形成集中且系统领导意见和政策。"到群众中去"即是说,将集中起来的领导意见和政策,再回到群众中去,向群众宣传和解释,使之为群众所掌握,并变为群众的行动,在群众的行动中检验这些意见和政策是否正确。然后把群众的反馈意见收集起来,经过再加工、再创造,形成更加科学的领导意见和政策,再放回到群众的实践中去,用以指导群众的新的实践。

党的实事求是的思想路线也为开展群众性精神文明创建活动提供了最直接的思想来源和方法论原则。实事求是原则是以毛泽东为代表的中国共产党人在反对主观主义,特别是教条主义的斗争中,对成功实现马克思主义普遍原理与中国革命具体实践相结合经验的高度哲学概括。它使马克思主义世界观和方法论具体化为中国共产党人的思想路线,并贯穿于马克思

---

① 《毛泽东选集》第 1 卷,人民出版社 1991 年版,第 138—139 页。

主义中国化过程的始终,从思想路线和思想方法上解决了如何将马克思主义中国化的问题。它是指导马克思主义中国化的原则之一,同时也是中国化马克思主义——毛泽东思想活的灵魂。根据毛泽东在《改造我们的学习》一文中对"实事求是"概念的科学阐述,我们可以看出"实事求是"概念的基本内涵就是一切从实际出发,理论联系实际,就是把马克思列宁主义普遍原理同中国具体实际相结合。1980年2月,邓小平在《坚持党的路线,改进工作方法》一文中明确完整地表述了党的实事求是原则:"实事求是,一切从实际出发,理论联系实际,坚持实践是检验真理的标准,这就是我们党的思想路线。"①"实事求是"原则的基本内涵至少包括以下几个方面:

第一,一切从实际出发。一切从实际出发就是从客观事物的实际出发,而不是从"本本"或"原则"出发,把客观存在的实际事物作为观察和研究问题的根本出发点,对客观事物本身进行分析和研究,从而获得对客观事物的本质和规律的正确认识。这是实事求是原则的基本前提。毛泽东在谈到实事求是时,首先强调的就是"应当从客观存在着的实际事物出发,从其中引出规律,作为我们行动的向导。"② 在《实践论》中,毛泽东指出"如果要直接地认识某种或某些事物,便只有亲身参加于变革现实、变革某种或某些事物的实践的斗争中,才能触到那种或那些事物的现象,也只有在亲身参加变革现实的实践的斗争中,才能暴露那种或那些事物的本质而理解它们。这是任何人实际上走着的认识路程。"他告诉我们"你要有知识,你就得参加变革现实的实践。你要知道梨子的滋味,你就得变革梨子,亲口吃一吃。"③ 从毛泽东的精辟阐述中,我们不难看出,实事求是的思想路线是建立在彻底的唯物论基础之上的,即首先承认事物的客观实在,要求人们如实地按客观事物的本来面目认识它,特别是要把握客观事物的发展规律,按客观规律办事。另外毛泽东特别注重唯物论和辩证法的高度统一。唯物主义辩证法认为客观事物不是固定不变的,它不仅会随着时间、地点的不同而变化,就是同一客观事物,其本身也是处于不断的运动变化和发展之中的。一切从实际出发,就要从客观事物的运动、

---

① 《邓小平文选》第2卷,人民出版社1994年版,第278页。
② 《毛泽东选集》第3卷,人民出版社1991年版,第799页。
③ 《毛泽东选集》第1卷,人民出版社1991年版,第287页。

变化、发展而形成的现实出发，坚持一切以时间、地点、条件为转移的辩证法的世界观。人们要想正确认识变化的客观事物及其规律，那就必须在实践的基础上，充分发挥人的主观能动性，即在客观与主观、现象与本质的辩证统一中，运用科学思维的认识方法，注意事物的变化和发展，对其运动变化发展的全过程进行系统而全面的考察和研究，从而获得对这一客观事物发展规律的认识，只有这样才能真正做到实事求是。所以，坚持实事求是，最根本的是要一切从实际出发，即从具体而非抽象的实际出发，从变化发展着的实际出发。

第二，理论与实际相结合。理论与实际相结合是马克思主义最基本的原则之一。马克思恩格斯曾反复强调：马克思的整个世界观不是教义，而是方法，正确的理论必须结合具体情况并根据现存条件加以阐明和发挥。马克思恩格斯提出的这个原则在中国共产党领导的革命和建设中得到了充分的体现，可以说中国共产党已经走过的历程就是把马克思主义的理论同中国革命与建设实际相结合的历程。毛泽东在把马克思主义同中国革命具体实际相结合的过程中，在反对主观主义，尤其是教条主义的斗争中，对理论与实际相结合的思想作了深刻的阐述。在《反对本本主义》一文中毛泽东明确指出："马克思主义的'本本'是要学习的，但是必须同我国的实际情况相结合。"① 在《中国共产党在民族战争中的地位》中，他又强调："马克思列宁主义的伟大力量，就在于它是和各个国家具体的革命实践相联系的。"② 1941年毛泽东在《改造我们的学习》中把理论与实际相结合比喻为"矢"与"的"的关系，指出："'的'就是中国革命，'矢'就是马克思列宁主义。我们中国共产党人所以要找这根'矢'，就是为了要射中国革命和东方革命这个'的'的。"③ 有的放矢就是要把理论与实际相结合，就是主张有目的地应用马克思主义的立场、观点和方法去研究中国革命实际，正确解释中国革命过程中所产生的实际问题，从中引出规律，作为行动的向导。1942年2月毛泽东在《整顿党的作风》一文中对什么是理论与实际相结合做出了经典性的表述，他说："中国共产党人只有在他们善于应用马克思列宁主义的立场、观点和方法，善于应用列宁斯

---

① 《毛泽东选集》第1卷，人民出版社1991年版，第111—112页。
② 《毛泽东选集》第2卷，人民出版社1991年版，第534页。
③ 《毛泽东选集》第3卷，人民出版社1991年版，第801页。

大林关于中国革命的学说,进一步地从中国的历史实际和革命实际的认真研究中,在各方面作出合乎中国需要的理论性的创造,才叫做理论和实际相联系"。① 后来在中共七大《论联合政府》的政治报告中,毛泽东又把理论与实际相结合,规定为中国共产党的优良作风之一,认为这是共产党区别于其他任何政党的一个显著的标志。要做到理论与实际相结合,就要坚持"不唯上,不唯书,要唯实"的马克思主义观点,把马克思主义的普遍原理同中国革命和建设的具体实际结合起来,作出合乎中国需要的理论性的创造,以指导中国革命与建设的实践。这是实事求是的根本途径。

第三,"没有调查就没有发言权"。调查研究是彻底的唯物主义原则在实际工作的运用,是实现把马克思列宁主义和中国实际正确结合起来、坚持实事求是原则的基本方法。要做到实事求是,把马克思列宁主义和中国实际正确结合起来,就要对中国的实际有深入、透彻的认识和了解,对实际情况进行全面的调查研究。毛泽东历来重视根据中国社会与革命的实际去研究马克思主义。1930年5月,针对当时共产党和红军内部普遍存在的教条主义倾向,他写了《反对本本主义》,提出了"思想路线"的概念,得出了"没有调查就没有发言权"的结论。他强调调查研究是一切工作的第一步,"调查就像'十月怀胎',解决问题就像'一朝分娩'。调查就是解决问题。"② 他认为离开实际调查就要产生唯心的阶级估量和唯心的工作指导,其结果不是产生机会主义就是产生盲动主义,纠正本本主义的最好办法就是向实际情况作调查。1931年,毛泽东在《关于调查人口和土地状况的通知》中,又提出了"不做正确的调查同样没有发言权"的口号,对"没有调查就没有发言权"的口号作了补充和发展,使之更加周密和完备。在1937年7月他在《实践论》中再次强调了调查的重要性,指出:"实际工作者须随时去了解变化着的情况,这是任何国家的共产党也不能依靠别人预备的。所以,一切实际工作者必须向下作调查。对于只懂得理论不懂得实际情况的人,这种调查工作尤有必要,否则他们就不能将理论和实际相联系。"③ 针对教条主义曾把他得出的"没有调查就没有发言权"的结论讥讽为狭隘经验论的错误言论,毛泽东坚持说"至今不悔","不但不

---

① 《毛泽东选集》第3卷,人民出版社1991年版,第820页。
② 《毛泽东选集》第1卷,人民出版社1991年版,第110—111页。
③ 《毛泽东选集》第3卷,人民出版社1991年版,第791页。

悔，我仍然坚持没有调查是不可能有发言权的。"①

第四，坚持实践是检验真理的唯一标准。这是实事求是原则的价值评判标准。实践的观点是马克思主义首要的、基本的观点。马克思主义认为人们的实践是主观见之于客观的东西，它具有把人的认识和客观实际联系起来的特性，只有实践才能完成检验认识是否符合客观世界及其规律的任务。毛泽东坚持了马克思主义以实践为基础的能动的革命的反映论，他在《实践论》一文中针对党内教条主义轻视实践这一点，全面阐述了实践在人的认识过程中的地位与作用，强调实践是全部认识的基础，并得出了实践是检验真理标准的结论。在这篇文章中，他指出："判定认识或理论之是否真理，不是以主观上觉得如何而定，而是依据客观上社会实践的结果如何而定。真理的标准只能是社会的实践。"② 在1940年1月所写的《新民主主义论》中，毛泽东进一步论述了真理的实践标准问题，强调了实践标准的唯一性。他指出"真理只有一个，而究竟谁发现了真理，不依靠主观的夸张，而依靠客观的实践。只有千百万人民的革命实践，才是检验真理的尺度。"③

从上述对实事求是原则内涵的分析可知，在开展群众性精神文明创建活动的实践中坚持实事求是的思想原则，就是要从变化了的实际出发，不断创新创建活动的内容和形式，根据实际情况，制定出切实可行的活动方案；要坚持将理论同群众的社会实践相结合，根据群众的实践经验不断丰富和完善理论的内容，实现指导理论上的与时俱进；要在活动的开展过程中深入群众做精心的调查研究，从而使政府在制定政策方针以及活动方案时能够真正反映群众的意见和呼声。

三 中国共产党探索群众性精神文明创建活动的历史进程与基本经验

中国共产党在领导中国革命与建设的过程中，为适应时代与形势的发展，在精神文明建设领域开展过许多主题鲜明、内涵丰富、形式多样

---

① 《毛泽东选集》第3卷，人民出版社1991年版，第791页。
② 《毛泽东选集》第1卷，人民出版社1991年版，第284页。
③ 《毛泽东选集》第2卷，人民出版社1991年版，第663页。

的大规模的群众性运动。早在20世纪30年代初江西瑞金的中央苏区，为加强对苏区群众的共产主义精神教育，改变苏区农村愚昧落后的局面，中国共产党展开了大规模的文化和精神文明建设活动。譬如，为提高苏区群众的文化和识字水平，在苏区开展了广泛的扫盲识字运动，成立了各级各类的学校、识字组、俱乐部等，对苏区群众进行共产主义的阶级教育；为普及卫生常识，提高苏区群众的卫生意识，改变苏区疾病、瘟疫横行肆虐的状况，在苏区开展了大规模的卫生防疫运动。苏区政府通过夜校、识字班、俱乐部等各种渠道，利用张贴标语、集会表演、诗歌画刊等多种形式，为苏区居民讲解卫生防疫知识，并鼓励其积极投身和参与到政府倡导的卫生防疫运动之中；为改变苏区农村宗教迷信盛行的落后状况，引导苏区民众建立文明健康的生活方式，苏区政府在群众中间开展了扫除宗教迷信运动，号召群众起来自动地加入到不烧香、不敬菩萨和废除神像等活动当中；为改变苏区妇女地位低下，把广大妇女从各种封建束缚中解放出来，实现男女平等，苏区政府开展了轰轰烈烈的妇女解放运动。在延安时期，为提高广大党员干部的马克思主义理论水平，党中央号召在全党开展了一场大规模的整风运动和学习马列主义理论的运动。

新中国成立初期，为消除封建遗毒和旧社会的一切恶习，净化社会风气，改变社会成员的精神面貌，形成良好的社会风尚，新中国政府在文化和精神文明建设方面开展了一系列的大规模群众运动。一是在全社会开展以"五爱"为核心的国民公德教育运动。1949年9月召开的新政协会议通过的《中国人民政治协商会议共同纲领》明确提出：要提倡爱祖国、爱人民、爱劳动、爱科学、爱护公共财物为中华人民共和国全体国民的公德。1950年7月至9月《人民教育》连续刊发徐特立撰写的《论国民公德》，对"五爱"的基本内容做了全面的解读。二是为彻底肃清烟毒、娼妓、迷信、旧的婚姻制度等封建遗毒给社会带来的危害，在新中国政府的领导下，在全社会开展了一场规模宏大的禁绝烟毒、取缔娼妓制度、打击封建迷信、废除旧的婚姻制度的群众性的社会改造运动，极大地改变了旧的封建习气，使整个社会的风气焕然一新。三是为扫除文盲，提高群众的识字水平和文化水平，从1949年新中国成立到1960年在全国范围内先后开展了三次大规模的扫盲识字运动，扫盲班遍布工厂、农村、部队、街道等，约有1.5亿人参加了扫盲班和各级各类业余学校的学习。此外，还开展了爱国卫生运动和轰轰烈烈的学雷锋活动。

十一届三中全会后,为恢复被十年"文革"破坏和扭曲的社会风气和社会秩序,满足人民群众建设新生活的要求和愿望,许多地方政府均开展了多种形式的群众性精神文明教育实践活动。1981年2月,在总结地方开展精神文明教育实践活动经验的基础上,全国学联、全国伦理学学会、全国总工会、共青团中央、全国妇联、中央爱卫会等九个单位等全国性的人民团体组织联合发起《关于开展文明礼貌活动的倡议》,提出要在全国人民特别是青少年中开展以"讲文明、讲礼貌、讲卫生、讲秩序、讲道德"和"心灵美、语言美、行为美、环境美"为主要内容的"五讲四美"活动,从而拉开了80年代群众性精神文明创建活动的序幕。"五讲四美"活动的开展得到中央很多部委的支持,中宣部、教育部、文化部、卫生部、公安部等纷纷发出通知,表示支持活动的开展。此后这项活动又与共青团中央提出的"三热爱"(即热爱祖国、热爱社会主义、热爱中国共产党)活动结合起来。1983年3月,中央成立了"五讲四美三热爱"委员会,之后,各地方也都成立了专门的"五讲四美三热爱"委员会以推进活动的顺利开展。"五讲四美三热爱"委员会的成立标志着这一活动已经成为社会主义精神文明建设的一项经常性的工作。"五讲四美三热爱"活动的开展极大地改变了人民群众的精神面貌,促进了社会风气的明显好转。除此之外,在20世纪80年代,在全国范围内还开展了军民共建活动以及创建文明村镇、文明城市、文明单位、文明小区活动等。

1986年9月,党的十二届六中全会通过的《中共中央关于社会主义精神文明建设指导方针的决议》对开展群众性精神文明创建活动提出了明确的指导意见,即:"在广大城乡要积极开展移风易俗的活动,提倡文明健康科学的生活方式,克服社会风俗习惯中还存在的愚昧落后的东西。婚嫁丧葬中的陋习要改革,封建迷信要破除。这种改革,要在尊重健康民俗的前提下,在自愿基础上,由群众自己来进行,共产党员、共青团员要率先倡导。"[1] 随后,党的十四大提出"精神文明重在建设"的基本方针,并要求"搞好社区文化、村镇文化、企业文化、校园文化的建设,进一步开展军民共建、警民共建文明单位等群众性活动,把精神文明建设落实到城

---

[1] 《十一届三中全会以来党和国家重要文献选编(一)》(1978年12月—1992年9月),中共中央党校出版社1998年版,第196页。

乡基层。"从这些文件可以看出，虽然此时群众性精神文明创建活动的概念还没有正式提出，但中央已经对群众性精神文明创建活动提出了明确的要求和指导性的政策和方针。群众性精神文明创建活动作为一个规范的概念首次提出是在1996年10月召开的党的十四届六中全会，在这次全会上通过了《中共中央关于加强社会主义精神文明建设若干重要问题的决议》，对群众性精神文明创建活动的开展提出了更加明确和深入的指导意见。《决议》首先明确了开展群众性精神文明创建活动的重要战略意义，指出："全国各地广泛开展的群众性精神文明创建活动，是人民群众移风易俗、改造社会的伟大创造，有助于两个文明建设任务有机结合，落实到基层。"[1] 其次，阐明了开展群众性精神文明创建活动的主要内容和要求，提出："要深入持久地开展文明家庭、文明单位和军民共建、警民共建等精神文明创建活动，开展群众性文化、卫生、体育和科学普及活动，倡导文明健康的生活方式，建设社区文化、村镇文化、企业文化、校园文化。坚持开展拥军优属、拥政爱民活动和民族团结进步活动，增强军政、军民团结和民族团结。"[2] 最后，强调了创建活动重点要开展的几项活动，即要以提高市民素质和城市文明程度为目标，开展创建文明城市活动；要以提高农民素质、奔小康和建设社会主义新农村为目标，开展创建文明村镇活动；要以服务人民、奉献社会为宗旨，开展创建文明行业活动。2013年12月，《人民日报》刊登中共中央办公厅印发的《关于培育和践行社会主义核心价值观的意见》，对精神文明创建活动做了进一步的要求，提出要"深化群众性精神文明创建活动。各类精神文明创建活动要在突出社会主义核心价值观的思想内涵上求实效。推进文明城市、文明村镇、文明单位、文明家庭等创建活动，开展全民阅读活动，不断提升公民文明素质和社会文明程度。广泛开展美丽中国建设宣传教育。开展礼节礼仪教育，在重要场所和重要活动中升挂国旗、奏唱国歌，在学校开学、学生毕业时举行庄重简朴的典礼，完善重大灾难哀悼纪念活动，使礼节礼仪成为培育社会主流价值的重要方式。加强对公民文明旅游的宣传教育、规范约束和社会监督，增强公民旅游的文明意识"[3]。

---

[1] 《十一届三中全会以来党和国家重要文献选编（二）》（1992年10月—1997年9月），中共中央党校出版社1997年版，第373页。

[2] 同上。

[3] 《十八大以来重要文献选编》（上），中央文献出版社2014年版，第585页。

中国共产党在长期探索群众性精神文明创建活动的过程中积累了丰富的实践经验。主要体现在以下几个方面：

第一，在精神文明构建活动中必须坚持马克思主义的认识论和实践观，实现指导理论与群众实践的有机统一。马克思主义的认识论认为实践的观点是认识论的首要的基本观点，马克思主义者总是从主体与客体、主观与客观的关系中把握实践，毛泽东认为实践是"主观见之于客观的东西"。所谓实践就是主体能动地改造和探索客体的社会性的客观物质活动，它之所以高于认识，是由于它不仅具有普遍性的品格，而且还具有直接现实性的品格。实践在人的认识活动中的作用是非常大的，它是整个人类认识的基础，对认识起着决定性作用。我们强调实践在认识论中的决定性作用并不意味着就轻视理论的作用。马克思主义认为人们认识世界的目的就在于改造世界，而要达到改造世界的目的，就必须要用理论来指导，理论一经形成并为群众所掌握，就会转化为改造世界的巨大的物质力量。中国共产党在探索群众性精神文明构建活动的实践中始终坚持理论与实践的统一，在实践中对来自群众中间的丰富的感性材料进行理论概括与总结，然后再用这些理论去指导群众的实践，并在群众实践中使其得到检验、丰富和发展。

第二，群众性精神文明创建活动的主题内涵不是一成不变的，而是要随着时代的发展变化而不断地变化、丰富和发展。这就是说，精神文明创建活动的主题总是要与不同历史阶段上的时代的要求相适应、相符合。因此，在精神文明建设的实践中，要根据不同历史阶段上的时代的不同要求，实现精神文明创建活动主题上的与时俱进性，活动主题要始终紧扣时代特征，凸显时代主题，反映人民群众的真实需求。

第三，在群众性精神文明创建活动中要坚持一般号召和个别指导相结合的工作方法。一般号召和个别指导相结合的工作方法是"个别——一般——个别"认识辩证运动原理在实际工作中的具体体现。毛泽东在《关于领导方法的若干问题》中提出了"一般号召和个别指导相结合"的工作方法，这一工作方法是毛泽东把他概述的"个别——一般——个别"认识辩证运动过程原理具体应用于实际工作中而总结出来的。他指出："从许多个别指导中形成一般意见（一般号召），又拿这一般意见到许多个别单位中去考验（不但自己这样做，而且告诉别人也这样做），然后集中新的经验（总结经验），做成新的指示去普遍地指导群众。"① 这就是"一般号召与个别指导相结合"的方法，也就是由"点"到面，"点"和"面"相结合的方法。这一方法要求领导者在群众性精神文明构建活动中要把一般号召和个别指导结合起来，在提出一般号召后，选择一个或几个具有代表性的单位或组织，即选择几个"点"，将号召的工作深入实施，检验自己提出的一般号召是否正确。在此过程中详细了解该单位的一些具体情况，并亲自指导这些单位的负责人具体地解决单位的实际问题，借以取得典型经验，从而充实一般号召的内容，然后以"点"带"面"，利用检验和充实过的一般号召去普遍地指导其他的单位。这正如毛泽东所说："任何领导人员，凡不从下级个别单位的个别人员、个别事件取得具体经验者，必不能向一切单位作普遍的指导。"② 他告诫全党，如果只限于一般号召，即只有"面"上的工作，而不去作具体的个别的指导，就有使一般号召归于落空的危险；如果满足于工作任务的一般号召，而不注重和不善于在做了一般号召后，紧接着从事个别的具体的指导，使自己的号召停留在嘴上、纸上、会议上，就会形成官僚主义的作风。因此，在实践中开展群众性精神文明创建活动，必须坚持一般号召和个别指导相结合的工作方法。

第四，在群众性精神文明创建活动中要始终处理好领导与群众之间的关系，坚持"领导骨干同广大群众相结合"的工作方法。"领导骨干同广大群众相结合"是"群众—领导—群众"工作方法原理在实际工作中的具体体现，也是群众路线的基本工作方法。精神文明建设实践的主体是人民群众，这就决定了精神文明建设的实践实质上是人民群众的实践。中国共产党在开展群众性精神文明创建活动的实践过程中，始终坚持群众路线，真正实现了领导与群众相结合。毛泽东曾在《关于领导方法的若干问题》一文中对"领导骨干同广大群众相结合"的工作方法进行了详细的论述。他指出，"领导骨干同广大群众相结合"的工作方法要求首先在一个单位内部形成以该单位的首要负责人为核心的少数积极分子组成的领导骨干，并使这一领导骨干和广大群众密切结合，凭借这批领导骨干团结群众中的积极分子，提高中间分子，争取落后分子，充分调动并组织好群众的积极性，以便更好地实现对广大群众的领导，圆满地完成党的工作任务。在

---

① 《毛泽东选集》第3卷，人民出版社1991年版，第900页。
② 同上书，第898页。

"领导骨干同广大群众相结合"中,毛泽东特别强调把群众的积极性同领导骨干的积极性结合起来。针对党内存在的忽视把组织领导骨干与广大群众相结合的做法,毛泽东告诫全党:如果不注重和不善于团结积极分子组成领导核心,不注重和不善于使这种领导核心同广大群众密切地结合起来,就会使自己的领导变成脱离群众的官僚主义的领导。毛泽东认为,"凡属真正团结一致、联系群众的领导骨干,必须是从群众斗争中逐渐形成,而不是脱离群众斗争所能形成的。"[①] 他指出许多地方和机关工作推不动的原因就是缺乏一个团结一致、联系群众的经常健全的领导骨干。而要有一个经常健全的领导骨干就必须不断地提拔在斗争中产生的积极分子,去替换原有骨干中相形见绌的分子,或腐化了的分子。正是由于中国共产党在群众性精神文明创建活动中始终处理好了领导与群众之间的关系,采取了把"领导骨干同广大群众相结合"的工作方法,从而使每一阶段上的群众性精神文明创建活动均达到了预期的目的。

第五,在群众性精神文明创建活动中要始终坚持手段和目的的辩证统一。开展群众性精神文明创建活动的目的是为了在活动的实践中对群众进行知识文化教育和思想道德教育,通过这种方式逐步实现全社会思想道德水平和教育科学文化水平的提高。为了达到这个目的,就必须在精神文明建设的过程中通过创建活动把群众参与和从事精神文明建设事业的积极性和主动性不断激发出来,这就要求在活动的创建过程中,要始终围绕精神文明创建的主题,努力探索丰富多样的活动形式,从而使群众能够在活动中不仅得到身心的愉悦,同时也受到很好的教育和启迪。

四 群众性精神文明创建活动对精神文明建设的重要意义

群众性精神文明创建活动在精神文明建设的推进方面具有十分重要的战略性意义。主要表现为:

第一,群众性精神文明创建活动是社会主义精神文明建设的重要内容和建设实践的主要载体。社会主义精神文明建设既要靠理论的创新来推进,也要靠群众的实践活动来推进。群众的实践活动能够为精神文明建设

[①] 《毛泽东选集》第3卷,人民出版社1991年版,第898页。

的发展提供不竭的动力和丰富的给养,因此,群众性精神文明创建活动既是社会主义精神文明建设的一项重要内容,同时也是社会主义精神文明建设由理论走向实践的一个主要的桥梁和载体。群众性精神文明创建活动对社会主义精神文明建设的桥梁和载体作用主要是由社会主义精神文明重在建设的文化发展规律所决定的。作为科学的理论,社会主义精神文明源于实践,又在指导实践的过程中实现其价值。要使社会主义精神文明在实践中发挥作用,必须以建设为前提,这样才能真正内化为人们的价值观念、外化为人们的自觉行动。丰富和完善这一科学体系,也必须以建设为基础,这样才能不断把我们对社会主义精神文明的认识推向前进。

第二,群众性精神文明创建活动是把物质文明建设和精神文明建设的任务有机结合并落实到基层的有效途径。坚持物质文明和精神文明两手抓两手都要硬是推进中国特色社会主义建设事业必须坚持的一条基本方针。江泽民曾指出:"必须坚持物质文明与精神文明的共同进步。社会主义社会作为人类历史上崭新的社会形态,是以经济建设为重点的全面发展、全面进步的社会。经济、政治、文化协调发展,两个文明都搞好,才是有中国特色社会主义。"[①] 由于精神文明建设,渗透在整个物质文明建设之中,体现在经济、政治、文化、社会生活的各个方面。因此,"加强精神文明建设,不单是思想文教部门的任务,而且是各条战线和一切部门的任务,是全党全军和全国各族工人、农民、知识分子和其他劳动者、爱国者的共同的长期的任务。"[②] 正是基于群众性精神文明创建活动体现出的这种广泛性和群众性,因而通过创建活动的开展能够很好地实现物质文明建设和精神文明建设任务的有机结合,并顺利地将它们贯彻落实到基层。关于这个问题,有的学者指出:"群众性精神文明创建活动,大至文明城市、文明小区,小至文明单位、文明村镇,都把促进经济发展、转变社会风气,提高人的素质的任务和要求结合起来,把两个文明建设的总任务、总目标分解为一个城市、一个单位、一个村镇的具体任务、具体目标,既促进经济建设持续快速健康发展,促进改革深化、开放扩大,又树立了城市、单位、乡村的良好形象,同时还着力提高广大市民、职工、农民的综合素

[①] 江泽民:《论党的建设》,中央文献出版社2001年版,第318—319页。
[②] 《十一届三中全会以来党和国家重要文献选编(一)》(1978年12月—1992年9月),中共中央党校出版社1998年版,第191页。

质。一条途径，多管齐下；一种载体，多方收效。"① "群众性精神文明创建活动以制定文明公约、推行文明工程、倡导文明行为、营造文化设施等形式，将精神文明建设的观念形态和物质设施形态两大方面内容加以量化和具体化，具有极强的操作性、实务性和考核性。既有提高精神文明水平的意义，也有发展社会主义生产力的效力，保证了'两手抓、两手都要硬'的根本方针得以切实贯彻执行。"②

第三，开展群众性精神文明创建活动，是提高社会成员素质和整个社会文明程度的关键环节。群众性精神文明创建活动是人民群众移风易俗、改造社会的伟大创造，是整个精神文明建设中最有活力的部分。精神文明创建活动的主题都十分鲜明，符合时代进步的潮流和社会主流文化的发展方向。开展群众性精神文明创建活动就是要使人民群众在活动中逐步树立起正确的世界观、人生和价值观，养成良好的习惯和品格，提高自身的思想道德素质和科学文化素质，从而达到用活动来促使良好社会风尚形成的目的。如，开展创建文明城市活动的目的在于提高市民素质和城市文明程度；开展创建文明村镇活动的目的在于提高农民素质、奔小康和建设社会主义新农村；开展创建文明行业活动的目的在于服务人民、奉献社会。通过这些活动的开展，会对参与其中的群众的世界观、人生观和价值观起到潜移默化的影响，从而在全社会形成正确的价值导向，推动社会的不断发展和进步。

第四，开展群众性精神文明创建活动，对于调动广大群众积极参与精神文明建设实践具有十分重要的作用。群众性精神文明创建活动在开展过程中始终坚持群众路线，遵循以人为本的价值理念，把活动的内容及移风易俗、改造社会的根本任务和要求同解决群众的实际问题有机结合起来，真实反映了广大群众的呼声，代表了群众利益和要求。正是由于创建活动与人民群众的现实利益要求息息相关，因此，对于政府开展和倡导的精神文明创建活动，群众的反映是积极的，大部分群众都易于接受和乐于参加。而广大群众的积极参与和具体的实践活动无疑对推进精神文明建设的创新和发展会起到重要的作用。

---

① 戴舟：《深入开展群众性精神文明创建活动》，《理论前沿》1996年第18期。
② 徐波：《论群众性精神文明创建活动》，《求索》1996年第6期。

五 将社会主义核心价值观融入群众性精神文明创建活动之中

将社会主义核心价值观融入群众性精神文明创建活动之中是由两者之间内在的辩证关系所决定的。一是社会主义核心价值观是我国在思想文化领域提出的创新理论，作为思想文化的核心与灵魂，社会主义核心价值观是精神文明建设的根本所在，因此，各类精神文明创建活动都要在内容上突出社会主义核心价值观的鲜明主题和思想内涵。二是任何思想的灌输和精神的养成，都需要广泛的社会基础，需要人民群众自觉而广泛参与的一系列社会活动作为载体。社会主义核心价值观要内化为社会公众的价值追求，更需要广大群众的广泛参与，需要贯穿于社会生活之中，需要各种各样的社会活动作为载体。群众性精神文明创建活动是提高社会文明程度的有效途径，是人民群众移风易俗、改造社会、建设美好生活的伟大创造，为人们为践行社会主义核心价值观提供了一个行之有效的载体。

首先，要将社会主义核心价值观的基本要求纳入群众性精神文明创建活动的目标和任务体系之中。群众性精神文明创建的各项活动，如开展文明城市、文明村镇、文明行业、文明单位、文明家庭和军民共建、警民共建等精神文明创建活动，开展群众性文化、卫生、体育和科学普及活动等都要始终紧紧围绕这一目标和任务体系，为社会主义核心价值观建设提供良好的社会环境和群众基础。各种群众性精神文明创建活动，要突出思想内涵，以社会主义核心价值观为主题，把马克思主义指导思想、中国特色社会主义共同理想、以爱国主义为核心的民族精神和以改革创新为核心的时代精神、社会主义荣辱观贯穿到群众性精神文明创建活动之中。具体来讲，一是要以提高市民素质和城市文明程度为目标，将社会主义核心价值观的基本要求融入文明城市活动的创建之中。在文明单位、文明小区的创建活动中，要将社会主义核心价值观的基本要求分解并量化成各种具体的细目，作为评比文明单位、文明小区的一个重要的参考依据。对于贯彻落实社会主义核心价值观比较好的单位，给予文明单位、文明小区的称号以做表彰。同时还要将社会主义核心价值观融入开展文明市民教育的活动实践中，以社会主义核心价值观为主导应制订完善文明市民公约、守则，用以规范市民的行为，使市民在活动实践自觉践行社会主义核心价值观体系,实现自我教育、自我管理、自我提高,不断提升自身的思想道德素质和文化素质。此外,也要将社会主义核心价值观作为评选文明市民的一条重要的标准和依据,从而发挥其在形成健康、良好社会风尚方面的引领和示范作用。二是以提高农民素质、奔小康和建设社会主义新农村为目标,将社会主义核心价值观的基本要求融入文明村镇活动的创建之中。在文明村镇的创建活动中,要以社会主义核心价值观为主导内容,制定乡规民约,破除陈规陋习,反对封建迷信,反对赌博,反对婚丧事大操大办,倡导科学文明健康的生活方式。特别要将社会主义核心价值观的基本要求融入文明农户的评比活动之中,将其作为提升农民思想素质和文化素质的一条重要途径。三是以服务人民、奉献社会为宗旨,将社会主义核心价值观的基本要求融入文明行业活动的创建之中。最关键的就是要将社会主义核心价值观的要求融入各行各业规章制度制定中。建设社会主义核心价值观,要充分认识社会主义核心价值观与各种社会规范的内在关系,以社会主义核心价值观统率、指导、贯穿其他规范的建设,把社会主义核心价值观的内容和要求渗透和体现在各种规范之中。要按照社会主义核心价值观的基本要求,健全各行各业的规章制度,使社会主义核心价值观要求融入社会生活,让人们在实践中感知它、领悟它,成为日常工作生活的行为规范。各行各业都要加强职业道德建设,弘扬职业精神,规范行业行为,把实践中加强道德建设的好经验、好做法充实到具体行为准则之中。完善具体行为准则,既要突出共性,又要体现本地区、本部门、本单位特点;既要体现社会主义核心价值观建设的要求,又要同有关法律法规相统一。要充分发扬民主,广泛征求群众意见,使各项行为准则易记、易懂、易行,易于监督。政府应广泛发动群众,对照社会主义核心价值观,修订完善行业章程、职业规范等具体行为准则,让人们在参与中受到教育、得到提高。各行各业都要根据自身特点,对职工普遍进行职业责任、职业道德、职业纪律的教育,加强岗位培训,规范行业行为,树立行业新风。积极探索以倡导行业新风为目的的各种形式的竞赛和评比活动,使行业职工在活动中能够自觉接受并践行社会主义核心价值观。四是以构建和谐的家庭关系、军民关系和警民关系为目标,将社会主义核心价值观的基本要求融入文明家庭及军民共建、警民共建的创建活动之中。家庭是整个社会的细胞、基层单位,因而家庭关系的和谐与否直接关系着整个社会的和谐程度。同时,家庭教育也是整个社会教育的基础,对于每个人的身心健康成长会起到至关重要的作用。因此，构建一个和谐的家庭关系，是提高家庭教育质量，促进人的素质提高，提升整个社会文明程度的关键所在。构建和谐的家庭关系，就要按照社会主义核心价值观的基本要求，深入开展文明家庭的评比和构建活动，以及对父母、对孩子的教育实践活动等。同时，要坚持以社会主义核心价值观为指导，以构建和谐的军民关系和警民关系为目标，推进军民共建、警民共建的创建活动。军民共建、警民共建活动是当前精神文明创建活动的一个重要内容，深入开展军民共建、警民共建活动，有利于军民和警民之间的团结，对于整顿社会秩序，转变社会风气具有十分重要的作用。因此，在军民共建、警民共建活动中，要积极探索如拥军模范的评比活动、好军嫂、好警嫂的评比活动等各种活动形式，并将社会主义核心价值观的基本要求融入其中。此外，还要以深入开展群众性文化、卫生、体育和科学普及活动以及大规模的群众性道德实践活动，尤其是做好社会主义核心价值观在群众中间的宣传与教育活动，倡导文明、健康的生活方式。通过精神文明建设创建活动深入持久的开展，促进社会主义核心价值观在全社会的广泛认知和积极践行。

其次，在精神文明的创建活动中，通过开展礼节礼仪教育活动和大型的文体、科技活动及各种节庆日纪念活动等，培育社会的主流价值观念。建立和规范一些必要的礼仪制度，举行升国旗仪式、成人仪式、入党入团入队仪式等各式各样的仪式活动，是传播主流价值理念，培育爱国主义意识、社会和集体意识，增强人们对社会主义核心价值观认同感的一条重要途径。国旗是国家的象征，通过升降国旗仪式可以使人们受到直接的爱国主义教育，增强国家和民族观念。应根据《中华人民共和国国旗法》，严格坚持有关升挂国旗制度。在重要场所和重要活动中把升挂国旗、奏唱国歌作为一件重要的事情来抓，在中小学校，要把组织学生参加升国旗仪式活动作为爱国主义教育的重要手段。成人仪式是一个人告别少年时代、步入成人世界的仪式，在人的一生中具有重要意义。通过组织成人仪式活动可激发青年学生的爱国主义热情，强化成人意识，引导他们在学会关心、学会负责、学会参与中把自己培养成为热爱国家，热爱人民，孝敬父母，关心他人，富有责任感和高尚品德，具有开拓精神、拼搏精神的社会公民。入党入团入队仪式是集中对人们尤其是青少年进行的党性教育和社会主义、集体主义教育。它对于引导人们继承光荣革命传统，树立集体意识，增强社会责任感，自觉用邓小平理论、"三个代表"重要思想、科学发展观武装头脑，树立和践行社会主义荣辱观，坚定中国特色社会主义的理想信念，为全面建设小康社会、实现中华民族的伟大复兴奋发成才，具有非常重要的意义。此外，在学校开学、学生毕业时举行庄重简朴的典礼以及组织重大灾难哀悼纪念活动等也都是学生及民众进行社会主义核心价值观教育的重要途径和手段。

以各种大型文体、科技活动为载体，利用各种节庆纪念活动，开展社会主义核心价值观实践教育。充分利用博物馆、科技馆、烈士陵园、展览馆、纪念馆、文化遗址、风景名胜等各种文化设施，通过开展活动，组织参观游览，加强对国民尤其是青少年的爱国主义和历史优良传统教育，为其形成正确的人生观、价值观提供良好的环境和场所。我国有各种重要节日、纪念日，每一重要节日、纪念日都有着特殊的纪念意义，蕴藏着宝贵的道德教育资源。充分利用"五四"、"七一"、"八一"、"十一"等革命节日，"三八"、"五一"、"六一"等国际性节日，以及民间传统节日和重大历史事件、历史人物纪念日等，举行形式多样的群众性庆祝、纪念活动，使人们在集体聚会、合家团圆的同时，增强对祖国、对家乡、对自然、对生活的热爱，陶冶道德情操。利用一些重要的节假日对国民进行爱国主义和核心价值体系教育。如通过纪念"端午节"让人们了解屈原的爱国情操，并懂得自古中国人民就有坚贞不屈的爱国精神；通过纪念五四运动让人们了解中国人民特别是爱国青年，为了民族的生存，开展了反帝反封建的斗争史实，激发民族自尊心和自强不息的精神；通过纪念"七一"建党节、"八一"建军节、"十一"国庆节，让人们了解我党我军的成长史和奋斗史，充分认识到社会主义制度的优越性，明确"没有中国共产党，就没新中国"的道理，从而坚定对中国共产党的信念，坚定对社会主义的信念。

再次，在群众性精神文明创建活动的实践中，要深入开展学习先进活动，充分发挥榜样的示范作用。核心价值观的建设和培育本质上是道德教化的过程。而道德教化，包括"言传"和"身教"两个方面。中国的德治传统尤其重视身教的作用，即所谓"身教重于言教"。在实践中，应充分发挥两类群体在践行社会主义核心价值观方面的示范和引导作用。一是充分发挥党员干部的先锋模范作用。我国是共产党领导的社会主义国家，广大党员干部在改革开放和现代化建设过程中处在关键地位，担负着教育人，引导人的工作，在社会生活中表现出怎样的思想道德水平、精神境界，对其他社会成员的行为起着一种示范作用。党员干部的引领示范是风向标，其导向作用是非常明显的。毛泽东曾指出，中国共产党人"这种先锋分子是胸怀坦白的，忠诚的，积极的与正直的；他们是不谋私利的，唯一地为着民族与社会的解放；他们不怕困难，在困难面前总是坚定的，勇往直前；他们不是狂妄分子，不是风头主义者，而是脚踏实地富于实际精神的人们，他们在革命的道路上起着向导的作用。"① 在建设社会主义核心价值观的过程中，应充分发挥广大党员干部的示范和导向作用，每个党员干部都要以身作则、率先垂范，用自己的模范行动和人格力量为群众作出表率，成为实践社会主义核心价值观的模范，做共产主义远大理想和中国特色社会主义共同理想的坚定信仰者、科学发展观的忠实执行者、社会主义荣辱观的自觉实践者、社会和谐的积极促进者。二是充分发挥各行各业先进典型和劳动模范的示范作用。1999年9月，《中共中央关于加强和改进思想政治工作的若干意见》明确提出：改革开放和现代化建设中涌现出来的先进集体和先进人物，体现了时代精神，是实践社会主义精神文明的楷模。先进典型、劳动模范的事迹和精神风貌对于一般群众具有很强的感染力和号召力。因此，在精神文明的创建实践中要注重运用先进典型影响和带动群众，采取多种形式，大力宣传他们的感人事迹和高尚品质，从而在全社会形成崇尚先进、学习先进、争当先进的良好风气。

最后，在精神文明的创建活动中，要坚持以人为本，吸引群众参与，使创建活动成为陶冶道德情操、提高思想素养的过程，成为融洽人际关系、促进团结和谐的过程。在活动的创建过程中，要切实解决民生问题，为社会主义核心价值观的培育奠定群众基础。民生问题是一个伴随着人类生存和发展全过程的基本问题。只要有人类存在，民生问题就存在，解决民生问题，就是要解决与群众利益和需要相关的实际问题。马克思曾经说过："人们所为之奋斗的一切，都同他们的利益有关。"② 社会主义核心价值观建设离开群众的实际需要，就会流于空谈。在社会主义条件下，人的需要是多层次、多方面的，既有物质方面的需要，也有精神方面的需要。人的物质需要或生存需要是第一位的，"人们为了能够'创造历史'，必须

---

① 《毛泽东文集》第2卷，人民出版社1993年版，第42页。
② 《马克思恩格斯全集》第1卷，人民出版社1995年版，第187页。

能够生活。但是为了生活，首先就需要吃喝住穿以及其他一些东西。"① 在培育社会主义核心价值观中凸显人文关怀，就应把解决思想问题同解决实际问题结合起来，首先满足人们的生存需要，切实解决民生问题。要坚持以人为本，着力保障和改善民生，了解群众心声，倾听群众意见，关心群众疾苦，针对人民群众最关心、最直接、最现实的利益问题，做好就业、收入分配、社会保障、看病、子女上学、生态环境保护、安全生产、社会治安、食品医药安全等方面的工作，使人们充分感受到社会主义核心价值观的重大实践价值。同时也应看到，随着生产力的发展和生活水平的提高，人们需求的范围在不断扩大，满足或供给的条件也在日益拓展。旧的需求满足了，新的需求又会产生。因此，要从根本上解决民生问题，就必须始终坚持以经济建设为中心，不断发展生产力，极大地增加社会财富，为改善民生奠定坚实的物质基础。还要坚定不移地推进改革开放事业，坚持社会主义市场经济的改革方向，适应社会发展要求，推进经济体制、政治体制、文化体制、社会体制改革，保障人民群众的民主权利和合法权益，实现社会公平与正义，为改善民生提供良好的社会环境。通过民生问题的切实解决，使人们从思想上理解和认同党的主张，自觉接受社会主义核心价值观，不断夯实培育社会主义核心价值观的群众基础。

---

① 《马克思恩格斯选集》第 3 卷，人民出版社 1995 年版，第 79 页。

第八章

将社会主义核心价值体系融入精神文化产品创作生产之中

1997年5月，江泽民在中央精神文明建设指导委员会第一次全体会议上的讲话中指出："人类社会发展的历史证明，一个民族，物质上不能贫困，精神上也不能贫困，只有物质和精神都富有，才能成为一个有强大生命力和凝聚力的民族。"[①] 然而，文化的作用和力量最终还要靠精神文化产品这个主要载体来呈现。尤其是随着我国经济社会的进一步发展和人们对精神文化的需求日渐增多，生产和创作出更多、更丰富的精神文化产品就成为摆在每个精神文化工作者面前的一个异常紧迫而重要的任务。精神文化产品在弘扬社会主旋律，引领社会健康思想文化和良好道德风尚的形成方面具有十分重要的价值和作用。这就要求在精神文化产品的创作和生产的过程中应始终坚持正确的价值导向，要以社会主义核心价值观为指导，并将其基本内容和要求融入其中，从而生产和创作出更多的优秀精神文化产品，以满足人们多样性的精神文化需求，提高整个社会的思想道德水平和教育科学文化水平。

一 精神文化产品的本质内涵及价值意蕴

精神文化产品是相对于物质产品而言的，是精神文化生产者脑力劳动的智慧结晶。与物质产品相比，精神文化产品呈现出自身的一些特点。

其一，精神文化产品是精神文化生产者创造出来的一种观念形态的产品。精神文化产品是精神文化内涵的一种外在延续和体现。与物质文化不同，精神文化属于观念形态的文化，包含了有关人类社会生活的思想理

---

① 《江泽民论有中国特色社会主义（专题摘编）》，中央文献出版社2002年版，第382页。

论、道德风尚、文学艺术、教育和科学等精神方面的内容。毛泽东在《新民主主义论》中也明确指出:"一定的文化是一定社会的政治和经济在观念形态上的反映。"[①] 毛泽东在这里讲的就是精神文化,也即观念形态的文化。作为观念形态的产品,精神文化产品是一种融思想理论、道德风尚、文学艺术、教育、科学等精神内容于一体的产品形式,是精神文化价值意蕴和功能能够得以有效体现的主要载体。

其二,精神文化产品的生产者往往是具有很高专业知识和文化素质的知识分子。物质产品的生产以体力劳动为主,对于生产者知识和文化素质的要求并不高,一个只有小学文化水平的劳动者按照既定的流程也可以完成整个生产活动。精神文化产品的生产则不同,精神文化产品的生产过程本身就是一个知识的再生产和再创造过程,是劳动者脑力劳动的结果。从总体上说,文化产品的生产包含精神生产和物化生产两个环节。精神生产是生产文化产品的第一个环节,这一环节对于劳动者的文化素质一般要求较高,它需要劳动者对生产对象进行观念的加工和改造,从而形成观念形态的产品。物化生产是文化产品生产的第二个环节,这一环节需要将观念形态的精神产品通过一定的物质载体而呈现出来供人消费。因此,精神文化产品的生产属于脑力生产活动,因而对文化生产者的专业素质、文化知识和能力要求也很高。

其三,精神文化产品的创造须经过精神文化生产者的抽象思维加工。精神文化产品是精神文化生产者通过脑力劳动对生产对象进行思维加工所创造出来的观念形态的文化产品。有学者对此做了深刻分析,认为精神文化产品的生产是生产主体对生产客体运用复杂思维进行能动创造的结果。主要表现在两个方面,"首先,从科学知识形态的文化精神产品的形成上看,生产主体脑力劳动者在其思维运行中,采取了从感性到理性,并且主要以理性的抽象形式和逻辑方法,对纳入实践范围的客体的反映再现,是透过感觉到的客体外在形象、属性信息,经思维的简化、压缩、筛选,对其内在必然性加以把握,并通过思维的建构和再编码,使其客观内容以主观观念的经验认识和理性认识,积淀于精神文化成果中。这里明显表现出来的脑力劳动者主观能动的智能性创造,成为文化生产的基本特征。其次,更大量的文化产品则是以审美艺术的形态,来满足社会的精神文化生

---

① 《毛泽东选集》第2卷,人民出版社1991年版,第694页。

活的需求。这些文化产品的形成，是在艺术家、文艺工作者等生产主体的思维运作中，又侧重以形象思维为主要形式，来把握反映客体。这时尽管必须借助一定的物质表现材料，但主体的信仰、人生观、心态、情感、意志、审美价值取向、道德习俗，甚至某些非理性思潮影响，也都交融或渗透于直觉的、灵感的和想象的智能性能动创造中。所以，无论生产创造的结果还是过程，又都十分鲜明地展示出生产创造主体风格、表现形式和技法的主观个性倾向。"①

其四，精神文化产品实现了外在价值与内在价值的统一。精神文化产品首先是以观念形态的形式存在于文化产品生产者的头脑和抽象思维当中，然后再由观念形态的文化产品以一定的物质形态为载体而被创造出来，因此，精神文化产品是观念产品和物化产品的内在结合，实现了其外在价值与内在价值的统一。精神文化产品的外在价值主要体现为，精神文化产品同物质产品一样，一方面可以满足人的需要；另一方面也会给文化产品的创造主体和生产主体带来一定的经济价值。然而，精神文化产品的特殊决定了其价值更主要的不是体现在外在价值上，而是体现为其内在价值，即精神文化产品的创造与生产的目的主要是为满足人们日益增长的精神文化的需求。同时，精神文化产品也具有社会主流文化与意识形态的宣传与教育的政治功能，对于维护统治阶级的统治地位和社会的安定有序和政治稳定都会起到很重要的作用。因此，精神文化产品不仅仅是供人娱乐，单纯满足人们精神上的一种享受的产品，而是一种具有育人化人，对人们的思想行为和价值理念，乃至对社会的发展都具有很大影响的产品。

其五，精神文化产品具有双重属性和双重效益。作为一种较为特殊的产品，精神文化产品不仅具有商品属性，也具有社会属性。作为商品，精神文化产品同样有着自身的使用价值。精神文化产品的使用价值就是用来满足人们的精神文化生活的需求，然而，具有使用价值并不一定能够成为商品，如果精神文化产品的创作与生产仅仅供创作者和生产者自己消费，那么就不能称其为商品。对此，马克思曾经说过："谁用自己的产品来满足自己的需要，他生产的就只是使用价值，而不是商品。要生产商品，他不仅要生产使用价值，而且要为别人生产使用价值，即生产社会的使用价

---

① 齐学栋、崔凤恒：《精神文化生产探析》，《北方论丛》1994年第3期。

值。"① 这就是说，精神文化生产者创作和生产出的文化产品，只有供别人消费和使用，满足别人的精神文化需要时，才能称其为商品。而这种对别人精神文化需要的满足是通过交换来实现的，因此，文化产品作为一种商品，同样要具有交换价值。除商品属性外，更重要的是文化产品的社会属性。文化产品的创作和生产的目的不仅仅是为了作为商品用来交换，更重要的是满足人们的日益增长的精神文化需求，提高整个社会思想道德素质和教育科学文化素质，促进人的自由而全面的发展，从而推动社会健康有序发展。精神文化产品的双重属性决定了精神文化产品既具有社会效益又具有经济效益，不能由于文化产品具有商品属性而忽略其社会属性，也不能因为具有一定的社会属性而轻易否定其商品属性。精神文化产品的商品属性，决定了精神文化产品的生产要遵循商品生产的一般规律，要受到市场法则的制约力求以最少的投入获取最多的产出，尽可能取得最大的经济效益。正如有的学者所说："精神文化生产作为整个社会生产的一部分，也存在经济的投入与产出，要考虑经济效益从而受经济规律的制约。尤其在商品经济时代，为满足文化需求从而对文化产品文化劳务的消费享受权，大部分是在流通中通过货币占有权的相互让渡而实现的，所以文化生产这时带有商品生产的特性，必然受制于价值规律与市场机制。"② 精神文化产品作为一种商品，当然要追求经济效益，然而，经济效益好并不能代表精神文化产品的价值大，精神文化产品的价值主要不在于获得了多少经济利润，而在于它的思想价值、艺术价值、审美价值，以及对人的素质的提高、社会的发展等所发挥的重要作用和意义等。因此，精神文化产品的社会属性决定了精神文化产品的创作和生产必须以社会效益作为最高价值准则和评价标准。

精神文化产品不管是对于个人的身心健康成长还是对于社会的有序发展都具有十分重要的价值和意义。

首先，精神文化产品生产的目的是满足人们日益增长的精神文化需求。马克思、恩格斯认为，人的需要即人的本性，"在任何情况下，个人总是'从自己出发的'，但由于从他们彼此不需要发生任何联系这个意义上来说他们不是唯一的，由于他们的需要即他们的本性，以及他们求得满

---

① 《马克思恩格斯选集》第2卷，人民出版社1995年版，第119页。
② 齐学栋、崔凤恒：《精神文化生产探析》，《北方论丛》1994年第3期。

足的方式，把他们联系起来（两性关系、交换、分工），所以他们必然要发生相互关系。"① "任何人如果不同时为了自己的某种需要和为了这种需要的器官做事，他就什么也不能做"②。人的需要是多样的，具有层次性，既有物质层面的需要也有精神层面的需要。在人的多样性的需要中，物质需要是第一位的，也是最基础的。物质需要亦即人的生存需要，但人类的需求并不到此为止，人们在满足了物质方面最基本的需求外，会花费更多的时间去寻求精神方面的满足，并为满足自身发展的需要而不懈努力和奋斗。正如恩格斯所言："人类的生产在一定的阶段上会达到这样的高度：能够不仅生产生活必需品，而且生产奢侈品，即使最初只是为少数人生产。这样，生存斗争——假定我们暂时认为这个范畴在这里仍然有效——就变成为享受而斗争，不再是单纯为生存资料而斗争，而是也为发展资料，为社会地生产发展资料而斗争"③。精神层面的需要即精神文化需求是人类更高层次的需求，同时也是人类所具有的一种特殊需求。改革开放以来，随着人们物质生活的日渐富足，精神文化方面的需求也在日益增多，人们渴望用健康丰富的精神文化产品来愉悦身心、浸润心灵、丰富精神世界。

其次，精神文化产品在提高人们思想道德素质和教育科学文化素质方面扮演着重要的角色。胡锦涛在《在纪念党的十一届三中全会召开30周年大会上的讲话》中指出："人的素质是历史的产物，又给历史以巨大影响。任何时候都不能以牺牲精神文明为代价换取经济的一时发展。"④ 可以说，人的素质问题直接关系到我国社会主义事业的兴旺发达和中华民族的伟大复兴。一个社会拥有了高素质的人才，也就拥有了不断发展的资本和希望。中国特色社会主义事业同样要靠高素质的人才来推进。1986年9月党的十二届六中全会通过的《中共中央关于社会主义精神文明建设指导方针的决议》强调："在社会主义条件下，努力改善全体公民的素质，必将使社会劳动生产率不断提高，使人和人之间在公有制基础上的新型关系不断发展，使整个社会的面貌发生深刻的变化。这是我国社会主义现代化事

---

① 《马克思恩格斯全集》第3卷，人民出版社1960年版，第514页。
② 同上书，第286页。
③ 《马克思恩格斯全集》第34卷，人民出版社1972年版，第163页。
④ 《十七大以来重要文献选编》（上），人民出版社2009年版，第802页。

业获得成功的必不可少的条件。"① 然而，公民素质与涵养的提升必须通过精神文明建设和精神文化产品的创作和生产来实现。人们通过对精神文化产品的消费在享受丰富多彩的精神生活的同时，也使自身素质得到了很大提高。

再次，精神文化产品是传播主流价值观念，巩固全社会共同思想基础的需要。马克思、恩格斯曾经指出："共产党人的理论原理，决不是以这个或那个世界改革家所发明或发现的思想、原则为根据的。这些原理不过是现存的阶级斗争、我们眼前的历史运动的真实关系的一般表述。"② 精神文化产品是精神文化的重要载体，是对社会的指导理论、主流的思想文化、价值观念、道德风尚等精神方面内容的一种外在体现，是引领社会风气健康发展、提高人们文化素质、思想政治素质和道德素质的重要平台和形式。从这个意义上说，精神文化产品具有一定的阶级性和政治性，任何一个社会所创造和生产的精神文化产品都不可避免地为统治阶级服务，是统治阶级对被统治阶级进行有效思想控制，保障社会秩序正常运转的思想武器。同一切阶级对立的社会不同，在社会主义条件下，精神文化产品要能够体现社会主义社会的主流文化和价值观念，要为社会主义社会的发展服务。精神文化产品不是为少数的剥削阶级服务而是为广大的人民群众服务。因此，精神文化产品不仅仅是要供人们娱乐，更主要的是承担着宣传和传播社会主流文化和价值观念的重要任务，是当前在全社会进行马克思主义文化和社会主义核心价值观教育，巩固全社会共同思想基础的主要途径和手段。

最后，精神文化产品承载着建设社会主义文化强国的梦想。马克思主义哲学告诉我们，物质决定精神，精神对物质起着反作用。精神的力量往往是巨大的。"就单个人来说，他的行动的一切动力，都一定要通过他的头脑，一定要转变为他的意志的动机，才能使他行动起来"③。就一个国家和民族来说，"如果没有自己的精神支柱，就等于没有灵魂，就会失去凝聚力和生命力。有没有高昂的民族精神，是衡量一个国家综合国力强弱的一个重要尺度。综合国力，主要是经济实力、技术实力，这种物质力量是

---

① 《十一届三中全会以来党和国家重要文献选编（一）》（1978年12月—1992年9月），中共中央党校出版社1998年版，第191页。
② 《马克思恩格斯选集》第1卷，人民出版社1995年版，第285页。
③ 《马克思恩格斯选集》第4卷，人民出版社1995年版，第251页。

基础，但也离不开民族精神、民族凝聚力，精神力量也是综合国力的重要组成部分。"① 这就是说，精神的力量不仅为民族的发展准备了必要的精神条件，在一定条件下还可以转化为强大物质力量，使一定的物质力量发挥出更好更大的作用，从而推动着民族国家不断发展和进步。精神文化产品是精神力量的主要承载者，对于增强全民族文化创造活力，全面提高人民群众的思想道德素质和科学文化素质，不断提升中华文化国际的影响力具有十分重要的作用。

二 马克思主义关于精神文化生产的理论

精神文化生产是人类社会生产不可缺少的一个重要组成部分，在历史上有很多学者对此问题进行过详细的论述和探讨。然而，在马克思、恩格斯之前，人们对精神文化生产问题的研究不是从唯心主义的历史观出发，就是建立在形而上学的思想体系之上。古典经济学家从"物"的角度来研究，把精神生产看作是国民经济财富增长的手段。古典哲学家的主要代表人物黑格尔则把精神的东西看作是绝对观念的一种显现，把精神生产理解为抽象的、无主体的、神秘的"绝对精神"。而费尔巴哈则把精神生产当作抽象的人的本质的一种显现，具有明显的人本主义的痕迹。马克思、恩格斯从唯物主义的历史观出发，在批判、继承前人思想的基础上提出了科学的精神文化生产理论，其内涵主要包含以下几点：

其一，精神文化生产是人类社会生产的一个重要组成部分。马克思、恩格斯认为，人类社会生产包括物质生产、精神文化生产和人类的自身生产三大类，其中精神文化生产诸如"宗教、家庭、国家、法、道德、科学、艺术，等等，都不过是生产的一些特殊的方式"②。

其二，精神文化生产受社会生产普遍规律的制约。马克思、恩格斯在《神圣家族》一书中写道，在物质生产领域，物质产品的价值由生产该物品所需要的劳动时间所决定，那么，精神生产的领域也是如此。"如果我想合理地行动，在确定某种精神作品的规模、结构和计划时，难道我不必考虑生产该作品所必需的时间吗？如果不考虑时间，我至少会遇到一种危

---

① 《十五大以来重要文献选编》（上），人民出版社2000年版，第549页。
② 《马克思恩格斯文集》第1卷，人民出版社2009年版，第186页。

险，即我思想中的物品永远不会变为现实中的物品，因而它也就只能获得想象中的物品的价值，也就是想象的价值。"①

其三，精神文化生产受物质生产和物质生活的制约。社会存在决定社会意识是马克思主义的一个最基本的原理。马克思在《〈政治经济学批判〉序言》中明确指出："人们在自己生活的社会生产中发生一定的、必然的、不以他们的意志为转移的关系，即同他们的物质生产力的一定发展阶段相适合的生产关系。这些生产关系的总和构成社会的经济结构，即有法律的和政治的上层建筑竖立其上并有一定的社会意识形式与之相适应的现实基础。物质生活的生产方式制约着整个社会生活、政治生活和精神生活的过程。不是人们的意识决定人们的存在，相反，是人们的社会存在决定人们的意识。"② 精神文化生产从实质上说就是社会意识的生产，从根本上受物质生产和物质生活的制约，是物质生产和物质生活在精神文化方面的一种观念体现。主要表现为三点：一是精神文化生产的发展是以物质生产的发展为基础的，"正像达尔文发现有机界的发展规律一样，马克思发现了人类历史的发展规律，即历来为繁芜丛杂的意识形态所掩盖着的一个简单事实：人们首先必须吃、喝、住、穿，然后才能从事政治、科学、艺术、宗教等等；所以，直接的物质的生活资料的生产，从而一个民族或一个时代的一定的经济发展阶段，便构成为基础，人们的国家设施、法的观点、艺术以至宗教观念，就是从这个基础上发展起来的，因而，也必须由这个基础来解释，而不是像过去那样做得相反。"③ 二是精神文化生产正是物质活动的结果。正如马克思所言："思想、观念、意识的生产最初是直接与人们的物质活动，与人们的物质交往，与现实生活的语言交织在一起的。观念、思维、精神交往在这里还是人们物质关系的直接产物。表现在某一民族的政治、法律、道德、宗教、形而上学等的语言中的精神生产也是这样。"④ 三是精神文化生产一定要与物质生产相适应。马克思指出："要研究精神生产和物质生产之间的关系，首先必须把这种物质生产本身不是当做一般范畴来考察，而是从一定的历史的形式来考察。例如，与资本主义生产方式相适应的精神生产，就和与中世纪生产方式相适应的精神生产不

---

① 《马克思恩格斯文集》第1卷，人民出版社2009年版，第270页。
② 《马克思恩格斯选集》第2卷，人民出版社1995年版，第32页。
③ 《马克思恩格斯选集》第3卷，人民出版社1995年版，第776页。
④ 《马克思恩格斯文集》第1卷，人民出版社2009年版，第524页。

同。如果物质生产本身不是从它的特殊的历史的形式来看,那就不可能理解与它相适应的精神生产的特征以及这两种生产的相互作用。"①

其四,精神文化生产具有相对的独立性。文化生产有着自己的特殊性,它的发展并不一定与物质生产发展同步。文化生产繁荣时期并不一定是在物质生产最发达的社会。马克思写道:"关于艺术,大家知道,它的一定的繁荣时期决不是同社会的一般发展成比例的,因而也决不是同仿佛是社会组织的骨骼的物质基础的一般发展成比例的。……当艺术生产一旦作为艺术生产出现,它们就再不能以那种在世界史上划时代的、古典的形式创造出来;因此,在艺术本身的领域内,某些有重大意义的艺术形式只有在艺术发展的不发达阶段上才是可能的。如果说在艺术本身的领域内部的不同艺术种类的关系中有这种情形,那么,在整个艺术领域同社会一般发展的关系上有这种情形,就不足为奇了。"② "一旦它们的特殊性被确定了,它们也就被解释明白了。"③

其五,精神文化生产具有鲜明的阶级性和政治性。正如马克思所说:"支配着物质生产资料的阶级,同时也支配着精神生产资料"④。在资本主义社会,精神文化生产从实质上是为资产阶级服务的,是资产阶级借以维护自身统治和利益的工具。而社会主义条件下的精神文化生产则是为社会主义的发展服务的,精神文化生产代表的是以无产阶级为代表的劳动群众的根本利益,其目的是为了满足人们日益增长的精神文化的需求,促进人的全面而自由的发展。

中国共产党在领导中国革命和建设的过程中,非常注重精神文化生产,重视精神文化产品在宣传马克思主义理论,对人民群众进行无产阶级的思想教育方面的作用。中国共产党精神文化生产理论的主要内容包括:一是精神文化生产的素材来源于人民群众的社会实践生活。毛泽东于1942年5月在延安文艺座谈会上的讲话中指出:"一切种类的文学艺术的源泉究竟是从何而来的呢?作为观念形态的文艺作品,都是一定的社会生活在人类头脑中的反映的产物。革命的文艺,则是人民生活在革命作家头脑中的反映的产物。人民生活中本来存在着文学艺术原料的矿藏,这是自然形

---

① 《马克思恩格斯全集》第26卷(第1册),人民出版社1972年版,第296页。
② 《马克思恩格斯文集》第8卷,人民出版社2009年版,第34页。
③ 同上书,第34—35页。
④ 《马克思恩格斯选集》第1卷,人民出版社1995年版,第98页。

态的东西,是粗糙的东西,但也是最生动、最丰富、最基本的东西;在这点上说,它们使一切文学艺术相形见绌,它们是一切文学艺术的取之不尽、用之不竭的唯一的源泉。"① 这就是说,精神文化产品的创作和生产离不开群众的社会实践,是精神文化生产者深入群众生活的结果,是对群众真实生活的一种反映。二是精神文化产品的创作和生产要遵循精神文化的生产规律。1961年,周恩来发表《在文艺工作座谈会和故事片创作会议上的讲话》提出文艺创作要尊重精神生产规律的思想,他指出:"物质生产的某些规律,同样适用于精神生产。搞得过了头,精神生产也会受到损害,甚至损害更大。一九五九年我曾讲过,不能老去催作家,叫他赶写稿子。……搞指标、订计划、保证完成、一催再催,这对于精神生产者是苦恼的事。……精神生产是不能限时间限数量的。要从全国作综合的计算,而且要集中力量,以求搞出更好的东西来。这方面的问题应该讲清楚。过高的指标,过严的要求,有时反而束缚了精神产品的生产。"② 同时,每个精神生产者自身的情况不同,对他的要求也不应相同,"精神生产是不能划一化地要求的"③。三是精神生产的根本目的和任务在于培育社会主义的"四有"公民。关于这一点,在我们党的多个正式文件中都做了明确的规定。如,1986年9月党的十二届六中全会通过的《中共中央关于社会主义精神文明建设指导方针的决议》强调:我国精神文明建设的一项根本的任务就是要适应社会主义现代化建设的需要,培育有理想、有道德、有文化、有纪律的社会主义公民,提高整个中华民族的思想道德素质和科学文化素质。1996年10月党的第十四届六中全会通过的《中共中央关于加强社会主义精神文明建设若干重要问题的决议》再次指出:要以科学的理论武装人,以正确的舆论引导人,以高尚的精神塑造人,以优秀的作品鼓舞人,培育有理想、有道德、有文化、有纪律的社会主义公民,提高全民族的思想道德素质和科学文化素质,团结和动员各族人民把我国建设成为富强、民主、文明的社会主义现代化国家。四是精神文明建设与物质文明建设两手抓两手都要硬。改革开放之后,随着物质文明建设的快速推进和人们物质生活的日渐富足,精神文明建设领域却显得明显滞后于物质文明建

---

① 《毛泽东选集》第3卷,人民出版社1991年版,第860页。
② 《周恩来选集》(下),人民出版社1984年版,第328—329页。
③ 同上书,第329页。

设,以致在思想文化领域出现了一些与社会主义现代化发展不相适应的问题。针对精神文明建设领域存在的问题,邓小平提出了精神文明建设与物质文明建设两手抓两手都要硬的基本方针。他在1985年9月中国共产党全国代表会议上的讲话中指出:"不加强精神文明的建设,物质文明的建设也要受破坏,走弯路。光靠物质条件,我们的革命和建设都不可能胜利。过去我们党无论怎样弱小,无论遇到什么困难,一直有强大的战斗力,因为我们有马克思主义和共产主义的信念。有了共同的理想,也就有了铁的纪律。无论过去、现在和将来,这都是我们的真正优势。"① 1993年12月,江泽民在中央军委扩大会议上的讲话中也强调指出:"社会主义的优越性不仅表现在经济政治方面,表现在能够创造出高度的物质文明上,而且表现在思想文化方面,表现在能够创造出高度的精神文明上。贫穷不是社会主义;精神生活空虚,社会风气败坏,也不是社会主义。现代化建设的实践告诉我们,越是集中力量发展经济,越是加快改革开放的步伐,就越是需要社会主义精神文明提供强大的精神动力和智力支持,以保证物质文明建设的顺利进行。必须充分认识到,两个文明建设缺少任何一个方面的发展,都不成其为有中国特色的社会主义。"② 五是精神文化生产具有明显的意识形态属性,对于维护社会的主流政治和意识形态起着十分关键的作用。早在1942年5月召开的延安文艺座谈会上,毛泽东就确立了文艺要为政治服务的文化方针。邓小平强调:"作为灵魂工程师,应当高举马克思主义的、社会主义的旗帜,用自己的文章、作品、教学、讲演、表演,教育和引导人民正确地对待历史,认识现实,坚信社会主义和党的领导,鼓舞人民奋发努力,积极向上,真正做到有理想、有道德、有文化、守纪律,为伟大壮丽的社会主义现代化建设事业而英勇奋斗。"③ 江泽民在2000年6月中央思想政治工作会议上的讲话中也明确指出:"大量事实证明,思想文化阵地,马克思主义、无产阶级的思想不去占领,各种非马克思主义、非无产阶级的思想甚至反马克思主义的思想就会去占领。从上到下的一切思想文化阵地,包括理论、新闻、出版、报刊、小说、诗歌、音乐、绘画、舞蹈、戏剧、电影、电视、广播、网络等,都应该成为

---

① 《邓小平文选》第3卷,人民出版社1993年版,第144页。
② 《社会主义精神文明建设文献选编》,中央文献出版社1996年版,第473—474页。
③ 《邓小平文选》第3卷,人民出版社1993年版,第40页。

我们宣传科学理论、传播先进文化、塑造美好心灵的阵地，决不能给违反四项基本原则、违反改革开放政策、违反党的方针政策的错误观点，以及危害人民特别是青少年身心健康的东西提供传播渠道。"① 可见，精神文化产品不仅仅是供人们娱乐，满足人们精神上的愉悦的产品，而是具有维护社会主义意识形态的政治功能。

三　精神文化产品创作生产的评价标准和原则

在社会主义市场经济条件下，精神文化产品的创作生产除了要遵循自身的发展规律和市场的商品经济规律之外，也要符合一定的评价标准和原则。精神文化产品创作生产的评价标准和原则主要包含以下几点：

一是生产力标准。毛泽东在领导中国民主革命时期就曾指出："中国一切政党的政策及其实践在中国人民中所表现的作用的好坏、大小，归根到底，看它对于中国人民的生产力的发展是否有帮助及帮助之大小，看它是束缚生产力的，还是解放生产力的。"② 1992年初，邓小平南方谈话中也明确提出判断各方面工作得失的"三个有利于标准"，其中最根本的标准就是生产力标准。生产力是人类赖以生存的基础，是社会发展的最终决定力量，它促进人类社会不断由低级向高级发展，因此是否促进生产力的发展是判断文化先进与否、文化产品优秀与否的根本标准。我国文化领域分为文化事业和文化产业两种，文化事业是公益性的，而文化产业则具有经营性和营利性。关于文化产业的概念，在2003年9月中国文化部下发的《关于支持和促进文化产业发展的若干意见》中，将其界定为：从事文化产品生产和提供文化服务的经营性行业。作为一种新兴产业，文化产业是推动国民经济发展的一根支柱产业，文化产业的发展最终还是要体现在文化生产力的发展上，而文化生产力的发展则体现在优秀精神文化产品的创作和生产上。

二是人民利益标准。精神文化产品创作生产的根本目的是要促进人的全面发展，不断满足人民群众精神文化需求，因此，是否能够真正反映和体现人民群众利益也就成为精神文化产品创作生产的一个根本标准。一切

---

① 《江泽民文选》第3卷，人民出版社2006年版，第97页。
② 《毛泽东选集》第3卷，人民出版社1991年版，第1079页。

为了人民是党的宗旨的根本体现。早在1941年11月，毛泽东在陕甘宁边区参议会的演说中指出："共产党是为民族、为人民谋利益的政党，它本身决无私利可图。它应该受人民的监督，而决不应该违背人民的意旨。它的党员应该站在民众之中，而决不应该站在民众之上。"① 邓小平反复强调："要全心全意为人民服务，深入群众倾听他们的呼声；要敢说真话，反对说假话，不务虚名，多做实事；要公私分明，不拿原则换人情；要任人唯贤，反对任人唯亲。"② 江泽民也多次指出："群众的观点是我们党的基本观点，群众路线是我们党的根本工作路线。这是由我们党全心全意为人民服务的宗旨所决定的。我们所做的一切工作和事业，目的都是为了人民群众的利益，都必须真心实意地依靠群众才能做好。"③ 2003年7月1日，胡锦涛在赴西柏坡参观调研时，提出"两个树立"和"四个做到"，即：要牢固树立全心全意为人民服务的思想和对人民负责的精神，做到心里装着群众，凡事想着群众，工作装着群众，一切为了群众。习近平在2013年6月18日党的群众路线教育实践活动工作会议上的讲话中强调："我们党来自人民、植根人民、服务人民，党的根基在人民、血脉在人民、力量在人民。失去了人民拥护和支持，党的事业和工作就无从谈起。在任何时候任何情况下，与人民同呼吸共命运的立场不能变，全心全意为人民服务的宗旨不能忘，群众是真正英雄的历史唯物主义观点不能丢，始终坚持立党为公、执政为民。"④ 因此，精神文化产品的创作生产，始终有个"为什么人"的问题。社会主义文艺是人民大众的文艺，要把握群众文化生活的新特点，加强对新的文化品种、文化形式的研究和引导，把群众的满意程度作为衡量标准和评价尺度，不断创作群众喜欢、群众欢迎、群众满意的文化产品，使文化创作的过程成为不断提高人民群众文化生活水平、促进人的全面发展的过程。

三是社会进步标准。精神文化产品是文化的一个主要载体和体现，对于社会的进步和发展具有十分深刻的影响。然而，文化并非都是先进的，而是有先进、落后及腐朽之分。按照历史唯物主义关于社会存在与社会意识的辩证关系原理，界定文化先进与否的根本标准应是主要看它对社会存

---

① 《毛泽东选集》第3卷，人民出版社1991年版，第809页。
② 《邓小平文选》第3卷，人民出版社1993年版，第146页。
③ 《江泽民论有中国特色社会主义（专题摘编）》，中央文献出版社2002年版，第638页。
④ 习近平：《习近平谈治国理政》，外文出版社2014年版，第367页。

在的作用，即凡是促进社会存在发展的文化，都是先进文化；凡是阻碍社会存在发展的文化，都是落后文化或腐朽文化。由此可见，先进文化就是能够反映和促进社会不断进步，代表社会前进方向的文化。先进文化是社会进步与发展的思想先导，是人类文明进步的重要标尺。欧洲的启蒙思想运动为法国大革命和资本主义制度的建立扫清了思想障碍，中国的新文化运动则推动了中国社会向前发展，毛泽东思想指引中国人民成立了一个独立的新中国，邓小平理论开创并推动了中国特色社会主义事业不断向前发展，"三个代表"重要思想和科学发展观则把中国特色社会主义事业推进到了一个新的发展阶段。总之，先进文化在推动人类社会发展中的作用是巨大的，是人类社会变革的强大精神动力，它总是能促进社会不断进步和向前发展。而作为社会主义先进文化载体的精神文化产品，自然要具备社会主义先进文化所具有的一切功能、属性和特点。

四是时代标准。精神文化产品要具有时代性，要根据时代的发展和要求不断更新自己的内容与形式。精神文化产品的时代性从根本上是由精神文化的时代性所决定的，特别是一个社会的先进文化，必须是能够适应时代要求的文化，是注入了时代精神、时代活力和时代内容的文化，是与时俱进的文化，是不断创新的文化，是面向世界、极具开放性的文化。马克思主义具有与时俱进的理论品质。作为一种先进文化，马克思主义在不同的阶段表现为不同的理论形态，每一种形态都与时代特征联系在一起，都体现了一定的时代精神，反映着时代的内容。譬如，作为发展了的马克思主义、列宁主义是与垄断资本主义相联系的，毛泽东思想则反映了中国革命的时代特征，邓小平理论、"三个代表"重要思想和科学发展观作为当代中国的马克思主义，则是与和平与发展的时代主题相联系的。所以先进文化总是要适应时代的发展要求。这就要求在精神文化产品的创作和生产过程中一定要把能够反映时代特征的新内容吸纳进去，只有这样，创作和生产出来的精神文化产品才会具有鲜活的生命力，才能够真正地去影响大众，推进社会的进步和发展。

五是政治性标准。早在1942年延安文艺座谈会上的讲话中，毛泽东就曾明确讲过文艺的政治性问题，他指出："革命的思想斗争和艺术斗争，必须服从于政治的斗争，因为只有经过政治，阶级和群众的需要才能集中地表现出来。革命的政治家们，懂得革命的政治科学或政治艺术的政治专门家们，他们只是千千万万的群众政治家的领袖，他们的任务在于把群众政治家的意见集中起来，加以提炼，再使之回到群众中去，为群众所接受，所实践，而不是闭门造车，自作聪明，只此一家，别无分店的那种贵族式的所谓'政治家'，——这是无产阶级政治家同腐朽了的资产阶级政治家的原则区别。正因为这样，我们的文艺的政治性和真实性才能够完全一致。不认识这一点，把无产阶级的政治和政治家庸俗化，是不对的。"[①]可以说，任何一个社会，人们创作和生产的精神文化产品，如文学作品和文艺作品等都是要为这个社会的政治服务的，这也是符合马克思主义的基本原理的。坚持精神文化产品创作和生产的政治性标准，就是要坚持精神文化产品的阶级性和意识形态性，这就是说，精神文化产品的创作和生产要充分体现社会的主流文化和意识形态，为社会主义的发展服务。一切精神文化产品，如文学作品、艺术作品、音乐、绘画、戏剧、电影、电视等，都应成为我们宣传科学理论、传播先进文化、塑造美好心灵的重要阵地。坚持精神文化产品创作和生产的政治性标准，就是要在精神文化产品创作和生产的过程中，坚持正确的创作方向，大力推动创作生产更多无愧于历史、无愧于时代、无愧于人民的优秀作品，为人民提供更好更丰富的精神食粮，充分发挥文化引领风尚、教育人民、服务社会、推动发展的作用。

六是艺术性标准。精神文化产品既具有政治性、思想性，也具有艺术性，是政治性、思想性与艺术性的有机统一。毛泽东在1942年延安文艺座谈会上的讲话中曾就文艺批评的政治标准和艺术标准的辩证关系做过精辟的论述。他指出："文艺批评有两个标准，一个是政治标准，一个是艺术标准。按照政治标准来说，一切利于抗日和团结的，鼓励群众同心同德的，反对倒退、促成进步的东西，便都是好的；而一切不利于抗日和团结的，鼓动群众离心离德的，反对进步、拉着人们倒退的东西，便都是坏的。……又是政治标准，又是艺术标准，这两者的关系怎么样呢？政治并不等于艺术，一般的宇宙观也并不等于艺术创作和艺术批评的方法。我们不但否认抽象的绝对不变的政治标准，也否认抽象的绝对不变的艺术标准，各个阶级社会中的各个阶级都有不同的政治标准和不同的艺术标准。但是任何阶级社会中的任何阶级，总是以政治标准放在第一位，以艺术标准放在第二位的。资产阶级对于无产阶级的文学艺术作品，不管其艺术成

[①] 《毛泽东选集》第3卷，人民出版社1991年版，第866—867页。

就怎样高,总是排斥的。无产阶级对于过去时代的文学艺术作品,也必须首先检查它们对待人民的态度如何,在历史上有无进步意义,而分别采取不同态度。有些政治上根本反动的东西,也可能有某种艺术性。内容愈反动的作品而又愈带艺术性,就愈能毒害人民,就愈应该排斥。处于没落时期的一切剥削阶级的文艺的共同特点,就是其反动的政治内容和其艺术的形式之间所存在的矛盾。我们的要求则是政治和艺术的统一,内容和形式的统一,革命的政治内容和尽可能完美的艺术形式的统一。缺乏艺术性的艺术品,无论政治上怎样进步,也是没有力量的。因此,我们既反对政治观点错误的艺术品,也反对只有正确的政治观点而没有艺术力量的所谓'标语口号式'的倾向。我们应该进行文艺问题上的两条战线斗争。"[1] 毛泽东关于文艺批评的政治标准和艺术标准的辩证关系的论述告诉我们:在精神文化产品的生产过程中,要始终把精神文化产品生产的政治标准放在第一位,精神文化产品首先要为社会主义的政治服务。精神文化产品再具有艺术性,如果其内容从本质上是低俗的、甚至是反动的,那么它就起不到应有的教育效果,只能毒害和污染人们的思想和精神。同时,精神文化产品的生产也要注重艺术性,精神文化产品的政治性再强,如果没有一定的艺术性和可观赏性,就会由于缺乏吸引力而难以被群众接受,精神文化产品的政治教育功能就难以发挥。总之,在精神文化产品的生产过程中,要始终坚持政治标准和艺术标准的统一,坚持内容与形式的统一,从而使精神文化产品的教育功能真正地发挥出来。

四 将社会主义核心价值观融入精神文化产品的创作生产之中

精神文化产品潜移默化地影响着人们的思想观念、价值判断、道德情操,在提升人们的人文素质和思想道德素质方面具有不可替代的独特作用。在精神文化产品的创作生产实践中,要坚持以文化人,把社会主义核心价值观的基本要求渗透和贯穿其中。

第一,着眼于满足人们精神文化需求,把社会主义核心价值观作为文化创作的主体内涵,用高质量的精神文化产品生动形象地倡导社会主义核

---

[1] 《毛泽东选集》第3卷,人民出版社1991年版,第868—870页。

心价值观,用体现社会主义核心价值观文化产品引领各种文化思潮和文化追求。精神文化产品的创作生产是以人为主体来展开的,又是为实现人的自身价值、促进人的全面发展服务的。2011年10月,党的十七届六中全会通过的《中共中央关于深化文化体制改革的决定》指出:在精神文明建设过程中,要"坚持正确创作方向。正确创作方向是文化创作生产的根本性问题,一切进步的文化创作生产都源于人民、为了人民、属于人民。必须牢固树立人民是历史创造者的观点,坚持以人民为中心的创作导向,热情讴歌改革开放和社会主义现代化建设伟大实践,生动展示我国人民奋发有为的精神风貌和创造历史的辉煌业绩。要引导文化工作者牢记为人民服务、为社会主义服务的神圣职责,坚持正确文化立场,认真对待和积极追求文化产品社会效果,弘扬真善美,贬斥假恶丑,把学术探索和艺术创作融入实现中华民族伟大复兴的事业之中。"[①] 这就告诉我们,在精神文化产品的创作和生产过程中,要做到以下两点:一是精神文化产品创作和生产的根本目的是为满足人们日益增长的精神文化的需求,因此,在精神文化产品创作和生产的过程中要始终坚持以人为本,把是否能够满足人们的精神文化需求作为创作和生产的客观标准。只有把满足人民群众精神文化需求作为出发点和落脚点,使人民群众充分享受到文化发展的各项成果,才能有效发挥他们在文化建设中的主体作用,调动他们自觉从事文化活动和践行社会主义核心价值观的积极性、主动性和创造性。为此,文化工作者就应坚持以人为本,进一步解放思想、转变观念、开拓进取、与时俱进,以良好的精神面貌进行创作工作,为人民奉献更多更好的文艺作品,让更多的群众充分得到文化的享受和熏陶,使其以更大的热情自觉主动地投入到社会主义核心价值观的培育和建设中去。二是精神文化产品创作的主要来源是人民群众的生活实践,要创作和生产出优秀的精神文化产品,文化工作者就必须深入到群众的生活实践中,并用群众所熟悉的语言进行创作,只有这样的文化产品才能经久不衰,真正为人民群众所喜爱。1942年5月,毛泽东在延安文艺座谈会上针对当时在文艺工作者中间存在的脱离群众生活实践,对群众生活"不熟,不懂"的不良现象,强调指出:"既然文艺工作的对象是工农兵及其干部,就发生一个了解他们熟悉他们的问题。而为要了解他们,熟悉他们,为要在党政机关,在农村,在工厂,在

[①] 《十七大以来重要文献选编》(下),中央文献出版社2013年版,第567页。

八路军新四军里面，了解各种人，熟悉各种人，了解各种事情，熟悉各种事情，就需要做很多的工作。"[①] 这就是说，精神文化产品的创作和生产应坚持以人民为中心的价值导向，从人民的利益需求出发，坚持用群众的语言进行创作，只有这样，精神文化产品才能为群众所接受和喜爱，从而有效发挥其对群众的思想教育功能。

第二，精神文化产品的创作与生产应是内容与形式的有机统一。在精神文化产品的创作和生产的内容上要坚持弘扬主旋律，应以社会主义核心价值观为指导，坚持为人民服务、为社会主义服务的根本价值取向，加强对创作思想、创作选题的引导，对体现主流意识形态、唱响代表时代发展方向、体现社会进步要求的主旋律的优秀精神文化产品给予鼓励和支持，对亵渎经典、嘲弄英雄和低俗媚俗的倾向予以鞭挞和抵制，努力形成有利于推进社会主义精神文明建设的良好文化生态。弘扬主旋律，就是要求精神产品的创作生产应体现科学的指导思想，满足人民群众日益增长的精神文化需要，着眼于提高人民群众的思想道德和科学文化素质，努力推动文化的继续发展与创新。弘扬主旋律，就要坚持和巩固马克思主义在精神文化产品创作生产领域中的指导地位，高举邓小平理论伟大旗帜，坚持以"三个代表"重要思想统领文化建设，旗帜鲜明地反对指导思想的多元化，支持健康有益文化，努力改造落后文化，抵制腐朽文化，不断丰富人们的精神世界，使我们的人民在现代化建设中始终保持奋发昂扬的精神状态；就要使精神产品的创作生产站在时代发展的前沿，顺应历史发展的潮流，着眼于我国现代化建设的实践，着眼于广大人民群众的根本利益，满足人民群众日益增长的精神文化需求，坚持把社会效益放在首位，创造出一批无愧于伟大时代、无愧于中华民族的，具有鲜明的时代特点和浓郁民族特色、鼓舞人的斗志、塑造人的心灵、贴近实际以及健康文明、积极向上、为人民大众喜闻乐见的优秀作品。弘扬主旋律，就要坚决抵制庸俗、低俗、媚俗之风。有学者曾对社会上盛行的庸俗、低俗、媚俗之风进行过深刻的剖析，认为庸俗的价值观念体现在社会的各个方面。从文化的角度切入观察，庸俗的价值观念似乎具有达尔文适者生存的意涵，但是，它与达尔文主义有着本质的区别。达尔文强调的是自然进化思想，并没有把自然进化的理论扩展到社会关系之中，从而奉行人类社会的"丛林法则"，而

---

① 《毛泽东选集》第3卷，人民出版社1991年版，第850页。

庸俗价值观念的信奉者总是以机会主义的心态、实用主义的做法、投机取巧的方式追求个人利益的最大化。文化领域的庸俗表现多种多样，譬如，对他人作品抄袭和模仿，以粗制滥造追求所谓的票房；在新闻评论或者文化批评过程中，采用人身攻击的方式，达到哗众取宠的目的；在制作电视节目的时候，为了提高收视率故作惊人之语，以所谓另类的表达追求轰动效应。低俗的行为不是一种向上的行为，而是一种向下的行为，通过展示人类最不堪的一面，谋取商业利益。反对低俗的行为，实际上就是维护人类共同的价值准则。如果把那些早已被扬弃的丑陋不堪的东西翻出来，重新展现在人们的面前，那么，这不是人类的进步，而是人类的退步。尊重个性化表达，不是允许污言秽语泛滥；保护言论自由和出版自由，决不是允许随意挑战道德的底线。批评低俗的行为，就是要不断地寻求共识，重建我们的道德价值标准，使人们自觉地接受普遍的行为准则，避免由于个人的恣意横行而损害他人的利益。所谓媚俗就是曲意迎合人们的不良嗜好，采用不正当的手段取悦观众或者读者，以此来谋取非法利益。当前我国文化领域媚俗现象比较严重，具体表现在以下几个方面：首先，部分新闻评论作者站在道德的制高点上，肆无忌惮地开展道德大批判。其次，借助于社会改革中出现的问题，不断激化社会公众的情绪。媚俗现象从表面上来看是投其所好，但是，骨子里却是一种贪婪的利益诉求。①

　　精神文化产品在创作和生产的形式方面应坚持多样化的方针。提倡多样化是尊重精神文化产品创作生产内在规律的需要，是一个社会文化艺术繁荣发展的重要标志。丰富多彩、充满创造性的现代化建设的伟大实践与人们的社会生活实践，为精神文化产品的创作提供了充足的养料和广阔的舞台，决定了精神文化产品的丰富性和多样性。提倡多样化是繁荣社会主义文化的有效途径。提倡多样化就是要坚持文艺为人民服务的方向，使精神文化产品创作在坚持社会效益的前提下努力满足多层次、多方面的精神文化需求。提倡多样化，就是要坚持百花齐放、百家争鸣的方针，提倡不同学术观点、艺术流派的争鸣和切磋，努力在文化艺术界形成生动活泼、团结向上的良好氛围。

　　总之，弘扬主旋律，就是要确保更多的优秀文化产品的生产，满足人民群众的精神文化方面的多样性需求。主旋律内容是丰富多彩的，现阶段

---

① 乔新生：《庸俗低俗媚俗浅析》，《青年记者》2010年第34期。

体现爱国主义、集体主义、社会主义精神，反映改革开放和现代化建设的宏伟事业，歌颂民族团结、社会进步、人民幸福是主旋律，反映老百姓的喜怒哀乐，表现普通人对美好生活的追求与向往也应是主旋律。同时，我们应在坚持正确的思想导向与价值观，即在坚持马克思主义指导地位与先进文化前进方向的前提下，大力倡导主旋律作品的内容、题材、风格与形式的多样化。提倡多样化，就要促进文化的创新、繁荣与发展。弘扬主旋律和提倡多样化是辩证统一的，两者互为基础和前提。只有坚持内容与形式的统一，坚持弘扬主旋律和提倡多样化的辩证统一，先进文化的发展才不会迷失方向，才能促进先进文化在正确的轨道上繁荣发展。

第三，精神文化产品的创作和生产应坚持以民族文化为根本，把中华民族精神的弘扬和培育贯穿其中。世界上任何一个文化都有其民族性。文化的民族性是指能够反映民族精神、民族特性的价值观念、思维方式、国民品性、人格追求、伦理情趣等思想文化的本质特征，是文化的民族风格、民族气派的表现。文化的民族性，能够反映特定民族文化类型的基本特质，具有不同于别的民族的文化心理和文化结构；能够反映特定民族的民族精神，具有超越时代、阶级的内容和精神，与民族存亡共始终。中国传统文化承载着中华民族的基本价值追求，蕴含着中华民族的民族精神，有着独特的民族特质。所以，精神文化产品的创作与生产应当注意发掘中国传统文化的正面价值。在这种态势下，我们应当注意保持并努力发展文化的民族性，尊重自己民族的优秀传统文化，合理利用优秀传统文化这个重要资源，以民族文化为根本。同时，精神文化产品担负着对国民进行民族精神教育的重要任务。民族精神是指一个民族在长期的历史发展过程中逐步形成和培育起来的一种群体意识，是一个民族共同的思想品格、价值取向和道德规范的综合体现，是该民族存在和发展的精神支柱。在五千多年的发展中，中华民族形成了以爱国主义为核心的团结统一、爱好和平、勤劳勇敢、自强不息的伟大民族精神。我们党领导全国人民在中国革命和社会主义建设中又形成了延安精神，红岩精神，"两弹一星"精神，抗洪精神，抗"非典"精神等，极大地丰富和发展了民族精神的内涵。中国先进文化发展的一个重要职责，就是要为我们的民族和人民提供强大的精神力量，始终保持奋发有为、昂扬向上的精神状态，投身到改革开放和现代化建设的宏伟事业中，为实现中华民族伟大复兴而努力奋斗。正因为这样，弘扬和培育民族精神也就成为中国先进文化发展的一项极为重要的任务。

第四，精神文化产品的创作和生产必须把社会效益放在首位，实现社会效益和经济效益的统一。在社会主义市场经济条件下，文化产品具有社会属性和商品属性，商品属性是普遍的，社会属性是特殊的，两者应该是统一的。文化产品的社会属性和商品属性决定了文化产品既具有社会效益又具有经济效益，不能由于文化产品具有商品属性而忽略其社会属性，也不能因为具有一定的社会属性而轻易否定其商品属性。我们必须分类研究，正确处理好两者之间的关系，为中国特色社会主义建设事业服务。关于这一点，党的十六届四中全会通过的《中共中央关于加强党的执政能力建设的决定》明确指出："坚持把社会效益放在首位，实现社会效益和经济效益的统一，把文化发展的着力点放在满足人民群众精神文化需求和促进人的全面发展上。"① 即在经济效益与社会效益发生矛盾时，必须把社会效益放在首位，绝不能为了追求经济效益而损害社会效益。但由于文化产品具有商品属性，文化产业作为市场经济中的重要产业，必然要受价值规律支配，文化产品价值的实现，也必然表现在追求经济效益上，那种只讲社会效益、不讲经济效益的做法也是片面的、错误的。在先进文化建设中，我们应坚持把文化产品的社会效益与经济效益统一起来，既要注重它的社会效益，又要考虑到它的经济效益，忽视任何一方都会对我国的文化发展造成不好的影响。"在思想文化教育部门和所有从事精神产品的生产或传播的企事业单位，都必须把社会效益摆在首位，在这个前提下讲求经济效益，实现社会效益和经济效益的正确结合，多出好的精神产品，而绝不允许'一切向钱看'的错误倾向冲击和危害社会主义精神文明建设，更不允许这种错误倾向泛滥而不受到批评和制止。"②

第五，完善文化产品评价体系和激励机制。坚持把遵循社会主义先进文化前进方向、人民群众满意作为评价作品最高标准，把群众评价、专家评价和市场检验统一起来，形成科学的评价标准。要建立公开、公平、公正评奖机制，精简评奖种类，改进评奖办法，提高权威性和公信度。加强文艺理论建设，培养高素质文艺评论队伍，开展积极健康的文艺批评，褒优贬劣，激浊扬清。加大优秀文化产品推广力度，运用主流媒体、公共文

---

① 《关于加强党的执政能力建设若干重要问题解读》，中共党史出版社2004年版，第297页。
② 《江泽民文选》第1卷，人民出版社2006年版，第358页。

化场所等资源,在资金、频道、版面、场地等方面为展演、展映、展播、展览、弘扬主流价值的精品力作提供条件。设立专项艺术基金,支持收藏和推介优秀文化作品。加大知识产权保护力度,依法惩处侵权行为,维护著作权人合法权益。

第九章

将社会主义核心价值观融入经常性的思想政治教育之中

毛泽东指出:"掌握思想教育,是团结全党进行伟大政治斗争的中心环节。"① 思想政治教育工作是我国在文化和思想领域所进行的一项经常性工作,对于维护我国社会主义制度和意识形态,培养有理想、有文化、有纪律、有道德的社会主义公民,促进经济社会的健康发展发挥着十分关键的作用。当前,在思想政治教育的工作实践中,要始终坚持以社会主义核心价值观为导向,将其基本要求贯穿到对群众经常性的思想政治教育之中,从而提高思想政治教育工作的针对性和有效性。

一 思想政治教育是贯穿精神文明建设的一条红线

关于思想政治教育概念的论述方面,虽然学者们在文字表述上略有差别,但对思想政治教育概念实质的揭示还是较为一致的。如,张耀灿认为,思想政治教育是社会或社会群体用一定的思想观念、政治观点、道德规范,对其成员施加有目的、有计划、有组织的影响,使他们形成符合一定社会所要求的思想品德的社会实践活动。苏振芳认为,思想政治教育是指一定的阶级或政治集团,为实现一定的政治目标,有目的地对人们施加意识形态的影响,以期转变人们的思想,进行指导人们行动的社会行为。从上述学者的论述中可以看出,思想政治教育是有阶级性和意识形态性的,它是一定的社会阶级或集团为达到一定的政治目的而有计划、有步骤地对社会成员的思想施加影响,从而使其接受自己阶级或集团政治观点与主张的教育实践活动。关于思想政治教育的阶级性问题,马克思、恩格斯

---

① 《毛泽东选集》第3卷,人民出版社1991年版,第1094页。

在领导世界社会主义运动的实践中,曾做过明确的表述。在1848年2月发表的《共产党宣言》中,他们指出:"共产党一分钟也不忽略教育工人尽可能明确地意识到资产阶级和无产阶级的敌对的对立,以便德国工人能够立刻利用资产阶级统治所必然带来的社会的和政治的条件作为反对资产阶级的武器,以便在推翻德国的反动阶级之后立即开始反对资产阶级本身的斗争。"① 这就明确了对工人进行思想政治教育的主要目的就是要使工人能够意识到自身与资产阶级之间的对立,增强工人自身的无产阶级意识,从而投身到无产阶级的解放运动的实践当中。列宁在领导俄国社会主义建设的实践中,也非常重视对工人和广大劳动群众的政治教育,指出:"政治文化、政治教育的目的是培养真正的共产主义者,使他们有本领战胜谎言和偏见,能够帮助劳动群众战胜旧秩序,建设一个没有资本家、没有剥削者、没有地主的国家"②。中国共产党在成立之初,就明确了对工人群众进行思想政治教育的目的就是要"采用苏维埃的形式,把工农劳动者和士兵组织起来,宣传共产主义,承认社会革命为我党的重要政策。"③ 中共五大通过的《宣传问题的决议案》指出,我们的党应当作群众中的鼓动和宣传。每一个党员不论他在什么地方,都应当宣传我们党的主义及口号。④

思想政治教育工作是一切工作的生命线。中国共产党在领导中国革命和建设的过程中非常重视思想政治教育的战略地位以及在党的所有工作中所起到的决定性作用。早在1932年7月23日,在《中央给苏区中央局及苏区闽赣两省委信》中,我们党就明确了政治工作在红军中的决定性意义,指出:"政治工作在红军中有决定的意义,每一个红军战斗员不仅要能够有充分的军事技术——手的武器,而且最重要的是脑子的武装。必须充实现有军队的政治,实现中央政治工作条例,政治工作不是附带的,而是红军的生命线。"⑤ 1955年,毛泽东在为《中国农村的社会主义高潮》一书所做的按语中指出了政治工作对于经济工作的重要性:"政治工作是一切经济工作的生命线。"⑥ 1958年1月,毛泽东在《工作方法六十条

---

① 《马克思恩格斯选集》第1卷,人民出版社1995年版,第306页。
② 《列宁选集》第4卷,人民出版社1995年版,第306页。
③ 《"一大"前后:中国共产党第一次全国代表大会前后资料选编》(1),人民出版社1980年版,第9页。
④ 《中共中央文件选集》第1册,中共中央党校出版社1989年版,第478页。
⑤ 《中共中央文件选集》第8册,中共中央党校出版社1992年版,第310页。
⑥ 《毛泽东文集》第6卷,人民出版社1999年版,第449页。

（草案）》中指出："不注意思想和政治，成天忙于事务，那会成为迷失方向的经济家和技术家，很危险。思想工作和政治工作，是完成经济工作和技术工作的保证，它们是为经济基础服务的。思想和政治又是统帅，是灵魂。只要我们的思想工作和政治工作稍为一放松，经济工作和技术工作就一定会走到邪路上去。"① 思想政治教育工作是一切工作生命线的论断，就是要求我们在任何的实际工作中都不能忽视对人的思想教育和政治教育工作，正如毛泽东所说："房子是应该经常打扫的，不打扫就会积满了灰尘；脸是应该经常洗的，不洗也就会灰尘满面。我们同志的思想，我们党的工作，也会沾染灰尘的，也应该打扫和洗涤。"② 人的思想问题不解决，工作的积极性也就难以提高，就会影响到工作的效率和实际效果。1980年8月，邓小平在中央政治局扩大会议上明确指出："我们一定要把思想政治工作放在非常重要的地位，切实认真做好，不能放松。"③ 1985年9月，邓小平在全国党代会上再次指出："思想政治工作和思想政治工作队伍都必须大大加强，决不能削弱。"④ 江泽民也从我国社会发展所面临的国际和国内形势出发，强调了思想政治教育工作的极端重要性，他指出："在对外开放、发展社会主义市场经济的条件下，宣传思想工作将长期面临十分复杂的局面。实行改革开放政策，国门打开了，就会出现一些新的情况。如何积极吸收世界优秀文明成果，同时有效地抵御国际敌对势力对我国进行'西化'、'分化'的政治图谋，帮助人们满怀信心地建设有中国特色的社会主义；如何充分发挥市场机制的积极作用，同时有效地防止拜金主义、享乐主义和极端个人主义的滋长蔓延，帮助人们树立社会主义的理想、信念和道德风尚，这是一个重大的历史课题。"⑤

思想政治教育工作是贯穿精神文明建设的一条红线。思想政治教育工作本身就是精神文明建设的一个重要的方面，是实现精神文明建设根本目标和任务的重要途径。精神文明建设的根本目标和任务是培养社会主义的"四有"公民，促进社会成员的自由而全面的发展。而思想政治教育工作解决的主要就是人的思想问题，通过思想政治教育能够使社会成员积极、

---

① 《毛泽东文集》第7卷，人民出版社1999年版，第351页。
② 《毛泽东选集》第3卷，人民出版社1991年版，第1096页。
③ 《邓小平文选》第2卷，人民出版社1994年版，第342页。
④ 《邓小平文选》第3卷，人民出版社1993年版，第145页。
⑤ 《毛泽东邓小平江泽民论思想政治工作》，学习出版社2000年版，第174页。

自觉、主动地去接受社会的主流文化和意识形态，并使其思想和行为合乎社会的主流道德规范要求，从而为社会事业的发展培养出合格的建设人才。同时，思想政治教育具有鲜明的导向性，对于维护社会主流文化，推动文化的健康发展具有极强的主导和引领作用。此外，思想政治教育也具有很强的经济价值和功能。江泽民指出："精神力量也是综合国力的重要组成部分……在一定条件下，精神可以变物质，精神的力量可以转化为物质的力量。强大的精神力量不仅可以促进物质技术力量的发展，而且可以使一定的物质技术力量发挥出更好更大的作用。"[1] 这就是说，通过思想政治教育能够将社会的精神力量转化为强大的物质力量，从而对社会的经济发展发挥其巨大的推动作用。

二 社会主义核心价值观与思想政治教育的统一性

社会主义核心价值观与思想政治教育之间是辩证统一的关系。从其内在关系来看，主要体现在两个方面：一是社会主义核心价值观与思想政治教育之间是相互的关系。其中，社会主义核心价值观是思想政治教育的内核和灵魂，是推进思想政治教育的根本所在，决定着思想政治教育的性质和发展方向；思想政治教育则是培育和践行社会主义核心价值观的重要载体形式，思想政治教育的进一步深入可为社会主义核心价值观的培育和践行提供良好的思想文化环境与氛围。二是社会主义核心价值观与思想政治教育在价值基础、价值功能、价值内容及价值目标等方面具有内在的一致性。从价值基础来看，两者都是以马克思主义的主流文化和价值观为指导；从价值内容来看，社会主义核心价值观涵盖的三个层面的核心价值，即富强、民主、文明、和谐、自由、平等、公正、法治、爱国、敬业、诚信、友善，同样也是思想政治教育的重要内容；从价值目标来看，两者都是为了提高全民族的思想道德素质和教育科学文化素质，培育有理想、有道德、有文化、有纪律的社会主义公民。社会主义核心价值观与思想政治教育之间存在的相互关系及其内在的一致性，是将社会主义核心价值观融入思想政治教育的根本前提和基础。

作为社会主义文化和意识形态的灵魂和根本，社会主义核心价值观在

---

[1] 《十五大以来重要文献选编》（上），人民出版社2000年版，第549页。

思想政治教育的实践中发挥着十分重要的主导和引领作用。社会主义核心价值观是对社会主义基本价值理念的系统阐述，在我国社会主义价值观体系中处于核心和主导地位，其涵盖的12个核心价值即富强、民主、文明、和谐、自由、平等、公正、法治、爱国、敬业、诚信、友善分别体现了社会主义社会在不同领域、不同层面上的价值追求，对社会各个领域的发展具有明显的导向和引领作用。在思想政治教育工作的实践中，应充分彰显这些最核心的社会主义价值理念，对社会成员进行社会主义核心价值观教育，从而切实发挥思想政治教育在大学生思想教育中的应有作用。

同时，思想政治教育也会在很大程度上推进社会主义核心价值观的培育和践行工作。首先，加强思想政治教育有利于为培育和践行社会主义核心价值观提供一个良好的社会环境和思想文化氛围。通过思想政治教育能够使爱国主义、集体主义和社会主义的一系列价值理念深入人心，在这个过程中让社会成员切身体会到社会主义核心价值观所带来的身心上的愉悦，情感上的升华，思想上的提高，从而加强自身对社会主义核心价值观的认知、认同，进一步促进其身心的健康发展。其次，加强思想政治教育有利于提高社会成员的思想文化素质和道德素质，为其深入践行社会主义核心价值观奠定坚实的基础。马克思曾指出："'历史'并不是把人当做达到自己目的的工具来利用的某种特殊的人格。历史不过是追求着自己目的的人的活动而已。"[①] 人民群众既是社会主义核心价值观的培育主体，也是社会主义核心价值观的践行主体，没有群众的广泛参与，并身体力行地积极践行，培育社会主义核心价值就是一句空话。同时，群众的社会实践也为社会主义核心价值观的培育提供了丰富多样的素材，是社会主义核心价值观理论创新和发展的不竭源泉。既然人民群众是社会主义核心价值观重要的培育和践行主体，那么，人民群众的思想文化和道德素质状况就会直接关系到社会主义核心价值观培育和践行工作能否顺利地深入推进。而思想政治教育则是提高群众思想文化和道德素质的关键一环。因此，思想政治教育的效果如何直接关系到社会主义核心价值观的培育和践行问题。再次，思想政治教育有利于提高社会成员的政治素质和民主意识，使大学生广泛地参与到国家的政治生活的实践中，为社会主义核心价值观的培育和践行提供有力的政治保证。思想政治教育是对社会成员进行思想政治教育

---

① 《马克思恩格斯全集》第2卷，人民出版社1957年版，第118—119页。

的一项重要内容，对于提高社会成员的政治素质和民主意识担当着十分关键的角色。思想政治教育的根本任务和目的就是要培养"有理想、有道德、有文化、有纪律"的社会主义"四有"公民，有利于促进社会成员政治素质和民主意识的提高，从而为培育和践行社会主义核心价值观提供有力的政治保证。

三　科学构建以社会主义核心价值观为主导内容的思想政治教育内容体系

构建科学合理的思想政治教育内容体系，是新时期加强社会主义核心价值观教育的重要前提和基础。要坚持以马克思主义为指导，以马克思主义理论和社会主义核心价值观的宣传教育为主要内容，以培养马克思主义世界观、人生观、价值观，以树立对马克思主义的信仰和社会主义的理想信念为目标，在社会成员中间开展三个层面的核心价值教育、社会主义的理想信念教育、马克思主义的理论和信仰教育、优秀传统文化和民族精神教育、荣辱观教育、国情教育和党史教育。通过教育使其树立起科学的世界观、人生观和价值观，不断坚定其对马克思主义的信仰和社会主义的理想信念。

第一，开展三个层面的核心价值教育。首先，进行科学的富强观、民主观、文明观、和谐观教育。国家层面的四个核心价值，即"富强、民主、文明、和谐"是社会主义的基本价值理念分别在经济、政治、文化、社会领域中的具体价值指向。"富强"体现了中国特色社会主义共同理想在经济领域的价值目标。富强不仅是指要实现国家的现代化，而且要实现人民的共同富裕。"民主"体现了中国特色社会主义共同理想在政治领域的价值目标。从根本上说，民主是社会主义的本质特征，它是一种保证人民当家作主的政治制度，体现在民主选举、民主决策、民主管理、民主监督以及保障和尊重人权等方面。"文明"体现了中国特色社会主义共同理想在文化领域的价值目标。这里所说的文明主要是指精神文明。社会主义精神文明是社会主义社会的重要特征，是中国特色社会主义社会不可或缺的一个重要方面。"和谐"体现了中国特色社会主义共同理想在社会领域的价值目标。实现社会和谐，建设美好社会，始终是中国共产党不懈追求的社会理想。其次，进行社会主义的自由观、平等观、公正观、法治观教育。"自由、平等、公正、法治"体现的是社会层面的四个核心价值。自由和平等既是人类社会追求的共同价值目标，也是社会主义的核心价值理念。社会主义条件下，由于实现了人们在生产资料占有方面的平等，因而也就获得了真实的平等与自由。只有建立在自由和平等的基础上，社会才能实现真正意义上的和谐。公平正义是人类千百年以来的共同追求，更是社会主义的核心价值和本质要求。中国共产党一直将实现社会公平正义作为解决民生问题，实现民主平等，构建和谐社会，发展中国特色社会主义的重要环节来抓。党的十八大报告强调："必须坚持维护社会公平正义。公平正义是中国特色社会主义的内在要求。要在全体人民共同奋斗、经济社会发展的基础上，加紧建设对保障社会公平正义具有重大作用的制度，逐步建立以权利公平、机会公平、规则公平为主要内容的社会公平保障体系，努力营造公平的社会环境，保证人民平等参与、平等发展权利。"[1] 这就是说，实现社会的公平由于消除社会成员之间彼此的分歧和隔阂，增强社会成员的归属感和向心力，对于促进社会和谐，构建一个人人平等、人人共享的社会主义和谐社会具有极强的现实意义。法治是政治文明发展的必然结果，是社会主义的核心价值理念之一。法治是一种治国原则、理念和方法，是相对于"人治"而言的。在"人治"社会，整个国家和社会的发展维系在一个人的身上，而这极容易导致专制的出现。而在"法治"社会，主要是依靠法律制度来治理国家，人民群众是以法治国的主体，人民群众依照宪法和法律的规定，通过各种途径和形式管理国家事务，经济文化事务和社会事务等。当前在法治方面的主要任务就是推进法治中国建设，坚持依法治国、依法执政、依法行政共同推进，坚持法治国家、法治政府、法治社会一体建设，不断开创依法治国新局面。最后，树立正确的爱国观、敬业观、诚信观和友善观。"爱国、敬业、诚信、友善"体现的是个人层面的核心价值。爱国既是中华民族的优良传统，同时也是对每一个公民的现实要求。作为一个公民，首先要热爱自己的国家。国家是人们赖以生存的自然和社会环境的整体，每个人总是在这个环境中实现其个人利益。因此，在处理国家利益和个人利益关系问题上，应首先把国家利益放在首位，当个人利益同国家利益发生矛盾时，个人利益应自觉服从国家利益。敬业，就是要热爱自己的职业，做好自己的本职工作。这是对每一

---

[1] 《十八大以来重要文献选编》（上），中央文献出版社2014年版，第11—12页。

个社会公民最起码的道德要求和社会责任。诚信是中华民族的优良传统,也是新时期对社会成员最基本的道德要求。坚持诚信守信有利于在人们中间形成一种和谐的人际关系,从而推动和谐社会的构建。友善就是要在人们之间形成一种和睦友善的人际关系,尤其是在当前构建和谐社会的背景下,更应该以一种友善的态度坦诚、友好地去对待每一个人。

第二,开展社会主义的理想信念教育。"社会主义"是我们追求的社会价值理想,从根本上规定了我国社会的属性和发展方向,我们所做的一切工作,都是为了充分体现社会主义的基本价值。邓小平指出:"在中国现在落后的状态下,走什么道路才能发展生产力,才能改善人民生活?这就又回到是坚持社会主义还是走资本主义道路的问题上来了。如果走资本主义道路,可以使中国百分之几的人富裕起来,但是绝对解决不了百分之九十几的人生活富裕的问题。而坚持社会主义,实行按劳分配的原则,就不会产生贫富过大的差距。再过二十年、三十年,我国生产力发展起来了,也不会两极分化。"[①] 社会主义制度是一种崭新的社会制度,较资本主义制度具有巨大的优越性。社会主义制度彻底改变了工人阶级和人民群众受压迫受剥削的状况,充分保证了他们各项民主权利的行使和国家主人翁的地位。"社会主义的优越性归根到底要体现在它的生产力比资本主义发展得更快一些、更高一些,并且在发展生产力的基础上不断改善人民的物质文化生活。"[②] 这种优越性使得它能够在现代化建设充分发挥巨大的力量和作用,使中国迅速摆脱贫穷落后的局面,实现国家的富强和民族的振兴。当前,我们在社会主义建设方面的战略目标,就是要实现"中国梦",不断推进中国特色社会主义事业的发展。这样的理想和价值追求,凝聚着各党派、各团体、各民族、各阶层、各界人士的智慧和力量,最充分反映了我国最广大人民的共同愿望、利益和要求,成为各族人民团结奋斗的强大动力。正是基于社会主义制度的先进性和优越性,当前应着力加强对社会成员的社会主义理想信念教育,从内心激发人们对社会主义的向往和追求,从而全身心地投入到中国特色社会主义事业的建设中去。

第三,开展马克思主义的理论和信仰教育。马克思主义信仰有着丰富的思想内涵。马克思主义信仰是指人们对马克思主义的坚信不疑和自觉追

---

① 《邓小平文选》第3卷,人民出版社1993年版,第64页。
② 同上书,第63页。

求，即对马克思主义的信仰。从本质上讲，马克思主义信仰是指现实的人的需要同作为信仰客体的马克思主义的属性之间的一种关系，它表达的是马克思主义对于社会主体人的生存、发展、活动及其结果的意义。从根源上说，信仰主体与客体即马克思主义之间信仰关系的产生和发展源于人的社会实践。只有通过社会实践，人们才能发现马克思主义及其属性对自己的实际意义，并自觉地建立起同马克思主义之间现实的信仰关系。在这个意义上，建立起对马克思主义的信仰是人的社会实践活动的产物。马克思主义信仰的主体是广大的无产阶级和劳动群众，这是由马克思主义理论本身的阶级性所决定的。早在马克思主义创立伊始，马克思、恩格斯就旗帜鲜明地提出："共产主义是关于无产阶级解放的条件的学说"①，"共产主义作为理论，是无产阶级立场在这种斗争中的理论表现，是无产阶级解放的条件的理论概括。"② 这就从根本上解决了马克思主义信仰的建设主体和价值主体问题，即靠谁建设、为谁服务的问题。因此，无论从理论上讲，还是从实际斗争来讲，马克思主义都是以无产阶级为代表的劳动群众的利益表现。马克思主义信仰的客体是马克思主义理论本身。马克思主义的基本立场、观点和方法，对客观世界的科学分析，以及对未来社会发展的真理性认识，是构成科学认识与科学信仰内在统一的基础。马克思主义理论之所以能够成为人们的信仰，正是由于马克思主义为人类提供了科学世界观和方法论的指导，为人类社会的发展指明了正确的前进方向，明确了人类社会追求的终极价值目标，能够最大限度地满足人的物质和精神文化需要，实现人们人生的最大价值。但马克思主义作为一种以理论形态存在的客体，并不能自然地对社会主体发生影响和作用，进而使其产生信仰。只有当社会主体充分理解、接受并且信奉马克思主义的基本理论和对现实世界的科学分析，以及对未来人类社会发展方向的科学预测以后，它才转化为人们内心的一种信仰。因此，在马克思主义的信仰教育中，要加大对马克思主义理论的宣传和教育工作，使社会成员充分理解马克思主义理论的真谛，感受到马克思主义对社会、对人生所具有的重大的价值意义，从而使其树立起对马克思主义的真正信仰。

第四，开展优秀传统文化和民族精神教育。马克思曾指出："人们自

---

① 《马克思恩格斯选集》第 1 卷，人民出版社 1995 年版，第 230 页。
② 同上书，第 211 页。

己创造自己的历史,但是他们并不是随心所欲地创造,并不是在他们自己选定的条件下创造,而是在直接碰到的、既定的、从过去承继下来的条件下创造。"① 我国社会主义文化深深植根于传统文化的土壤之中,离开传统文化,也就失去了自己的根。传统文化中既有一些与现代文明和当代社会不相适应的糟粕性的东西,也有很多优秀的文化和价值理念值得我们继承和吸收。因此,加强优秀传统文化教育,有利于我国文化的传承和创新,大大提高国民对民族文化的认同。民族精神是民族文化最本质、最集中的体现,是一个民族生生不息、薪火相传的精神力量。以爱国主义为核心的民族精神能够激发全体人民共同奋斗,不断增强我们民族的凝聚力、向心力、创造力,是社会主义核心价值观的文化根基。民族精神不仅对于整个民族的发展有着根本的价值导向作用,而且对于这个民族中每一个成员的思想行为与发展路向也都有着根本的价值导向意义。在社会主义核心价值观教育的实践中,弘扬和培育民族精神可增强社会成员对国家、民族的认同感,激发人们的爱国主义情怀。

第五,开展荣辱观教育。荣辱观是人们对荣辱问题的根本看法和观点,对规范人们的行为,形成良好的社会风尚发挥着重要的作用。作为基本的道德规范,荣辱观与善恶观、生死观一样,具有广泛而深远的社会意义,是道德原则和规范从理论迈向实践的中间环节。历史和实践表明,只有知荣辱,才能明辨是非、善恶和美丑,才能从根本上巩固社会主义的道德伦理大厦,促进良好社会风气的形成。"八荣八耻"是社会主义荣辱观的核心,是对社会主义思想道德的系统总结和精辟概括。"八荣八耻"的荣辱观为每个社会成员指明了应该遵守的行为规范和道德准则,是整个社会的道德底线。当前,在荣辱观教育方面,应使社会成员树立正确的荣与耻的价值观念,从"八荣八耻"的八个方面对其进行教育,同时也要加强对社会成员的社会公德、职业道德、家庭美德教育。还要加强对社会成员的集体主义价值观教育,使其处理好个人与集体、社会乃至国家之间的关系,认清个人应负的社会责任。

第六,开展国情教育。进行国情教育的目的就是要求社会成员认清当代中国的基本特点和基本国情,认清当前中国发展的阶段性特征和重要战略机遇,从而增强其对国家和社会发展事业的强烈的责任感和使命

---

① 《马克思恩格斯选集》第 1 卷,人民出版社 1995 年版,第 585 页。

感。"国情是指一个国家在一定历史时期内的社会性质及其所处的社会发展阶段,是历史文化传统、自然地理环境、社会经济发展状况以及国际关系等各个方面的总和。"① 在国情教育方面,首先要使社会成员了解我国的基本国情。关于我国的基本国情,可以用"三个没有变"和"三个世所罕见"进行概括。"三个没有变"是指我国仍处于并将长期处于社会主义初级阶段的基本国情没有变,人民日益增长的物质文化需要同落后的社会生产之间的矛盾这一社会主要矛盾没有变,我国是世界上最大的发展中国家的国际地位没有变。"三个世所罕见"是指我们在推进改革开放和社会主义现代化建设中所肩负任务的艰巨性和繁重性世所罕见,我们在改革发展稳定中所面临矛盾和问题的规模和复杂性世所罕见,我们在前进中所面对的困难和风险也世所罕见。其次,要使社会成员认识到我国已进入发展的关键期、改革的攻坚期和社会矛盾频发期,明晰我国目前阶段经济社会发展所出现的阶段性特征和存在的深层次矛盾与问题。

第七,开展党史、国史教育。党史和国史是对国民进行社会主义核心价值观教育的重要内容。在党史教育方面,重点了解党的革命史、建设史和改革开放史,加深人们对党的历史、理论和政策的认识,继承和弘扬党的优良传统和作风。同时,通过党史教育也可增强社会成员的历史使命感,坚定走中国特色社会主义道路的信心和决心。要充分挖掘党史资源,利用党课、党史知识竞赛、讲座、党史征文、重大历史事件和历史人物的纪念活动等各种形式和手段加强对社会成员的党史教育。在国史教育方面,重点让社会成员了解新中国的成立对中国社会发展所具有的划时代的伟大意义,我国在社会主义革命与社会主义建设时期所取得的重大成就,以及新时期我国在经济发展和社会主义现代化建设方面所取得举世瞩目的成就。通过国史教育,使社会成员深切感受到国家发展和幸福生活的来之不易,从而不断增强其对国家的自豪感和自信心,激发爱国热情,并积极地投入到中国特色社会主义事业的建设中去。

---

① 《中国特色社会主义理论与实践研究》,高等教育出版社2012年版,第18页。

四 社会主义核心价值观融入
思想政治教育的科学方法

将社会主义核心价值观融入思想政治教育必须掌握科学的方法论,只有这样才能收到事半功倍的效果。社会主义核心价值观融入思想政治教育的科学方法主要包含以下几个方面:

一是将解决思想问题与解决实际问题相结合。马克思曾指出:"'思想'一旦离开'利益',就一定会使自己出丑。"① 这就是说,思想问题的解决有赖于物质利益关系的妥善处理。思想政治教育离开群众的实际需要,就会流于空谈。苏联在马克思主义信仰教育方面的一个深刻教训,就是不注重解决群众最关心、最直接、最现实的利益问题,致使思想政治教育内容空洞,达不到教育的目的和实质效果。甚至在 20 世纪 80 年代苏联高等教育部门制定的《共产主义教育示范综合计划》仍然是把"为共产主义奋斗的坚强战士"作为思想政治教育的唯一目标,要求所有学生"在个人的思想意识,精神面貌与行为中确立共产主义道德规范和理想以及积极而且鲜明的立场和态度"。因此,将社会主义核心价值观融入思想政治教育,必须坚持以人为本,凸显人文关怀,把解决群众的思想问题同解决实际问题结合起来。要始终关注群众的生活实际,关心群众的合理需求和实际困难,切实解决他们的实际问题。这样思想政治教育才会具有更大的说服力和感召力,才能使教育工作真正落到实处。

二是将先进性要求与广泛性要求相结合。思想政治教育涉及多方面内容、多层次对象、多领域工作,要真正落到实处、增强实效,必须既统筹安排、系统推进又区分层次性。区分层次性是指在思想政治教育的实践中要针对不同层次的对象提出不同的要求,采取不同的方式和内容进行理论的宣传教育。当前,要善于把社会主义核心价值观的先进性要求同广泛性要求结合起来,在对社会成员的思想政治教育中既鼓励先进,又照顾多数。要把党员干部同一般群众区分开来,并提出不同的标准和要求。对于党员干部来讲,思想政治教育的目的在于就是要使其树立起对社会主义和共产主义的理想信念,并成为践行社会主义核心价值观的模范;对于一般

---

① 《马克思恩格斯全集》第 2 卷,人民出版社 1957 年版,第 103 页。

群众，则是要立足于当前的社会实践，不断提高其对现实社会主义、中国共产党的领导地位以及党和国家政策的认同程度，促使其积极投身于中国特色社会主义的伟大实践。只有这样，思想政治教育才能够找到着力点和切入点，并达到教育的真正目的。

三是将个人理想与共同理想教育相结合。人需要理想，理想为人提供了生活的价值和意义。同样，一个民族、国家、社会的发展也需要靠理想来维系。这个理想就是共同理想。共同理想是一个社会的全体成员基于共同的生活条件、需求、愿望而形成的带有普遍性的社会理想，是人们在一定的社会发展阶段上共同的价值目标追求。有了共同理想，才能有共同步调。只有拥有共同的理想和价值目标，才能建立起共同的社会认同，才能凝聚全社会成员的力量，推动社会的发展和文明的进步。强调共同理想的作用，并不是否认人们有选择和拥有个人理想的权利，但就二者之间的关系而言，共同理想还应占主导地位。江泽民指出："一定要把人为什么活着这个问题弄清楚。如果只是为自己、为家庭而活着，那个意义是很有限的。只有为国家、为社会、为民族、为集体的利益奋不顾身地工作着，毫无保留地贡献出自己的聪明才智，这样的人生才有真正的意义，才是光荣的人生、闪光的人生。"① 只有把个人理想与共同理想结合起来，把倡导对国家、社会、集体的责任感和奉献精神与满足个人利益愿望、实现个人价值统一起来，个人理想才会有深厚的社会基础，社会也才能获得进步和发展。因此，将社会主义核心价值观融入思想政治教育，就必须正确看待和处理个人理想与共同理想的关系，积极引导人们自觉把个人理想实现和全社会的共同理想实现紧密结合起来。

四是将科学性与现实性相结合。社会主义核心价值观是社会主义意识形态的灵魂和旗帜，既具有高度理论性又具有严格科学性，绝不会因时代条件的变化而失去科学性。社会主义核心价值观的科学性主要在于：它是严密而完整的科学思想体系，是指导中国社会发展的强大思想武器。因此，将社会主义核心价值观融入思想政治教育，首先就必须使人们对社会主义核心价值观的基本内容及其科学性和真理性有一个基本的理解和把握。同时，也要结合社会实际，教育并引导人们科学运用马克思主义的世界观和方法论去解读和分析一些重大的社会现实问题和热点问题，

---

① 江泽民：《论党的建设》，中央文献出版社2001年版，第169—170页。

只有把社会主义核心价值观的科学理论同解决现实问题结合起来，才能使社会主义核心价值观更具有说服力，并在实践中逐渐被人们所认同和接受。

五 社会主义核心价值观融入思想政治教育的基本路径

（一）坚持以人为本，注重人文关怀，为社会主义核心价值观融入思想政治教育奠定坚实的群众基础

坚持以人为本，及时回答和解决群众思想和实际问题是将社会主义核心价值观融入思想政治教育的重要环节。胡锦涛在2002年12月全国宣传思想工作会议上指出：思想政治工作说到底是做人的工作，必须坚持以人为本。既要坚持教育人、引导人、鼓舞人、鞭策人，又要做到尊重人、理解人、关心人、帮助人。思想政治工作必须结合经济工作和其他实际工作一道去做，把解决思想问题同解决实际问题紧密结合起来。要大力宣传立党为公、执政为民的要求，着力营造权为民所用、情为民所系、利为民所谋的良好氛围，深刻阐述群众利益无小事的道理，多办得人心、暖人心、稳人心的好事实事，把党和政府的温暖送到群众心坎上。社会主义核心价值观不仅是个理论命题，同时也具有很强的实践性，只有在解决问题的具体实践中，社会主义核心价值观的价值和意义才能充分发挥出来，培育和践行社会主义核心价值观的任务才能顺利完成。因此，要使群众认同并践行社会主义核心价值观，就必须在价值观教育的实际工作中始终坚持以人为本，凸显人文关怀，及时回答和解决群众的思想和实际问题。只有这样才能使社会主义核心价值观更好地融入群众的日常生活当中，并为群众所认同和接受。为此，首先就要尊重群众在培育和践行社会主义核心价值观中的主体地位和首创精神。人民群众既是社会主义核心价值观的培育主体，也是践行主体。在思想政治教育工作中，应充分发挥群众在培育和践行社会主义核心价值观中的主体地位，激发群众的热情，调动群众的积极性、主动性，使其更加自觉、主动地投入到社会主义核心价值观的培育和践行工作中去，从而使社会主义核心价值观教育取得事半功倍的效果。同时，在社会主义核心价值观教育的实践中，还要尊重群众的首创精神，积极培育群众的创新意识，充分挖掘群众的创造潜力，不断推进社会主义核心价值观理论的创新与发展。其次，要有针对性地解决好群众的思想问题和实际问题。解决好思想问题和实际问题是使群众认知、认同并积极践行社会主义核心价值观的前提和关键。在日常的社会生活中，由于来自各方面因素的干扰，群众会遇到各种各样的思想问题和实际问题。因此，应坚持"三贴近"原则，及时了解群众的思想状况，加强同群众之间的沟通与交流，回答和解决群众提出的问题。同时，还要关注群众的生活实际，为群众办实事、做好事、解难事，采取切实措施帮助群众解决生活中遇到的实际问题与困难，使群众深深感受到社会主义核心价值观的重大价值和实际意义，从而增强其对社会主义核心价值观的认同感。

（二）做好价值观的理论转化和教育引导工作，促进群众对社会主义核心价值观的认知和认同

促进人们对社会主义核心价值观的认知和认同是社会主义核心价值观融入思想政治教育的关键所在。解决人民群众对社会主义核心价值观的认知和认同问题，就要遵循理论的宣传教育和转化规律以及群众的心理需求与接受特点，畅通多种管道，做好社会主义核心价值观理论的宣传和教育引导和转化工作。首先，要做好社会主义核心价值观的理论转化工作，使其真正转化为群众的群体意识，内化为群众的价值观念，外化为群众的自觉行动。为此，要做好以下四个转化：一是由理论诉求转化为实践诉求。毛泽东指出："实践的观点是辩证唯物论的认识论之第一和基本的观点。""理论的基础是实践，又转过来为实践服务。"[1] 作为一个科学理论，社会主义核心价值观只有在实践中才能检验自己的真理性并在实践中得以不断丰富和发展。同时，也只有回到实践中去，将其理论诉求转为群众的实践诉求，才能充分发挥其对群众社会实践的指导作用，也只有这样，才能真正为群众所理解、掌握、认同并身体力行地积极践行，从而达到武装群众头脑的目的。二是由主导要求转化为主体需求。社会主义核心价值观作为社会的主导价值观对多样化的社会意识和价值观念具有极强的导向作用。然而社会主义核心价值观要发挥其导向作用，得到群众的广泛认同，必须由主导性要求转化为主体性需求，根据群众的内在需求，

---

[1] 《毛泽东选集》第1卷，人民出版社1991年版，第284页。

解决群众面临的实际问题，使群众充分感受到社会主义核心价值观重大理论和实践价值。只有这样，社会主义核心价值观才能够深入人心。三是由单向灌输转化为双向互动。在社会主义核心价值观的宣传教育中，理论的灌输是必要的，但单纯的理论灌输并不能很好地达到宣传教育的良好效果，必须把理论的单向灌输转为理论的宣传者、传播者与接受者之间的双向互动。因此，理论宣传教育工作者要就党和国家的一些政策方针以及一些重大的理论与实际问题同群众进行及时互动、交流，从而使其自然而然地接受社会主义核心价值观的理论观点。同时，也要求理论宣传教育工作者要及时搜集和反馈群众提出的意见，根据群众的意见对理论的宣传教育工作做出进一步的改进，以增强理论宣传、传播的效果。四是由政治话语转化为大众话语。社会主义核心价值观要达到武装群众头脑的目的，得到群众的自觉认同，就要贴近实际、面向群众，将其由政治话语转化为大众话语。因此，理论工作者必须从大众化的要求出发，在文字的表述上力求简明扼要，用易于为群众所理解的语言概括表述社会主义核心价值观的内容，把复杂的理论转化为生活的道理，努力把它转化为群众的价值取向、愿望要求和自觉行为。其次，做好社会主义核心价值观的理论宣传和教育引导工作。在理论的宣传方面，要求理论宣传工作者要将社会主义核心价值观宣传的内容与形式有机结合起来，从而达到理论宣传的最佳效果。在宣传的内容上要紧紧围绕社会主义核心价值观的主题，突出社会主义核心价值观的基本要求，把培育和践行社会主义核心价值观作为宣传的主要的目的和任务。在宣传的形式上要实现多样化，不断探索和创新形式，以增强宣传的效果。此外，社会主义核心价值观要真正为群众所认同和接受，并转化为群众的群体意识，还要全方位、多层次、多渠道地加强对群众社会主义核心价值观的教育引导工作。为此，就要构筑学校教育、社会教育、家庭教育于一体的价值观教育网络体系，充分发挥学校教育、社会教育和家庭教育在群众社会主义核心价值观教育中的引导作用。

（三）加强马克思主义理论人才队伍建设，确保"融入"工作的贯彻落实

毛泽东曾指出："在担负主要领导责任的观点上说，如果我们党有一百个至二百个系统地而不是零碎地、实际地而不是空洞地学会了马克思列宁主义的同志，就会大大地提高我们党的战斗力量"①。社会主义核心价值观是精神的产物，是对人民群众社会实践的经验总结。然而，社会主义核心价值观理论不可能在人民群众的实践中自发产生，人民群众在社会实践中创造的经验还处于认识的感性阶段，它们固然是对人民群众社会实践的某些真实的反映，但经验仅仅是片面和表面的东西，没有反映出其内在的本质规律。要完全反映出其内部的规律性，就需要具备丰富知识的马克思主义理论工作者对在人民群众社会实践中创造的经验进行深入细致的理论创造工作，只有这样，才能把在实践中获得的经验上升到科学的理论形态，以指导人民群众的社会实践。可见，将社会主义核心价值观融入思想政治教育全过程，关键就是要加强马克思主义理论人才队伍建设，确保精神文明建设和意识形态领域的主导权和话语权牢牢掌握在忠于党、忠于人民、忠于马克思主义的人手里。

为此，首先就要坚持党管干部、党管人才的原则。江泽民指出："一个缺乏马克思主义理论素养，不善于运用正确的立场、观点、方法分析和解决问题的共产党员，不可能发挥应有的作用，更不可能成为党的合格的领导干部。"② 这就是说，牢牢掌握精神文明建设和意识形态领域的主导权和话语权，一方面就要对党员领导干部进行马克思主义理论教育，使其真正能够在精神文明建设的实践中发挥主导和引领作用；另一方面则是要进一步加强领导班子建设，配备好宣传思想战线、哲学社会科学单位的领导班子，把那些政治上坚定、思想理论修养好、忠诚于马克思主义、坚定走中国特色社会主义道路、组织领导能力强和熟悉意识形态工作的优秀干部及时选拔到领导岗位上来。其次，要着力加强马克思主义理论队伍建设，培养一批忠诚于马克思主义事业、能够自觉运用马克思主义的立场、观点、方法解决重大理论和实际问题，且具有政治责任感、社会责任感、学术责任感，又有学术造诣、有创造活力的马克思主义理论学科带头人、专家学者、理论和宣传骨干。在加强社会主义核心价值体系融入精神文明建设的过程中应始终发挥他们在引领社会多样化社会思想和思潮中的应有作用，从而使精神文明建设和意识形态领域的主导权和话语权牢牢掌握在忠于党、忠于人民、忠于马克思主义的人手中。

---

① 《毛泽东选集》第2卷，人民出版社1991年版，第533页。
② 《十三大以来重要文献选编》（中），中央文献出版社1991年版，第630页。

（四）重视网络在社会主义核心价值观融入思想政治教育中的重要载体和平台作用

在社会主义核心价值观融入思想政治教育的实践中，除发挥报纸、杂志、广播、电视等传统媒体的优势外，尤其是要重视网络这一新兴媒体在传播社会主义核心价值观中的作用。当前，互联网已跻身于社会信息传播之中，成为影响社会舆论最重要的传播工具之一。应充分重视以互联网为代表的新兴媒体在思想文化理论传播方面的作用和优势，使其成为宣传和传播社会主义核心价值观的前沿阵地。要加强网络阵地建设，以社会主义核心价值观为指导积极开展生动活泼的网络思想政治教育活动。网络思想政治教育是思想政治教育在网上的延伸，对于人们世界观、人生观、价值观的形成扮演着非常重要的角色。当前，网络已成为人们学习和生活中必不可少的一部分，只有将传统的思想政治工作模式、方法与现代信息网络技术紧密结合，才能牢牢把握思想政治教育的主导权，使其真正成为弘扬社会主义主旋律、引领主流价值观、维护社会和谐的重要阵地。正是基于网络在社会主义核心价值观传播和教育中的重要位置，当前将社会主义核心价值观融入思想政治教育，必须积极开展生动活泼的网络思想政治教育活动，形成网上网下思想政治教育的合力。具体来讲，应着重从以下几个方面入手：一是加强网上主流文化和价值观的宣传。当前应加强党的理论和党与国家政策方针的网络宣传与传播，加强对网上热点问题的分析，把群众的情绪引导到健康理性的轨道上来。同时还要根据群众的心理特点和接受习惯，遵循思想文化传播规律，既重视内容的更新，也探求形式的改变，不断丰富宣传的内容和方式。二是充分利用网络平台开展马克思主义理论和社会主义核心价值观的学习活动。根据网络信息交流的交互性特点，可通过网络专门设置马克思主义理论和社会主义核心价值观的学习平台，使人们自由交流学习经验，提高自身的理论水平。此外，也可通过政府官方微博等开展马克思主义理论和社会主义核心价值观的理论宣介和学习讨论活动。通过这些网络平台引导人们由传统的被动式接受教育转变为主动参与思想交流，在思想碰撞中自然而然地接受主流的思想观点。三是以社会主义核心价值观为主题开展作品展示、知识竞赛、设计大赛、征文大赛等丰富多彩的网络文化活动，并使广大群众参与其中。通过各种网络文化活动的开展使群众自身的认识得到深化，觉悟得到提高，精神生活得到充实，道德境界得到升华。四是结合群众的实际，建设特色鲜明、融思想性、专业性、服务性于一体的主题教育网站。如可通过建设一批特色鲜明的"红色网站"对群众进行思想政治教育，用主流文化和价值观引领群众的思想健康发展。构筑网上文化精品库，通过网络进行名著点阅、名片点映和名曲点播等，对群众进行优秀传统文化的教育，提高群众文化品位，拓宽群众的视野和知识结构。

此外，还要牢牢掌握网上舆论主导权，构筑适应思想政治教育的网络话语体系。2014年2月27日，习近平在中央网络安全和信息化领导小组第一次会议的讲话中指出："做好网上舆论工作是一项长期任务，要创新改进网上宣传，运用网络传播规律，弘扬主旋律，激发正能量，大力培育和践行社会主义核心价值观，把握好网上舆论引导的时、度、效，使网络空间清朗起来。"① 当前，将社会主义核心价值观融入思想政治教育，就要牢牢掌握网上舆论主导权，构筑适应思想政治教育的网络话语体系。首先，应把握网络舆情，有效引导网络舆论健康发展。同传统形态的舆论相比，网络舆论具有复杂性、非理性、传播速度快、争论较为激烈、调控难度大等特点。传统形态的舆论主要是通过传统主流媒介如电视、报纸等进行的，从舆论开始形成时起，就具有一定的导向性和可控性。传统形态的舆论往往是由主流媒体先设置好具有导向性的议题，然后引导公众有序参与议题的讨论，在此过程中，主流媒体可根据舆情的变化情况，适时进行因势利导调控，以使舆论朝着预期的方向发展。而网络舆论的形成则具有无序性和突发性。由于每个网民都可以在网上通过各种平台如新闻跟帖、BBS论坛发帖、个人博客等自由地发布信息，表达自己的意见，因此，每个人都可能会成为一种舆论议题的设置者和发布者，且在舆论议题的设置和发布方面也具有很大的随意性，这就在一定程度上增加了对舆论进行引导和调控的难度。且很多网民的言论和立场处于一种非理性化的状态，没有经过对事件前因后果的深刻了解和认真分析，因而带有较多的随意性与情绪化色彩。同时，由于网民身份的隐蔽性，网络舆论的真实性也无法保障。针对网络舆论的这些特点，要使社会主义核心价值观有效融入思想政治教育，就要充分发挥主流媒体在网络舆论中的影响力和引导力，掌握网络舆论的主动权，牢牢把握正确舆论导向。在舆论开始形成时主流媒体就

---

① 习近平：《习近平谈治国理政》，外文出版社2014年版，第198页。

要积极参与其中,组织相关专家对舆情进行认真分析,并有意识地设置舆论议题,引导网络舆论朝着健康正确的方向发展。其次,掌握网络话语权,构筑适应思想政治教育的网络话语体系。如何掌握网络话语权,提高思想政治教育的有效性是当前在网络条件下思想政治教育工作者面临的一大问题。在传统的思想政治教育中,教育者和受教育者之间往往是一种不对等的关系,教育者处于权威地位,在教育过程中掌握着毋庸置疑的话语权,而受教育者则处于一种被动接受的状态。这种教育模式能够使教育者始终掌控整个教育过程,使之不至于出现偏差,但其所带来的不可忽视的问题就是在教育过程中忽视了受教育者的主体地位,是教育者凭借自己的威权而对受教育者的一种单线灌输,这就可能会使教育的效果大打折扣,在一定程度上流于形式。而网络的出现改变了教育过程中教育者和受教育者之间地位的不平等现象,在网络空间双方是一种新型的平等关系,教育者和受教育者之间在平等的基础上进行交流,这就打破了传统教育模式下教育者在话语权方面的主导地位和绝对权威。事实上,在网络条件下,在教育者和受教育者之间存在着两套话语体系,即教育者原有的传统话语体系与受教育者的网络话语体系,而这两种话语体系之间又存在着很大的差异性。网络话语体系是在网络文化的特定环境下形成的在大众中间流行的网络语言体系,具有新奇性、多变形和不规范性等特点,在很大程度上影响着人们的日常生活。对于思想政治教育工作者来说,如果不熟悉和掌握网络语言,就不能很好地与其交流和沟通,从而失去对人们进行思想政治教育的主导权。因此,思想政治教育工作者必须真正融入大众的网络生活,构筑适应新时期思想政治教育的网络话语体系,掌握网络话语主导权,用他们所喜闻乐见的语言表达方式及时有效地传递教育内容,取得教育的实际效果。

(五) 充分发挥高校在社会主义核心价值观融入思想政治教育中的阵地优势

高校在社会主义核心价值观融入思想政治教育中的阵地优势主要是由两方面决定的。

其一,是由大学生在我国社会主义建设事业中的地位所决定的。2004年,中共中央、国务院在《关于进一步加强和改进大学生思想政治教育的意见》中指出:大学生是十分宝贵的人才资源,是民族的希望,是祖国的未来，必须加强和改进大学生思想政治教育。要以理想信念教育为核心，深入进行树立正确的世界观、人生观和价值观教育。同时，要积极引导大学生不断追求更高的目标，使他们中的先进分子树立共产主义的远大理想，确立马克思主义的坚定信念。2005年1月，在全国加强和改进大学生思想政治教育工作会议上，胡锦涛再次强调：要切实加强和改进大学生思想政治工作。大学生是社会主义和谐社会建设的生力军，是中国特色社会主义事业的建设者和接班人，是中华民族伟大复兴的希望。社会主义基本制度能否在中国经久不衰，社会主义事业能否兴旺发达，直接取决于有没有一支用马克思主义理论武装起来的青年知识分子队伍。大学生在我国社会主义建设事业中扮演着十分重要的角色。一是大学生是马克思主义理论建设的主体，承担着马克思主义理论的传播、传承、创新与培育的重要任务。大学生既是社会主义核心价值观的培育主体，也是社会主义核心价值观的践行主体，没有大学生的广泛参与，并身体力行地积极践行，培育社会主义核心价值就是一句空话。同时，大学生的社会实践也为社会主义核心价值观的培育提供了丰富多样的素材，是社会主义核心价值观理论创新和发展的不竭源泉。因此，大学生的社会主义核心价值观教育状况如何，直接关系到马克思主义理论和中国特色社会主义理论自身的发展状况。二是大学生是中国特色社会主义事业的合格建设者和接班人，是中国特色社会主义事业兴旺发达的希望所在。在高校，应在思想上引导和帮助大学生树立马克思主义的世界观、人生观、价值观，确立为建设有中国特色社会主义而奋斗的政治方向，增强对党的领导和中国特色社会主义事业的信心和决心。三是大学生是我国社会主义现代化建设事业的主力军。我国的现代化建设事业需要大量的既具有较高政治素养、又能够掌握现代化的科学文化知识和科学技术，并具有创新意识和进取精神的专业人才，而大学生无疑是这一群体的核心力量。四是大学生是思想政治教育的重点对象，大学生的思想政治状况如何直接关系到我国思想政治教育的成败，因此，对大学生进行社会主义核心价值观教育是提高思想政治教育有效性的关键所在。

其二，是由高校在我国思想政治教育和社会主义价值观的培育方面所发挥的重要作用所决定的。作为文化知识传承和理论创造的主要场所，培育高素质人才的重要基地，高校在我国思想政治教育和社会主义价值观的培育方面具有十分重要的地位和作用。2015年1月，中共中央办公厅、国务院办公厅印发的《关于进一步加强和改进新形势下高校宣传思想工作的意见》强调指出：高校作为意识形态工作前沿阵地，肩负着学习研究宣传马克思主义，培育和弘扬社会主义核心价值观，为实现中华民族伟大复兴的中国梦提供人才保障和智力支持的重要任务。做好高校宣传思想工作，加强高校意识形态阵地建设，是一项战略工程、固本工程、铸魂工程，事关党对高校的领导，事关全面贯彻党的教育方针，事关中国特色社会主义事业后继有人，对于巩固马克思主义在意识形态领域的指导地位，巩固全党全国人民团结奋斗的共同思想基础，具有十分重要而深远的意义。首先，高校具有意识形态的建设和维护功能。从本质上讲，社会主义核心价值观教育属于意识形态范畴，具有鲜明的阶级性。高校作为社会主义的大学，对于推进国家的主流文化建设和社会主义意识形态的创新发展具有义不容辞的责任和义务，必须用马克思主义的思想理论教育广大师生。这既是我们实现社会主义高等教育的目标所必需，也是由当前我国高校意识形态斗争的复杂性所决定的。新形势下，巩固马克思主义意识形态在高校的主导地位，必须充分发挥高校的意识形态建设和维护功能。其次，高校具有育人和教化功能。高校所承担的主要任务之一就是培养中国特色社会主义事业的合格建设者和可靠接班人。要做到这一点，不仅需要大力提高大学生的科学文化素质，更要大力提高他们的思想政治素质。恩格斯曾经指出："行动的一切动力，都一定要通过他的头脑，一定要转变为他的意志的动机，才能使他行动起来"①。要规范学生的行为，促使其健康成长，就必须从内心去解决他们的思想问题，使其树立起科学的世界观、人生观和价值观，坚定对马克思主义的信仰。因此，必须充分发挥高校在大学生社会主义核心价值观教育方面的作用和优势。再次，高校在马克思主义理论的创新与社会主义核心价值观教育方面具有独特的优势。一是马克思主义理论的学科优势。高校拥有马克思主义理论一级学科及其下设的二级学科，这就为高校开展马克思主义理论研究、加强大学生社会主义核心价值观教育提供了重要的平台和支撑。二是人才优势。高校拥有一支理论水平高、政治素质过硬的马克思主义理论队伍，是对大学生进行社会主义核心价值观教育的中坚力量。三是宣传教育优势。高校拥有各种宣传载体和传播平台，是进行马克思主义理论宣传教育的主阵地。高校可通过校训校

---

① 《马克思恩格斯选集》第 4 卷，人民出版社 1995 年版，第 251 页。

歌、校报、校史馆、图书馆、专家讲座、校园文化活动等各种形式和渠道广泛开展马克思主义理论的宣传教育，使社会主义核心价值观不断转化为大学生的自觉追求和内心的一种信仰。四是阵地优势。高校思想政治理论课承担着对大学生进行系统马克思主义理论教育的任务，是对大学生进行社会主义核心价值观教育的主渠道。其根本目标就是要使学生树立起科学的世界观、人生观和价值观，坚定对社会主义的理想信念和对马克思主义的信仰。

相对于社会其他单位来讲，高校拥有较多的教育资源和教育阵地与平台，高校可充分利用这些教育资源、教育阵地与平台对大学生进行社会主义核心价值观和思想政治教育。

一是加强学生社团组织建设，营造有利于高校社会主义核心价值观融入大学生思想政治教育的实践舞台。学生社团是指学校中具有共同兴趣和爱好的学生自愿参加和组成的学生团体，在提高学生综合素质、引导学生适应社会、促进学生成长就业等方面发挥着重要的作用，是新形势下高校开展思想政治教育和社会主义核心价值观宣传教育活动的主阵地。因此，加强对大学生的社会主义核心价值观教育，应充分重视和加强学生社团组织建设。在学生社团组织建设中，高校应坚持以社会主义核心价值观为指导，积极组织学生社团开展各种实践活动，探索实践的内容和形式；学校应从政策上支持学生社团的发展，并将其活动纳入到现行的学分制体系和学校的正常管理体系当中，使社团活动实现规范化、制度化。要加强对社团的指导和管理，重视对社团干部的选拔、培训，丰富社团活动内容，加强社团与社会的联系。充分保障学生社团活动的资金来源，注重精品社团的培育，对有价值和有前景的社团给予重点扶持；学生的社团文化活动要能够突出主流价值观的基本要求，并坚持思想性、艺术性、学术性、娱乐性相结合，使学生在潜移默化中受到良好的思想政治和道德教育。

二是充分发挥高校思想政治理论课在高校社会主义核心价值观融入大学生思想政治教育阵地和平台作用。高校思想政治理论课是对大学生进行社会主义核心价值观和思想政治教育的主阵地和主平台。高校思想政治理论课承担着对大学生进行马克思主义理论和思想政治教育的重要任务，对于大学生正确价值观的形成发挥着十分关键的作用。在当前培育和践行社会主义核心价值观的思想文化背景下，应坚持以社会主义核心价值观为统领，并将其融入思想政治理论课教学全过程，不断推进教学内容、方法体系的改革与创新,以达到用社会主义核心价值观武装大学生的目的。首先,要紧紧围绕社会主义核心价值观教育的内容,将其三个层面的核心价值观融入思想政治理论课的教学内容之中。结合与社会主义核心价值观密切相关的一些重大的理论和现实问题对教学内容进行科学系统的规划和设计。其次,按照社会主义核心价值观教育的要求创新思想政治理论课教学方式和方法。用社会主义核心价值观统领思想政治理论课,不仅要在教学内容上体现建设社会主义核心价值观的要求,而且要坚持解放思想、实事求是、与时俱进这一马克思主义的精髓,努力创新思想政治理论课教学方式和方法,探索体现时代性、反映规律性、富于创造性的思想政治理论课教学新路子,以保证把社会主义核心价值观教育的任务落到实处。

三是建立和完善高校社会主义核心价值观融入大学生思想政治教育的管理体制和机制,为大学生正确价值观的形成提供坚实的制度平台。一方面,坚持把社会主义核心价值观教育与对大学生的日常教育管理制度相结合。高校教育管理部门要把倡导社会主义核心价值观作为分内工作,建立健全有效的激励约束机制,注重在日常教育管理中体现价值向导,使符合社会主义核心价值观的行为得到鼓励,违背社会主义核心价值体系的行为受到制约,进而使社会主义核心价值观的要求成为大学生日常学习生活的遵循。要把对大学生的基础道德和文明修养教育与他们日常的行为养成、管理结合起来;把学习、实践与考核结合起来;把过程考核与结果考核结合起来;把对学生的入学教育和毕业教育相结合,培养学生科学的世界观、人生观和价值观。通过这些促进大学生对社会主义核心价值观的认知、认同,使其积极践行社会主义核心价值观,不断提高自身思想政治素质。另一方面,坚持把社会主义核心价值观教育与对教师的日常管理制度相结合。高校教师承担着对学生进行思想教育和知识传承的重要任务,尤其是高校哲学社会科学专业教师和思想政治理论课教师在对学生进行马克思主义理论和价值观教育方面扮演着十分重要的角色。高校教师的价值观、思想行为对大学生具有潜移默化的影响。因此,当前高校应按照社会主义核心价值观的要求不断创新教师管理制度。要建设一支专业技术水平高、素质过硬、政治觉悟较高的教师队伍;在对教师的管理制度的制定中要始终体现以人为本的价值理念,保证各项人文关怀措施的真正落实。要把对教师的教学管理制度同学习制度相结合,不断提高教师的专业水平和马克思主义理论水平;采取各种措施为教师搭建学术发展的科研平台,做好项目资金的配套和落实等。通过这些使教师充分发挥自己的表率作用，用自己的实际行动去感召青年大学生积极投身于中国特色社会主义的建设事业之中。

四是注重实践养成，深入开展社会实践，在潜移默化中培养大学生对社会主义核心价值观的认同感。社会主义核心价值观不仅是个理论命题，同时也具有很强的实践性。因此，对大学生进行社会主义核心价值观教育，既要重视价值观理论的学习和教育，也要重视实践养成。只有在实践中才能使大学生切实感受到社会主义核心价值观的价值和意义，才能使其身体力行地积极践行社会主义核心价值观。在社会实践教育活动中，高校应充分重视红色教育基地在大学生价值观教育中的作用。定期组织学生到延安、井冈山、红旗渠、焦裕禄烈士陵园、大别山等红色教育基地参观、考察和学习，通过实物和图片，使学生直观地去认识和了解党的革命和建设的奋斗历史，深切地感受到幸福生活的来之不易，从而增强对党的信心和对社会主义的理想信念。在此过程中，使党的艰苦奋斗、敢于争先、勇往直前、为民服务的优良传统和作风在大学生身上得以很好传承。同时，高校要做好大学生的三下乡活动，从经费、政策等各方面对活动予以帮助和支持，使大学生通过下乡调研、支教等多种形式亲身践行和体验社会主义核心价值观，在践行和体验中加深大学生对社会主义核心价值观的认同和理解。高校还要做好大学生城市社区的志愿服务活动，使大学生在社会服务和帮助他人的过程中使自身的情感得到升华，集体和服务意识等到强化，社会责任感得到加强。此外，可充分利用社会的教育资源对大学生进行价值观教育，如通过开展大型的科技活动、文体活动、重大的节日纪念日、重大历史事件和历史人物的纪念日等活动，使学生参与其中，激发学生的爱国热情和为祖国奉献的精神。通过免费开放文化馆、博物馆、图书馆、科技馆等文化设施和开展社会模范人物事迹的宣介等活动对大学生进行文化教育和思想道德教育。

第十章

以社会主义核心价值观
引领多样化社会思潮

社会思潮是社会意识领域的"传声筒",千姿百态的社会意识往往通过社会思潮表现出来。社会思潮是对社会存在的具体反映,是一定时期内反映一定阶级、阶层或不同社会群体利益诉求,并得到广泛传播,对社会生活产生较大影响的思想潮流。改革开放以来,随着我国经济体制的深刻变革、社会结构的深刻变动、利益格局的深刻调整和人们生活方式、思想观念的深刻变化,各种社会思潮纷纷涌现,给人们的思想带来了很大的冲击和影响。因此,当前引领当代中国社会思潮,必须敢于善于对它做出正面回应。必须对它的性质做出正确判断,运用科学方法对它进行认真研究。尤其是要坚持用马克思主义的立场、观点和方法对各种错误思潮进行批判和分析,不断增强社会主义意识形态的吸引力、凝聚力,消除错误思潮对人们思想的影响,从而不断提高社会主义核心价值观引领多样化社会思潮的能力。

一 社会思潮的一般特点及功能

作为一种群体的社会意识现象,社会思潮具有一些鲜明的特点:一是时代性。各种社会思潮都产生于一定的历史时代,是社会历史发展到一定时期的产物,带有该时代的印记,受该时代政治、经济、文化、发展的影响,同时又对该时代人们的精神、生活层面起着不同性质、不同程度的反作用;二是群体性。社会思潮是以特定的社会群体为主体的社会意识,反映一定社会群体的利益愿望,带有明显的功利色彩,甚至超越某一群体,反映多群体成员的共同意愿,得到绝大多数人的共鸣与支持;三是政治性。在阶级社会里,社会思潮不可避免地带有某种政治倾向性,它总是代

表一定阶级、阶层利益的。从社会思潮的实际效果看,一种社会思潮的产生与发展,也客观上总是对某个社会集团或阶级有利;四是传播性。社会思潮是适应现实生活的需要,以动态的形式存在的社会意识和舆论热点,其一旦形成,就会传播、扩散,很快在一定范围内流行;五是变动性。社会思潮的稳定性较弱,其原因大体有两个方面:即社会思潮本身有一个不断充实、不断提高的过程。由于外来力量的干扰,它在同对立思想的斗争中有一个力量对比的变化过程;六是现实性。社会思潮一般具有明确的目标指向,包括干预社会变革、左右社会运行走向、解决社会危机,等等。社会思潮作为具有广泛影响的群体意识,在一定的条件下会转化为变革社会的物质力量,从而使社会思潮在一定范围内演化为社会运动;七是多样性。社会存在决定社会意识,经济基础决定上层建筑。随着社会主义市场经济深入发展,我国经济成分、组织形式、就业方式、利益关系和分配方式日益多样化,人们的思想观念、道德意识、价值取向呈现多样化的趋势。我国意识形态领域在高扬主旋律的同时,也出现了形形色色、各种各样的社会思潮。当代中国社会思潮中存在着主流社会思潮、非主流社会思潮、反主流社会思潮三种流向。其中,主流社会思潮体现着社会主义核心价值观,必须加强建设,广泛传播。非主流社会思潮体现着现实社会生活的差异性和多样性,必须尊重和包容,并加以正确引导。反主流社会思潮体现着现实社会生活中消极的、落后的方面,必须加以抵制和批判,从而化解它的负面影响;八是复杂性。社会思潮所具有的时代性、群体性、政治性、传播性、变动性、现实性、多样性等特点,决定了社会思潮在其内容本身及对社会的影响方面必定呈现一种复杂性。

从社会思潮的性质和作用来看,在当代社会思潮中,既有与社会发展和主流意识形态方向相一致的正确思潮,也有与社会发展和主流意识形态方向相背离的错误思潮。正确的社会思潮在全社会的传播能够促进社会主义和谐文化建设,并给人们提供丰富的思想文化材料,对提高人们的文化素养和理论水平,形成正确的价值观,激励他们为实现社会的理想目标和个人人生价值而努力奋斗具有十分积极的作用;错误的社会思潮则会影响社会主义文化与主流意识形态建设,给人们带来消极、负面的影响,成为阻碍人们健康成长和社会进步的因素。用社会主义核心价值观引领社会思潮,就要充分认识社会思潮所具有的巨大功能作用。无视社会思潮的巨大功能作用,或者对其意义估计不足,就会失去或者弱化社会思潮研究的现实针对性。社会思潮功能最主要的表现，就是它作为一种思想潮流、精神力量会依其不同性质，能够在一定条件下不同程度地转化为物质的力量，作用于社会存在，影响社会的发展。总的来说，社会思潮具有社会认识、观念整合与激励三大功能。社会认识功能主要是指，社会思潮作为社会意识的重要现象，内在地具有对社会存在的反映功能。认识主体是社会思潮所代表和反映的利益群体。认识的客体则是社会实践中的重大问题，包括历史的问题和现实的问题，研究过和未研究过的问题等。我们通过考察社会思潮对这些问题的反映和描述，在一定程度上可以把握社会现实中的矛盾运动状况。观念整合功能是指社会思潮依其本身不同的性质，具有不同程度地统一多种多样的思想观念的功能。激励功能是指社会思潮所具有的号召、鼓动群众投身变革社会实践的功能。应该说，以上三种功能，只有那些符合时代精神，推动社会进步的社会思潮所起的作用才是正向的。错误的甚至是反动的社会思潮，虽然也能对社会存在起到一定的反作用，但是由于它对社会的认识是唯心主义的，片面的或歪曲的，对人们观念的整合是引向错误的方向，因而它不能对人们的思想起到有益的激励作用，只能对人们的思想起到毒害和麻醉作用。

二 社会思潮对我国精神文明建设的影响

社会思潮的多样化是当前我国精神文明建设面临的一个基本的客观现实，多样化社会思潮给我国精神文明建设实践的发展带来了一些不可忽视的影响。

其一，多样化社会思潮对我国马克思主义的主流文化和意识形态建设具有双重影响：一方面，多样化的社会思潮在一定程度上活跃了人们的思想观念，有利于促进马克思主义主流文化和意识形态的创新和发展，从而为精神文明建设的顺利推进，实现文化现代化的目标注入新的活力因子。多样化的社会思潮就其主体而言，是社会开放和文明进步的产物，它标志着人们个性的张扬、思想的活跃和创造力的释放，推动着社会全面进步和人的全面发展，因而在价值取向和社会功能上与一元化的指导思想形成良性互动的关系。就马克思主义理论来说，其本身就是一个开放的体系，只有在多样性的社会思潮中不断汲取丰富的思想营养，才能避免思想的停滞和观念的僵化，保持强大的生机和活力，维护其在意识形态领域的主导地位。另一方面，一些反映剥削阶级利益的腐朽思想以及消极颓废的生活方式也趁机滋生蔓延，给人们的思想行为带来消极的影响，从而为我国社会的发展和马克思主义的主流文化和意识形态建设带来巨大的挑战。尤其是一些反马克思主义的错误思潮如新自由主义思潮、民主社会主义思潮、历史虚无主义思潮、儒化思潮、宪政思潮、私有化思潮、普世价值说等危害极大。其危害性主要表现在：一是这些思潮所提出的观点和主张从理论上是根本错误的，且具有诱惑性，甚至是隐蔽性，这就在很大程度上扰乱了人们的思想意识和价值观念；二是这些思潮反马克思主义、反社会主义的政治倾向对我国坚持走中国特色社会主义道路，促进中国特色社会主义事业的繁荣发展极为有害。它们在政治上要求取消共产党的领导和人民民主专政，经济上要求废除公有制的主体、多种所有制经济共同发展的基本经济制度，思想上要求取消马克思主义指导地位。其观点是与科学社会主义根本对立的；三是这些思潮在一定程度和范围内影响了社会的稳定和社会主义精神文明、市场经济发展的正常秩序。这些思潮的代表人物往往具有强烈干预社会生活的愿望，热衷于政治活动和理论观点上的宣传鼓动，给我国构建社会主义和谐社会、坚持和完善社会主义市场经济体制带来了挑战与威胁。因此，对于社会思潮，我们既要看到它多样化的客观现实，又要看到它必须加以引领的必要性。通过引领使多样化的社会思潮充分发挥其正面的积极作用，而减少甚至避免其负面作用的发生，使其朝着有利于主流意识形态建设的方向发展。

其二，多样化社会思潮对青年学生的影响。社会思潮具有传播特性，其传播过程一般是从高层知识分子到一般青年学生，再到社会群众。因此，作为各种思想文化产生、传播的集散地，知识分子云集的主要场所和培育高素质人才的重要基地，高等学校历来是敌对势力同我们争夺下一代的斗争前沿，极易受到各种社会思潮的冲击和影响。正确的社会思潮在高校校园的传播促进了社会主义和谐校园文化建设，并给青年学生提供了丰富的思想文化材料，对提高青年学生的文化素养和理论水平，形成正确的价值观，激励他们为实现社会的理想目标和个人人生价值而努力奋斗具有十分积极的作用；错误的社会思潮则会影响校园文化主流意识形态建设，给青年学生带来消极、负面的影响，成为阻碍青年健康成长和社会进步的因素。主要表现在：一些大学生中存在着共产主义理想淡化、信仰多元化的倾向；存在着把中国特色社会主义理论与马克思主义割裂和对立起来，对中国特色社会主义的性质及基本内容认识不清的倾向。有的学生甚至对中国特色社会主义理论和社会主义的前途持怀疑态度。这些说明，在一些学生中关于社会主义前途命运的认识还是较为模糊的，甚至可以说是混乱的。错误思潮冲击了共产主义道德的主导地位和传统道德的重要作用，使部分青年学生道德意识模糊，人生观、价值观出现了扭曲等。在这种情况下，要使广大青年学生成长为中国特色社会主义事业的合格建设者和可靠接班人，就必须大力提高他们的科学文化素质和健康素质，尤其要大力提高他们的思想政治素质，引导大学生构筑强大精神支柱，坚定理想信念，增强政治鉴别力，有效防范和抵御敌对势力对我西化、分化的图谋，确保我国在激烈的国际竞争中始终立于不败之地，确保中华民族始终屹立于世界先进民族之林。

三 做好社会主义核心价值观对多样化社会思潮的引领工作

对社会思潮进行引领整合，使之朝着有利于推进中国特色社会主义事业和实现社会主义现代化目标的方向发展，是建设社会主义核心价值观的应有之义。社会主义核心价值观，是我国占主导和支配地位的主流意识形态，是各族人民团结奋斗的共同思想基础。社会主义核心价值观所蕴含的12个核心价值从根本上代表着最广大人民群众的根本利益和中国特色社会主义发展的正确方向，具有其他价值观都不具备的先导力和影响力，因而能够引领社会思潮健康发展。因此，在当前社会思潮纷繁复杂、暗流涌动的思想文化背景下，应坚持尊重差异包容多样的文化方针，通过各种渠道和手段做好社会主义核心价值观对社会思潮的引领，从而促进多样化社会思潮的健康、有序发展。

（一）创新各种有效载体和形式，将社会主义核心价值观的"引领"工作融入文化建设各个方面

将社会主义核心价值观的"引领"工作融入文化建设的各个方面，即要把"引领"工作贯穿于国民教育的全过程，渗透到精神文明建设的各个方面，体现在政策、法规的制定和执行中，融入人们的日常工作和生活中，特别是要重视学校这个最重要的思想文化阵地，把引领工作贯穿到未

成年人思想道德建设和大学生思想政治教育中,渗透到大中小学思想政治课和思想品德课教学中,体现在学校教育、教学和日常管理中,真正做到进课堂、进教材、进学生头脑。媒体是思想文化传播的重要载体。马克思就曾称赞,"自由的出版物是人民精神的慧眼,是人民自我信任的体现,是把个人同国家和整个世界联系起来的有声的纽带"。"它无所不及,无处不在,无所不知。它是从真正的现实中不断涌出而又以累增的精神财富汹涌澎湃地流回现实去的思想世界。"[①] 当前,应充分重视新闻舆论方面的工作,抓好各级各类的媒体,利用新闻媒体信息传播的独特优势,把社会主义核心价值观的要求及其对多样化思潮的引领要求贯穿到日常宣传、报道之中,在全社会弘扬真善美,鞭挞假恶丑,从而形成强有力的主流声音、正面导向和舆论强势。

要重视精神文化产品这个重要载体,使"引领"工作潜移默化地影响人们的思想情操和道德情操。精神文化产品对于推进核心价值体系建设,有效引领多样化社会思潮具有不可替代的独特作用。要着眼于满足人们精神文化需求,把社会主义核心价值观作为文化创作的主体内涵,用高质量的精神文化产品生动形象地倡导社会主义核心价值观,用体现社会主义核心价值观的文化产品引领各种文化思潮和文化追求。要把握群众文化生活的新特点,加强对新的文化品种、文化形式的研究和引导,把群众的满意程度作为衡量标准和评价尺度,不断创作群众喜欢、群众欢迎、群众满意的文化产品,使文化创作的过程成为不断提高人民群众文化生活水平、促进人的自由全面发展的过程。要坚持为人民服务、为社会主义服务的根本价值取向,加强对创作思想、创作选题的引导,对体现主流意识形态、唱响代表时代发展方向、体现社会进步要求的主旋律的优秀精神文化产品给予鼓励和支持,对亵渎经典、嘲弄英雄和低俗媚俗的倾向予以鞭挞和抵制,努力形成有利于推进社会主义意识形态建设的良好文化生态。要根据"三贴近"原则,善于运用各种文化形式、群众性文明创建活动,把社会主义核心价值观引领多样化社会思潮的工作落实到各个基层单位,融入人们的日常工作和生产生活。当前,尤其是要做好文明城市、文明社区、文明村镇、文明行业,文明家庭、文明单位和军民共建、警民共建等精神文明创建活动,大力开展群众性文化、卫生、体育和科学普及活动,倡导文

[①] 《马克思恩格斯全集》第1卷,人民出版社1956年版,第74、75页。

明、健康的生活方式，为社会主义核心价值观引领多样化社会思潮创造良好的社会环境和人文环境。

（二）着实推进马克思主义理论研究和建设工程，提升社会主义核心价值观引领多样化社会思潮的本领和能力

实施马克思主义理论研究和建设工程，是我们党加强马克思主义理论建设的重大举措。通过加强马克思主义理论研究和建设，可以进一步发挥马克思主义指导思想对整个社会主义核心价值观的统摄作用，大大加强以社会主义核心价值观引领社会思潮的思想理论基础，使社会主义核心价值观在引领社会思潮的过程中显示更为强大的真理与逻辑的力量。实践永无止境，创新永无止境。理论要对实践进行科学的指导，必然也要随着实践的发展而不断与时俱进，不断丰富完善，不断发展创新。因此，在当前各种思想文化相互激荡和深入建设社会主义核心价值观的思想背景下，马克思主义理论工作者应坚持以马克思主义为指导，"以我国改革开放和现代化建设的实际问题、以我们正在做的事情为中心，着眼于马克思主义理论的运用，着眼于对实际问题的理论思考，着眼于新的实践和新的发展"①，不断推进中国特色社会主义理论的创新和发展，用马克思主义中国化的最新理论成果武装全党，教育人民。在实践中，应深入研究和回答与培育社会主义核心价值观密切相关的一些重大理论和实际问题，澄清人们认识上的错误，最大限度地统一思想、形成共识。研究和回答有关社会思潮涉及的、干部群众普遍关心的重大理论和实际问题，不断赋予当代中国马克思主义鲜明的实践特色、民族特色、时代特色，进一步增强科学理论的说服力和感召力。

（三）做好社会主义核心价值观的转化工作，提高"引领"工作的针对性和有效性

提高"引领"工作的针对性和有效性，除了要加强对社会主义核心价值观的教育引导和主流意识形态建设之外，还要切实做好社会主义核心价值体系的转化工作，使其由理论诉求转化为实践诉求、由主导要求转化为主体需求、由主流的先进性转化为主流的广泛性、由政治话语转化为大众

---

① 《十五大以来重要文献选编》（上），人民出版社2000年版，第13页。

话语、由单向灌输转化为双向互动，解决社会主义核心价值观的实践效果、入心入脑、语言表述和大众参与等问题。只有这样，社会主义核心价值体系才能真正转化为社会群体意识，使其内化为人们的价值观念，外化为人们的自觉行动。一是由理论诉求转化为实践诉求。社会主义核心价值观是我们党在新的历史时期提出的一个创新理论，是指导我国社会主义文化和精神文明建设发展的基础理论。然而作为一个科学的理论体系，社会主义核心价值观只有在实践中才能检验自己的真理性并在实践中得以不断丰富和发展。同时，也只有回到实践中去，将其理论诉求转为亿万群众的实践诉求，才能充分发挥其对群众社会实践的指导作用，也只有这样，才能真正为群众所理解、掌握、认同并身体力行地积极践行，从而达到武装群众头脑的目的。二是由主导要求转化为主体需求。社会主义核心价值观是社会主义意识形态的根本，是我国社会占主导地位的价值观，对多样化的社会意识和价值观念具有极强的导向作用。然而，社会主义核心价值观要发挥其导向作用，得到全社会的广泛认同，必须由主导性要求转化为主体性需求，根据群众的内在需求，把解决思想问题同解决实际问题结合起来，使广大群众能够共享物质文明和精神文明发展的成果，充分感受到社会主义核心价值体系给他们所带来的重大实践价值。只有这样，社会主义核心价值观才能够深入人心。三是由单向灌输转化为双向互动。作为一个新的理论体系，社会主义核心价值观不可能在群众当中自发产生，"这种意识只能从外面灌输进去"[①] 这就需要马克思主义理论工作者要根据社会实际和群众实际不断做好社会主义核心价值观的理论研究和理论创新工作，同时，也要求理论的宣传教育工作者要采取多种渠道、多种手段与方式做好社会主义核心价值体系理论的传播、宣传与教育工作。理论的灌输是必要的，但单纯的理论灌输并不能很好地达到宣传教育的良好效果，必须把理论的单向灌输转为理论的宣传者、传播者与接受者之间的双向互动。理论宣传教育工作者要就党和国家的一些政策方针以及一些重大的理论与实际问题同群众进行及时互动、交流，从而使其自然而然地接受社会主义核心价值观的理论观点。同时，也要求理论宣传教育工作者要及时搜集和反馈群众提出的意见，根据群众的意见对理论的宣传教育工作作出进一步的改进，以增强理论宣传、传播的效果。四是由政治话语转化为大众

---

① 《列宁选集》第 1 卷，人民出版社 1995 年版，第 317 页。

话语。有学者指出:"人们对信息的快速消化考验着意识形态的生命力,要想使意识形态洋溢着新鲜感,意识形态的表达方式就不能过于繁琐,不能设定太多的前提,层层论证,在不失意识形态真谛、确保意识形态基本内涵的前提下,意识形态的表达方式要尽量简洁明快、朴素流畅,意识形态的核心部分虽然高深莫测,但在浅阅读的信息时代,人们更喜欢深入浅出,在表达上贴近生活,将高度的哲学理性思维通过富于时代敏感性的话语吸引受众。"① 这就是说,社会主义核心价值体系要达到武装群众头脑的目的,得到人民群众的自觉认同,就要贴近实际、面向群众,将其由政治话语转化为大众话语。理论工作者必须从大众化的要求出发,在文字的表述上力求简明扼要,用易于为群众所理解的语言概括表述社会主义核心价值观的内容,把复杂的理论转化为生活的道理,努力把它转化为广大群众的价值取向、愿望要求和自觉行为。

(四) 加强马克思主义理论人才队伍建设,掌握多样化社会思潮的引领主导权

理论工作是具有独特规律的创造性的精神劳动。作为精神产物,理论源自实践,同时又具有自身相对的独立性。理论建设具有复杂性和创造性的特点,它主要以脑力支出代替体力消耗,需要思维材料和大量知识的储备,这就需要高素质的具备丰富科学文化知识的人去承担理论的创造和凝练工作。在这方面,知识分子和理论工作者起着不可替代的作用。马克思主义理论建设也是如此。马克思主义理论是精神的产物,是对工人阶级和劳动群众革命实践的经验总结。然而,马克思主义理论不可能在工人运动和人民群众的实践中自发产生,工人阶级和劳动群众革命实践中创造的经验还处于认识的感性阶段,它们固然是对工人运动和人民群众革命实践的某些真实的反映,但经验仅仅是片面和表面的东西,没有反映出其内在的本质规律。要完全反映出其内部的规律性,就需要具备丰富知识的马克思主义理论工作者对在工人阶级和劳动群众革命实践中创造的经验进行深入细致的理论创造工作,只有这样,才能把在实践中获得的经验上升到科学的理论形态,以指导工人运动和人民群众的革命实践。我们党历来重视知

---

① 敖带芽、陈伟、李萍:《三十年来我国意识形态表达方式创新研究》,《科学社会主义》2008 年第 1 期。

识分子在革命与建设中的重要作用。在革命与建设的过程中，知识分子起到了创新和发展马克思主义理论的重要作用。

用社会主义核心价值观引领多样化社会思潮是当前我国思想文化领域的一项重要工作，需要抓紧马克思主义理论建设队伍的培养。当前应按照党中央的战略部署，在进一步深化"四个一批"人才培养工程建设中，加强马克思主义队伍建设工作，着力造就一批学贯中西，享誉中外的马克思主义理论大家，一批政治方向正确、理论功底扎实、勇于开拓创新、善于联系实际的马克思主义学科带头人，一批中青年马克思主义理论研究和教学骨干。加强马克思主义理论人才队伍建设，还必须把"尊重知识，尊重人才，尊重劳动，尊重创造"的方针真正落到实处，坚持"二为"方向和"双百"方针，使广大理论工作者自觉地把学术研究与社会责任统一起来，加强思想修养，打牢学问基础，提高研究水平，潜心钻研，严谨治学，为丰富和发展马克思主义做出新的贡献。只有这样，才能在复杂的意识形态领域的斗争中，确保意识形态领域的指导权、主动权、话语权掌握在忠于党、忠于人民、忠于马克思主义的人手中。

四 坚决抵制和批判错误思潮

毛泽东曾经指出："马克思主义也是在斗争中发展起来的。马克思主义在开始的时候受过种种打击，被认为是毒草。现在它在世界上的许多地方还在继续受打击，还被认为是毒草。在社会主义国家里，马克思主义的地位不同了，但是就是在社会主义国家，还是有非马克思主义的思想存在，也有反马克思主义的思想存在。"[①] "马克思主义必须在斗争中才能发展，不但过去是这样，现在是这样，将来也必然还是这样。正确的东西总是在同错误的东西作斗争的过程中发展起来的。真的、善的、美的东西总是在同假的、恶的、丑的东西相比较而存在，相斗争而发展的。当某一种错误的东西被人类普遍地抛弃，某一种真理被人类普遍地接受的时候，更加新的真理又在同新的错误意见作斗争。这种斗争永远不会完结。这是真理发展的规律，当然也是马克思主义发展的规律。"[②] 当前，我国正处在改

---

① 《毛泽东著作选读》（下册），人民出版社1986年版，第784页。
② 同上书，第785页。

革发展的关键时期，我们在意识形态领域高扬马克思主义、社会主义主旋律的同时，也出现了形形色色、各种各样的社会思潮。在众多社会思潮中，各种反马克思主义、反社会主义的错误思潮对我国社会主义事业发展的有害影响不容忽视。正如江泽民所说："违反马克思主义的错误的落后的思想观念，尽管是支流，也必须认真对待。如果任其发展，就会造成极大的社会危害。有些错误思潮的滋生蔓延，往往就是始于我们对支流的忽视，最后不得不用很大力气去解决。"① 因此，"在事关政治方向和根本原则的问题上，我们一定要旗帜鲜明，理直气壮，毫不含糊。"② 这就要求我们，面对错误思潮，绝不能退缩乃至任其蔓延滋长，必须积极主动地同其展开旗帜鲜明的思想斗争。社会主义核心价值观只有在同各种非马克思主义尤其是反马克思主义的错误思潮的斗争中，才能充分发挥出巨大的引领功能，不断提高引领社会思潮的能力。

（一）当前对我国社会影响较大的几种错误思潮及其危害

党的十六届六中全会通过的《中共中央关于构建社会主义和谐社会若干重大问题的决定》提出：坚持以社会主义核心价值体系引领社会思潮，尊重差异，包容多样，最大限度地形成社会思想共识。社会思潮是对社会存在的具体反映，是一定时期内反映一定阶级、阶层或不同社会群体利益要求，并得到广泛传播，对社会生活产生较大影响的思想潮流。从社会思潮的性质和作用来看，在当代社会思潮中，既有与主流意识形态方向相一致的正确思潮，也有与主流意识形态方向相背离的错误思潮。正确的社会思潮能够对我国社会发展和主流意识形态建设起到积极的推动作用，错误的社会思潮则会对我国社会发展和主流意识形态建设起到消极的阻碍作用。当前对我国社会影响极大、危害也较严重的错误思潮主要有：新自由主义思潮、民主社会主义思潮、历史虚无主义思潮、文化保守主义儒化思潮等。这些错误思潮尽管观点、主张各异，却在根本之点上有着共同与相通之处。主要表现在以下几个方面：

首先，它们有着共同的反马克思主义、反社会主义的政治目的。这几股思潮虽然侧重点有所不同，但都是反马克思主义、反社会主义的错误思

---

① 《江泽民文选》第3卷，人民出版社2006年版，第82页。
② 同上书，第88页。

潮，是对四项基本原则的根本背离，其实质是要使中国"脱离社会主义的轨道，脱离党的领导"①。其中，新自由主义侧重于从经济领域反对马克思主义、社会主义。其主张是："鼓吹全盘私有化，污蔑公有制是万恶之源，广为散布和实际推进私有化、自由化、非调控化和完全的市场化，企图改变中国公有制为主体的基本经济制度，建立起完全西方式的基本经济制度，彻底瓦解国家经济的防卫能力，全面摧毁其经济的竞争力，变中国为西方国家的经济附庸。"②

民主社会主义侧重于从政治思想领域反对马克思主义、社会主义。其主要政治观点是：反对马克思主义的阶级斗争学说，主张阶级调和、阶级合作；反对无产阶级专政，主张取消共产党的领导，实行议会民主、多党制和总统制，强调政治多元化。历史虚无主义侧重于从历史方面反对马克思主义和社会主义。历史虚无主义借口"重新评价"历史，否定近现代以来的一切革命，反对社会主义制度，攻击和诬蔑中国共产党，给领袖人物抹黑。这股社会思潮的政治倾向十分鲜明，其目的是要通过否定共产党执政的历史必然性和合法地位，消解或取代马克思主义指导地位，从而达到改变社会主义制度，实现"全盘西化"的目的。对此，有学者曾明确指出："历史虚无主义的要害在于否定社会主义根本制度和发展道路。历史虚无主义的危害在于通过否定、丑化历史，摧毁我国坚持四项基本原则的历史依据。"③ 文化保守主义儒化思潮则主要从文化方面反对马克思主义和社会主义。以"新儒家"自命的"儒化"论者打着弘扬传统文化和复兴儒学的旗号，把中国现实中出现的各种问题归因于马克思列宁主义取代了儒家的地位，极力主张"用儒学取代马列主义"、"立儒教为国教"、"儒化共产党"、"儒化社会"，其目的是要"儒化中国"，改变马克思主义在我们国家的指导地位和中国人民对社会主义道路的选择。

其次，它们有着共同的唯心主义哲学基础。唯物史观是马克思两大发现之一。唯物史观发现了人类社会发展的运动规律，为我们正确认识自然和社会现象、正确认识社会历史发展规律提供了科学的世界观和方法论。与马克思主义的唯物史观相反，这几种思潮均坚持一种唯心主义的历史

---

① 《邓小平文选》第2卷，人民出版社1994年版，第390页。
② 张晓红：《加强对当代中国社会思潮的研究》，《湖北社会科学》2005年第12期。
③ 梅荣政：《用马克思主义引领社会思潮》，武汉大学出版社2008年版，第200页。

观。如新自由主义从唯心主义抽象人性论的历史观出发，在经济上主张全盘私有化，在政治上坚持自由至上，在价值观上主张极端的个人主义和利己主义。民主社会主义的理论基础是资产阶级唯心主义的抽象人道主义历史观。它从抽象的道德原则出发，把社会主义仅仅看作是一种追求的价值目标，而不是具体的现实的运动。历史虚无主义无视历史的客观存在，以自己的主观价值尺度随意涂改历史，歪曲历史，魔化历史，背离了最起码的客观性标准，是唯心主义的典型表现。文化保守主义儒化思潮从唯心主义立场出发，坚持文化决定论、心性本体论、道德决定论、抽象人性论，主张儒学是最高精神实体、"行上本源"的"神圣天道"，可以解决中国的一切，对马克思主义采取了批判、否定和魔化的态度。

最后，它们都有着强烈的意识形态功能。在阶级社会里，社会思潮不可避免地带有某种政治倾向性，它总是代表一定阶级、阶层的利益。新自由主义、民主社会主义、历史虚无主义都是资产阶级的意识形态，它们的具体社会功能尽管不尽相同，但归根结底均是为资产阶级统治服务的。当代中国的新自由主义思潮是以西方资产阶级自由主义思想为理论武装，以全盘西化为目标的反社会主义思潮，它们的根本目的是要改变中国的社会主义制度，全面引进西方的资本主义制度。民主社会主义属于资本主义的思想体系，是资本主义的一种改良主义思潮，其实质是走资本主义道路，民主社会主义在二战后逐渐向右转的事实充分证明了这一点。历史虚无主义要求回归到"以英美为师"的文明主流去，反对中国所选择的社会主义发展方向。因而它们对共产党的领导、马克思主义为指导、公有制为主体、人民民主专政等一概予以否定。文化保守主义儒化思潮则把儒家学说当作一种宗教来复兴，甚至倡导把儒教定为国教，用儒家学说代替马克思主义成为指导国家政治生活的主导力量。其意识形态功能也是显而易见的。

上述思潮的共同特点尤其是共同的反马克思主义、反社会主义的政治诉求使它们之间的联系日益紧密，彼此之间的呼应、甚至贯通日益加强，成为影响和干扰我国改革开放和社会主义现代化建设的主要社会思潮。其危害性主要表现在：一是这些思潮所提出的观点和主张从理论上是根本错误的，且具有诱惑性，甚至是隐蔽性，这就在很大程度上扰乱了人们的思想意识和价值观念；二是这些思潮反马克思主义、反社会主义的政治倾向对我国坚持走中国特色社会主义道路，促进中国特色社会主义事业的繁荣发展极为有害。它们在政治上要求取消共产党的领导和人民民主专政，经济上要求废除公有制的主体、多种所有制经济共同发展的基本经济制度，思想上要求取消马克思主义指导地位。其观点是与科学社会主义根本对立的；三是这些思潮在一定程度和范围内影响了社会的稳定和社会主义市场经济发展的正常秩序。这些思潮的代表人物往往具有强烈干预社会生活的愿望，热衷于政治活动和理论观点上的宣传鼓动，给我国构建社会主义和谐社会、坚持和完善社会主义市场经济体制带来了挑战与威胁。正是基于此，党的十七届四中全会提出，加强党的建设的一项重要任务就是要做好"加强党的意识形态工作和思想政治工作，引导党员、干部增强政治敏锐性和政治鉴别力，筑牢思想防线，自觉划清马克思主义同反马克思主义的界限，社会主义公有制为主体、多种所有制经济共同发展的基本经济制度同私有化和单一公有制的界限，中国特色社会主义民主同西方资本主义民主的界限，社会主义思想文化同封建主义、资本主义腐朽思想文化的界限，坚决抵制各种错误思想影响，始终保持立场坚定、头脑清醒。"① 当前，在我国深入建设社会主义核心价值观的思想文化背景下，坚持以马克思主义的基本立场、观点和阶级分析方法对这些错误思潮进行认真研究，帮助人们从根本上认清其实质与危害，并同其划清思想界限，对我们坚持马克思主义，树立和坚定中国特色社会主义共同理想，不断推进中国特色社会主义事业的健康发展无疑具有十分重要的意义。

（二）我国社会各种错误思潮产生的根源与背景

马克思曾经指出："在不同的占有形式上，在社会生存条件上，耸立着由各种不同的、表现独特的情感、幻想、思想方式和人生观构成的整个上层建筑。"② 作为一种思想潮流、精神形态和社会意识，错误思潮和其他社会思潮一样具有其自身产生发展的社会历史背景和深刻的经济、政治、思想文化条件。社会思潮产生的经济条件是一个社会发展阶段的生产力水平和与此相应的生产关系、经济制度的性质等。社会的转型、生产关系的深刻调整和经济体制的巨大变革，尤其是多种所有制经济形式的存在和发

---

① 《中共中央关于加强和改进新形势下党的建设若干重大问题的决定》，人民出版社 2009 年版，第 13 页。

② 《马克思恩格斯选集》第 1 卷，人民出版社 1995 年版，第 611 页。

展为各种社会思潮的产生提供了经济根源;产生的政治条件在于社会思潮尤其是政治思潮总是与一定政治势力的形成和出现,政治团体和政治组织的形成、活动及解体、政治运动的形成和发展密切相关,它代表了一定阶级、阶层、政治组织和团体的利益愿望和政治诉求;产生的思想文化条件在于任何社会思潮都有其深刻的思想渊源,不仅有当下的思想文化条件,也有其过去的思想理论背景。既受国内传统文化的熏陶,又不乏外来文化的浸染。此外,各种错误思潮在当代中国的产生与传播也是与复杂的国际背景、我国改革开放及社会主义市场经济深入发展的国内环境和网络信息技术的迅速发展分不开的。

第一,从国际上看,我国社会各种错误思潮的产生是全球化趋势不断加强和西方资本主义国家向我国进行意识形态渗透的结果。随着全球化的日益深入,西方资本主义国家加紧了对我国进行意识形态方面的渗透,而且组织会越来越周密,渗透的手法也会更加多样化。其中最主要的手段就是将西方各种社会思想理论和思潮通过各种途径深入我国,从思想意识、价值观念等方面影响人们,从而达到不战而胜的政治企图。从根本上说,我国社会存在的新自由主义、民主社会主义、历史虚无主义等主要错误思潮均是西方思想观念和各种社会思潮直接影响的结果。如,新自由主义思潮是以西方资产阶级自由主义思想为理论武装,以全盘西化为目标的反社会主义思潮,其目的是要根本改变我们国家的根本制度,全面引进资本主义制度。民主社会主义思潮也是欧洲社会主党的民主社会主义思想理论在当代中国渗透和传播的结果。"历史虚无主义"作为一股思潮,是20世纪80年代以后诞生的。最早在苏联改革进程中出现了否定苏联社会主义历史的虚无主义思潮,而后这种风行一时的政治思潮又传播和蔓延到中国。

第二,从国内来看,我国社会各种错误思潮的产生也是由于改革开放以来我国经济体制发生深刻变革、社会结构深刻变动、利益格局深刻调整和人们生活方式、思想观念深刻变化的结果。十七大报告深刻指出,改革开放是决定当代中国命运的关键抉择,是发展中国特色社会主义、实现中华民族伟大复兴的必由之路。实行改革开放在很大程度上解放了人们的思想,使人们的创新意识、民主意识、平等意识、竞争意识等观念不断增强,同时也使西方价值观和各种思潮乘虚而入,使各种反映剥削阶级腐朽思想以及消极颓废生活方式的非马克思主义社会思潮滋生和泛滥。尤其是改革开放过程中,随着社会主义市场经济体制的建立,我国所有制结构从单一的公有制转变为以公有制为主体、多种所有制经济共同发展，与之相适应，意识形态领域出现了马克思主义一元主导和多种社会思潮并存的复杂局面。我国所进行的改革本身就是利益格局的调整过程，经济体制和社会结构的深刻变动必然带来我国社会利益格局的深刻调整，使利益主体结构逐渐呈现出多元化的发展趋势，并出现严重的利益分化现象。严重的利益分化导致不同利益群体的矛盾加剧，致使人们原有的利益归属、价值意识、价值判断受到很大冲击，思想发生波动，进而引发社会热点，形成纷繁复杂的社会思潮。特别是进入改革发展的关键阶段，我国思想文化领域发生了深刻变化，随着人们思想观念、道德意识、价值取向的日趋多元、多变和多样，社会思潮也随之趋向活跃。

（三）加强对错误思潮的分析与研判，增强人们抵御、克服错误思潮的能力

鉴于错误思潮尤其是反马克思主义的社会思潮给人们思想行为所带来的巨大危害，当前马克思主义理论工作者的一个重要任务就是要坚持以马克思主义理论为指导，对各种错误思潮进行深度的分析和研判，从而增强人们抵御、克服错误思潮的能力。首先，应深入研究和回答同社会主义核心价值体系建设与培育社会主义核心价值观密切相关的六个重大问题，即为什么要坚持马克思主义在意识形态领域的指导地位而不能搞指导思想的多元化，为什么要坚持中国特色社会主义而不能搞资本主义，为什么要坚持公有制为主体、多种所有制经济共同发展的基本经济制度而不能搞私有化或"纯而又纯"的公有制，为什么要坚持人民代表大会制度而不能搞"三权分立"，为什么要坚持中国共产党领导的多党合作和政治协商制度而不能搞西方的多党制，为什么要坚持改革开放不动摇而不能走回头路等问题。通过对这些重大理论问题的研究和回答，澄清人们在认识上的错误，最大限度地统一思想、形成共识。其次，应加强对社会思潮的研究和前瞻性预测，最大限度地防止错误思潮的出现。要认真分析当前我国社会矛盾有关方面的变化，揭示当前主要社会思潮形成和传播的经济、政治、文化根源和社会基础，预知可能出现的不良思潮。要引导人们透过社会思潮的表象看清其实质，明辨是非，洞察真伪。同时，要从总体上对各种错误社会思潮之间的相互联系，在一定条件下的相互转化等问题进行分析，使学生能够充分了解和把握各种社会思潮运动变化的规律。当前，尤其是要做

好新自由主义、民主社会主义、历史虚无主义、文化保守主义儒化思潮等对社会影响较大的社会思潮的分析和批判工作，用马克思主义的立场、观点、方法去考察这些思潮产生的根源、危害及其同其他社会思潮的关系，从而使人们认清这些错误思潮的实质，增强自身抵御、克服错误思潮的能力。最后，教育人们掌握和运用马克思主义的立场、观点和方法，提高理性、科学地批判各类错误思潮的能力，自觉抵制和反对错误思想和思潮。

（四）加强对社会思潮传播的控制与管理，严防错误思潮的滋生与蔓延

社会思潮具有传播性特点。社会思潮反映的是一定阶级、阶层和社会群体的利益、要求和愿望，若没有这一根源，社会思潮就不会产生。因此，社会思潮一经形成，就必然会以自己特有的途径和方式在一定的人群中进行传播。社会思潮的传播有两种基本的形式，即人际传播和大众传播。随着科学技术的发展和传播媒介的日益发达和普及，大众传播的影响越来越大，日益成为社会思潮传播的重要方式。大众传播媒介主要是指报纸、杂志、广播、电视、网络等，这些传播媒介在信息传播方面具有速度快、范围广、影响大等特点，马克思就曾称赞过自由的出版物"无所不及，无处不在，无所不知。它是从真正的现实中不断涌出而又以累增的精神财富汹涌澎湃地流回现实去的思想世界。"[①] 大众传播媒介既是先进思想文化传播的重要载体，同时也是错误思潮滋生与蔓延的重要途径和场所。因此，要防止错误思潮的滋生与蔓延，一方面要加强对大众传播媒介和传播内容的控制和管理，牢牢把握正确舆论导向，营造积极健康的舆论环境；另一方面也要加强对传播者和受众的控制和管理。在传播中，传播者是传播过程中的信息采集者、制作者、把关者，传播者的政治信仰、政治素质和理论水平直接关系到传播内容的科学、正确与否。因此，要防止错误思潮的传播与蔓延，就必须对传播者进行政治把关，使那些具有很高道德信誉、坚定社会主义理想信念和具备扎实马克思主义理论功底的人担负起信息传播的主要职责。此外，受众是传播过程中信息的接收者，是产生传播效果的重要因素和关键环节。必须加强对受众心理活动过程及其规律的研究，并引导其认清错误思潮的性质、特点及其危害，从而抵制并消除

[①]《马克思恩格斯全集》第1卷，人民出版社1956年版，第75页。

错误思潮对人们思想上的有害影响。这样才能有效控制错误思潮的传播与蔓延，使其危害降到最低点。

（五）把解决群众思想问题和实际问题相结合，为抵制错误思潮奠定坚实的思想和群众基础

社会思潮具有群体性。所谓群体性是指社会思潮不是个别人或为数不多的人的一些反映，而是以一定的利益要求为基础、以特定的群体为其主体的，在相当大的范围内产生了社会影响的思想潮流。这就是说，任何一种社会思潮都有其广泛的群众心理基础和社会舆论基础，都会在它所代表的这些特定的利益群体及相关利益群体中进行流传，产生影响。因此，要有效抵制错误思潮，消除错误思潮对人们思想上的影响，就要着重从两方面入手：

一是有针对性地加强对群众的思想引导和心理疏导，解决他们思想上的种种疑虑和困惑，铲除错误思潮产生的社会心理基础。一定的思想认识总是同一定的社会现实联系在一起的。当前我国正处在改革发展的关键阶段，一些深层社会矛盾和问题显露，使人们思想认识问题也相对地增多起来，其中有些认识问题就积聚成为影响局部甚至全局的社会思潮。然而，解决思想认识问题不能靠强制的办法，"企图用行政命令的方法，用强制的方法解决思想问题，是非问题，不但没有效力，而且是有害的。"思想认识问题重在交流疏导，"只能用民主的方法去解决，只能用讨论的方法、批评的方法、说服教育的方法去解决"[1]。这就要求我们，对思想认识问题，要加强有针对性的引导，对于那些不正确的思想、观点和意见要给以客观的分析、解释、教育和批评，对于那些事关政治方向、事关重大原则的问题，则必须旗帜鲜明，分清是非。通过思想认识问题的正确解决引导广大群众正视改革开放中所面临的矛盾和困难，引导人们历史地、唯物地、辩证地认清矛盾和问题的深层原因，帮助人们认清各种错误思潮的实质与危害，增强自身抵御、克服错误思潮的能力。

二是切实解决民生问题，夯实抵制错误思潮的群众基础。一定的思想认识问题乃至社会思潮总是同一定的利益关系联系在一起的。当前所出现的各种错误思潮正是我国社会利益严重分化、不同利益群体矛盾加剧的结

---

[1] 《建国以来毛泽东文稿》第6册，中央文献出版社1992年版，第321—322页。

果。因此,要消除错误思潮对人们的影响,不仅要在社会上建立起利益表达机制和协调机制,还要切实解决好与人们利益和需要相关的实际问题。正如邓小平所说:"不重视物质利益,对少数先进分子可以,对广大群众不行,一段时间可以,长期不行。革命精神是非常宝贵的,没有革命精神就没有革命行动。但是,革命是在物质利益的基础上产生的,如果只讲牺牲精神,不讲物质利益,那就是唯心论。"[①] 当前,尤其是要解决好民生问题,要坚持以人为本,着力保障和改善民生,了解群众心声,倾听群众意见,关心群众疾苦,针对人民群众最关心、最直接、最现实的利益问题,做好就业、收入分配、社会保障、看病、子女上学、生态环境保护、安全生产、社会治安、食品医药安全等方面的工作,使人们充分感受到社会主义核心价值观的重大实践价值。通过民生问题的切实解决,使人们从思想上理解和认同党的主张,自觉接受社会主义核心价值观,不断夯实用社会主义核心价值观引领多样化社会思潮,并有效抵制错误思潮的群众基础。

---

① 《邓小平文选》第 2 卷,人民出版社 1994 年版,第 146 页。

主要参考文献

一 马克思主义经典著作及文献著作类

1. 《马克思恩格斯选集》第1—4卷，人民出版社1995年版。
2. 《马克思恩格斯选集》第1—4卷，人民出版社2012年版。
3. 《马克思恩格斯全集》第1、2、3、3、19、34、36、42卷，人民出版社1956、1957、1960、1995、1963、1972、1974、1979年版。
4. 《马克思恩格斯全集》第26卷（第1册），人民出版社1972年版。
5. 《马克思恩格斯文集》第1—8卷，人民出版社2009年版。
6. ［德］马克思：《资本论》第1卷，人民出版社1975年版。
7. 《列宁全集》第20、33、42、55卷，人民出版社1958、1985、1987、1990年版。
8. 《列宁选集》第1—4卷，人民出版社1995年版。
9. 《毛泽东选集》第1—4卷，人民出版社1991年版。
10. 《毛泽东文集》第2、6、7卷，人民出版社1993、1999年版。
11. 《毛泽东传（1949—1976）》（上），中央文献出版社2003年版。
12. 《毛泽东著作专题摘录》，人民出版社1964年版。
13. 《建国以来毛泽东文稿》第6册，中央文献出版社1992年版。
14. 《毛泽东著作选读》（下），人民出版社1986年版。
15. 《邓小平文选》第2卷，人民出版社1994年版。
16. 《邓小平文选》第3卷，人民出版社1993年版。
17. 《邓小平年谱（1975—1997）》（下），中央文献出版社2004年版。
18. 《周恩来选集》（下），人民出版社1984年版。
19. 《江泽民文选》第1—3卷，人民出版社2006年版。
20. 江泽民：《论党的建设》，中央文献出版社2001年版。

21. 江泽民：《论科学技术》，中央文献出版社2000年版。
22. 《江泽民论有中国特色社会主义（专题摘编）》，中央文献出版社2002年版。
23. 习近平：《习近平谈治国理政》，外文出版社2014年版。
24. 习近平：《之江新语》，浙江人民出版社2007年版。
25. 《习近平关于党的群众路线教育实践活动论述摘编》，党建读物出版社、中央文献出版社2014年版。
26. 《三中全会以来重要文献选编》（上），人民出版社1982年版。
27. 《十四大以来重要文献选编》（上），人民出版社1996年版。
28. 《十四大以来重要文献选编》（下），人民出版社1999年版。
29. 《十五大以来重要文献选编》（上），人民出版社2000年版。
30. 《十五大以来重要文献选编》（下），人民出版社2003年版。
31. 《十六大以来重要文献选编》（上），中央文献出版社2005年版。
32. 《十六大以来重要文献选编》（中），中央文献出版社2006年版。
33. 《十六大以来重要文献选编》（下），中央文献出版社2008年版。
34. 《十七大以来重要文献选编》（上），中央文献出版社2009年版。
35. 《十七大以来重要文献选编》（下），中央文献出版社2013年版。
36. 《十七大以来重要文献选编》（中），中央文献出版社2011年版。
37. 《十八大以来重要文献选编》（上），中央文献出版社2014年版。
38. 《十三大以来重要文献选编》（中），中央文献出版社1991年版。
39. 《十一届三中全会以来党和国家重要文献选编（一）》（1978年12月—1992年9月），中共中央党校出版社1998年版。
40. 《十一届三中全会以来党和国家重要文献选编（二）》（1992年10月—1997年9月），中共中央党校出版社1997年版。
41. 《建党以来重要文献选编（1921—1949）》第26册，中央文献出版社2011年版。
42. 《中国共产党第十六次全国代表大会文件汇编》，人民出版社2002年版。
43. 《"一大"前后：中国共产党第一次全国代表大会前后资料选编》（1），人民出版社1980年版。
44. 《中共中央文件选集》第1册，中共中央党校出版社1989年版。
45. 《中共中央文件选集》第8册，中共中央党校出版社1992年版。

46. 《毛泽东邓小平江泽民论思想政治工作》，学习出版社2000年版。
47. 《毛泽东邓小平江泽民论教育》，中央文献出版社2002年版。
48. 《中国共产党历史》第1卷（上册），中共党史出版社2011年版。
49. 中共中央宣传部理论局编写：《划清"四个重大界限"学习读本》，学习出版社2010年版。
50. 《中共中央关于完善社会主义市场经济体制若干问题的决定》辅导读本，人民出版社2003年版。
51. 《社会主义精神文明建设文献选编》，中央文献出版社1996年版。
52. 《中共中央关于加强和改进新形势下党的建设若干重大问题的决定》，人民出版社2009年版。
53. 《关于加强党的执政能力建设若干重要问题解读》，中共党史出版社2004年版。
54. 中共中央文献研究室编：《毛泽东邓小平江泽民论世界观人生观价值观》，人民出版社1997年版。
55. 中央文明办编：《社会主义精神文明建设概论》，人民出版社2005年版。
56. 硕士研究生思想政治理论课教学大纲《中国特色社会主义理论与实践研究》，高等教育出版社2012年版。
57. 袁贵仁：《价值学引论》，北京师范大学出版社1991年版。
58. 马俊峰：《马克思主义价值理论研究》，北京师范大学出版社2012年版。
59. 韩震：《社会主义核心价值观新论：引领社会文明前行的精神指南》，中国人民大学出版社2014年版。
60. 李德顺：《邓小平人民主体价值观思想研究》，北京出版社2004年版。
61. 王玉樑：《邓小平的价值观》，陕西人民出版社1995年版。
62. 梅荣政：《用马克思主义引领社会思潮》，武汉大学出版社2008年版。
63. 李从军：《价值体系的历史选择》，人民出版社2004年版。
64. 陈亚杰：《建设社会主义核心价值体系》，人民出版社2007年版。
65. 冯鹏志：《延伸的世界——网络化及其限制》，北京出版社1999年版。
66. 陈元晖等编：《老解放区教育资料（一）》，教育科学出版社1981年版。
67. 陈晋、王均伟：《毛泽东邓小平江泽民与中国先进文化》，广东教育出版社 2003 年版。
68. 舒新城：《中国近代教育史资料》（上），人民教育出版社 1961 年版。
69. 何东昌：《中华人民共和国重要教育文献（1949—1975）》，海南出版社 1998 年版。
70. 张平、覃志红、许卉等：《精神航标：弘扬培育民族精神与时代精神》，河北人民出版社 2008 年版。
71. 陈章龙、周莉：《价值观研究》，南京师范大学出版社 2004 年版。
72. 钟伦荣：《毛泽东的价值观》，湖南人民出版社 2008 年版。
73. 李斌雄：《中国共产党的价值观研究》，中国社会科学出版社 2003 年版。
74. 陈立思：《新世纪中国共产党人的世界观、人生观、价值观》，中央文献出版社 2001 年版。
75. 陈立思主编：《当代世界的思想政治教育》，中国人民大学出版社 1999 年版。
76. 王永贵等：《经济全球化与社会主义意识形态建设研究》，人民出版社 2005 年版。
77. 龚学增主编：《民族精神教育读本》，中共中央党校出版社 2003 年版。
78. 李秀林主编：《辩证唯物主义和历史唯物主义》，中国人民大学出版社 1995 年版。
79. 丁少锋、刘居安：《民族先进精神论》，中央编译局出版社 2004 年版。
80. 张耀灿、郑永廷、吴潜涛、骆郁廷等：《现代思想政治教育学》，人民出版社 2006 年版。
81. 余伯流、凌步机：《中央苏区史》，江西人民出版社 2001 年版。
82. 黄宏主编：《延安精神》，人民出版社 2005 年版。
83. ［美］约瑟夫·奈：《美国霸权的困惑：为什么美国不能独断专行》，世界知识出版社 2002 年版。

二　论文类

1. 江泽民：《关于教育问题的谈话》（2000 年 2 月 1 日），载《人民日报》2000 年 3 月 1 日第 1 版。
2. 《江泽民同志在中央纪委第四次全体会议上的讲话》（2000 年 1 月 14

日），载《新华月报》2000 年第 5 期。

3. 胡锦涛：《在纪念中国科协成立 50 周年大会上的讲话》，载《新华月报》2009 年第 2 期。

4. 胡锦涛：《在十七届中共中央政治局第 22 次集体学习时的讲话》（2010 年 7 月 23 日），载《人民日报》2010 年 7 月 24 日。

5. 习近平：《文化建设不能搞成"花架子"》，载《人民日报》2005 年 8 月 16 日第 10 版。

6. 《习近平在文艺工作座谈会上的讲话》，2014 年 10 月 15 日（http：//culture. people. com. cn/n/2014/1015/c22219 – 25842812. html）。

7. 本报评论员：《铸就灵魂 坚持马克思主义指导地位——二论全面准确理解社会主义核心价值体系》，载《人民日报》2006 年 12 月 22 日第 1 版。

8. 本报评论员：《打牢基础 践行社会主义荣辱观——五论全面准确理解社会主义核心价值体系》，载《人民日报》2006 年 12 月 25 日第 1 版。

9. 袁贵仁：《建设先进的文化和价值观》，载《学习时报》2001 年 12 月 24 日。

10. 李德顺：《论信仰》，载《光明日报》2000 年 3 月 21 日理论版。

11. 梅荣政：《坚持用马克思主义抵制错误思潮》，载《云南师范大学学报》（哲学社会科学版）2007 年第 6 期。

12. 周新城：《一些人鼓吹的"普世价值"实质上就是西方的价值》，载《光明日报》2008 年 9 月 16 日。

13. 田心铭：《"指导思想多元论"评析》，载《光明日报》2009 年 3 月 31 日第 3 版。

14. 张雷声：《论社会主义社会主流意识形态》，载《马克思主义研究》2008 年第 4 期。

15. 赵曜：《当代中国社会思潮透视》，载《中国特色社会主义研究》2002 年第 1 期。

16. 李崇富：《关于"普世价值"的几点看法》，载《马克思主义研究》2008 年第 9 期。

17. 刘书林：《"普世价值"问题出现的过程、原因及实质》，载《思想理论教育导刊》2008 年第 11 期。

18. 李醒民：《科学精神与人的价值》，载《自然辩证法研究》1998 年第

1 期。
19. 张晓红：《加强对当代中国社会思潮的研究》，载《湖北社会科学》2005 年第 12 期。
20. 敖带芽、陈伟、李萍：《三十年来我国意识形态表达方式创新研究》，载《科学社会主义》2008 年第 1 期。
21. 李鹏程：《建设社会主义核心价值体系的重要性和迫切性》，载《中国社会科学院院报》2007 年 2 月 15 日第 3 版。
22. 黄中平：《大力倡导"八荣八耻" 努力提高道德水准》，载《党课》2006 年第 5 期。
23. 胡线勤、赵元方：《警惕"精神贫困"》，载《人民日报》2002 年 8 月 27 日第 9 版。
24. 熊飞、郭秋光：《论部分大学生主流意识形态淡化的主要原因》，载《教学研究》2006 年第 2 期。
25. 唐凯麟：《论幸福——兼析享乐主义》，载《求索》1996 年第 3 期。
26. 徐波：《论群众性精神文明创建活动》，载《求索》1996 年第 6 期。
27. 齐学栋、崔凤恒：《精神文化生产探析》，载《北方论丛》1994 年第 3 期。
28. 戴舟：《深入开展群众性精神文明创建活动》，载《理论前沿》1996 年第 18 期。
29. 韦庆儿：《论抗战文化及其对中国社会之影响》，载《桂海论丛》2006 年第 1 期。
30. 陈建新：《论科学技术对精神文明建设的推动作用——学习邓小平科技思想》，载《华南理工大学学报》（社会科学版）1998 年试刊。
31. 李栋、杨道宇：《让国民教育走向国民性教育》，载《理论界》2014 第 1 期。
32. 张振元：《现代国民教育体系初探》，载《吉林工程技术师范学院学报》（教育研究版）2003 年第 7 期。
33. 钱民辉：《中国高等教育体制改革为何总是处在两难之中》，载《清华大学教育研究》2013 年第 5 期。
34. 乔新生：《庸俗低俗媚俗浅析》，载《青年记者》2010 年第 34 期。
35. 崔志胜：《注重人文关怀建设社会主义核心价值体系》，载《光明日报》2008 年 10 月 7 日第 9 版。

36. 崔志胜：《爱国主义在构建社会主义和谐社会中的价值意蕴》，载《学术论坛》2007年第9期。
37. 崔志胜：《社会主义核心价值体系的语义逻辑与结构分析》，载《求实》2009年第9期。
38. 崔志胜：《试析社会主义核心价值体系的有效传播路径》，载《学校党建与思想教育》2011年第3期。
39. 崔志胜：《推进社会主义核心价值体系大众化的思想文化条件分析》，载《北华大学学报》（社会科学版）2011年第3期。
40. 崔志胜：《错误思潮的危害本质及源头防控——兼论提高社会主义核心价值体系引领能力》，载《求实》2012年第4期。
41. 崔志胜：《用社会主义核心价值体系引领多样化社会思潮》，载《吉首大学学报》（社会科学版）2012年第1期。
42. 崔志胜：《建设社会主义核心价值体系必须抵制错误思潮》，载《江西师范大学学报》（哲学社会科学版）2012年第3期。
43. 崔志胜：《中国共产党探索先进文化的历史进程与基本经验》，载《社科纵横》2013年第11期。
44. 崔志胜：《网络文化传播与社会主义核心价值体系大众化的实现》，载《江汉大学学报》2014年第1期。
45. 崔志胜：《社会主义核心价值体系融入精神文明建设全过程的基本途径分析》，载《江苏第二师范学院学报》（社会科学版）2014年第1期。
46. 赵翠琢、崔志胜：《社会主义核心价值观融入大学生网络思想政治教育的方法与途径分析》，载《湖北科技学院学报》2015年第5期。
47. 赵翠琢、崔志胜：《论培育社会主义核心价值观的思想文化动因》，载《长江论坛》2015年第2期。
48. 宋萌荣：《科学社会主义的核心价值与人的全面发展》，载《当代世界与社会主义》2007年第4期。
49. 王玉萍：《改革开放以来马克思主义信仰研究综述》，载《江西师范大学学报》（哲学社会科学版）2009年第3期。
50. 刘梅：《加强信仰教育应正确认识和理解的几个问题》，载《思想理论教育导刊》2002年第8期。
51. 赫广霖：《传统文化与当代精神文明建设》，载《西南民族大学学报》（人文社科版）2004年第1期。

52. 陈国庆、蔡礼程：《传统文化与精神文明建设》，载《西北大学学报》（哲学社会科学版）2000 年第 1 期。
53. 张建国：《邓小平精神文明建设思想的传统文化渊源》，载《河南师范大学学报》（哲学社会科学版）2006 年第 3 期。
54. 张国宏：《多元文化背景下精神文明建设的路径选择》，载《中共山西省委党校学报》2008 年第 1 期。
55. 廖小平：《改革开放以来我国价值观变迁的基本特征和主要原因》，载《科学社会主义》2006 年第 1 期。
56. 唐勤：《简论江泽民对社会主义精神文明建设理论的新贡献》，载《湖北社会科学》2002 年第 12 期。
57. 李春明、王桂林：《精神文明建设规律运用机制的探讨》，载《山东大学学报》（哲学社会科学版）2003 年第 2 期。
58. 朱金高：《精神文明建设之学术原则论》，载《社会主义研究》2005 年第 5 期。
59. 孔维军：《列宁晚年的"文化革命"观及其对我们的启示》，载《当代世界社会主义问题》2000 年第 4 期。
60. 吴元梁：《论精神系统和精神文明建设》，载《中国社会科学》2002 年第 4 期。
61. 张文生：《全球化视野下的精神文明建设》，载《延安大学学报》（社会科学版）2001 年第 2 期。
62. 钟建华：《社会心理在精神文明建设中的作用》，载《求索》2012 年第 1 期。
63. 曹典顺：《社会主义核心价值体系融入精神文明建设的三个核心问题》，载《道德与文明》2012 年第 6 期。
64. 周晔：《社会主义精神文明建设与素质教育》，载《北京青年政治学院学报》2011 年第 3 期。
65. 葛晨虹：《荣辱观建设是道德力量的基本保证》，载《道德与文明》2006 年第 3 期。
66. 刘建军：《多维视野中的马克思主义指导思想》，载《思想政治教育研究》2013 年第 4 期。
67. 乔彦国：《历史虚无主义的危害及其批判》，载《南京政治学院学报》2013 年第 4 期。

68. 王心月：《马克思主义大众化的当代特点》，载《东北师范大学学报》（哲学社会科学版）2013 年第 4 期。

69. 王军魁：《马克思主义自由观的历史考察》，载《中共福建省委党校学报》2013 年第 8 期。

70. 《社会主义核心价值观与公民道德建设：新路径·新举措·新载体》，载《道德与文明》2015 年第 2 期。

71. 《论意识形态主导话语权的变革——科学发展观统领思想政治教育话语体系创新的方法论阈》，载《马克思主义研究》2013 年第 3 期。

72. 吴琼、纪淑云：《马克思主义大众化语境中的思想政治教育话语变革》，载《求实》2010 年第 10 期。

73. 葛海燕：《思想政治工作必须坚持以人为本》，载《光明日报》2004 年 1 月 21 日。

74. 黄蓉生、白显良：《马克思主义大众化与大学生社会主义核心价值体系教育》，载《马克思主义研究》2010 年第 2 期。

75. 祝军：《社会主义核心价值体系融入国民教育的传播学思考》，载《学校党建与思想教育》2013 年第 7 期。

76. 舒新、林建华：《列宁的国民教育思想述论》，载《当代世界与社会主义》2003 年第 2 期。

77. 李忠全：《试论延安时期精神文明建设的历史经验》，载《人文杂志》1998 第 3 期。

78. 陈晋：《从农村文化到苏区文化——革命家毛泽东的文化探索》，载《湖湘论坛》2002 年第 2 期。

79. 张静如、唐正芒：《抗战文化与中国先进文化的前进方向》，载《求索》2003 年第 3 期。

80. 宋紫、谭献民：《论中国共产党领导文化建设的规律》，载《湖南师范大学社会科学学报》2004 年第 5 期。

81. 李方祥：《略论延安整风运动研究中的几个重大是非问题》，载《思想理论教育导刊》2012 年第 7 期。

82. 王莹：《关于精神文化产品的哲学思考》，载《学术探索》2012 年第 8 期。

83. 荣跃明：《马克思哲学视域中的文化生产》，载《毛泽东邓小平理论研究》2007 年第 1 期。

84. 荣跃明：《论文化生产的价值形态及其特征》，载《社会科学》2009 年第 10 期。

85. 刘建军：《论思想政治教育的科学化》，载《教学研究》2011 年第 3 期。

86. 刘宇、秦小兵：《论现代社会的价值虚无主义及其扬弃》，载《江汉论坛》2015 年第 4 期。

87. 石书臣：《时代化：思想政治教育创新发展的新课题》，载《高校理论战线》2011 年第 4 期。

88. 王凌彬：《论传统文化在现代思想政治教育中的价值》，载《学习论坛》2003 年第 9 期。

89. 曲洪志：《我国传统文化是思想政治教育的重要资源》，载《山东社会科学》2006 年第 4 期。

90. 张祥浩、石开斌：《中国传统文化与思想政治教育的创新》，载《东南大学学报》（哲学社会科学版）2008 年第 5 期。

91. 孙代尧、何海根：《马克思恩格斯的文化观及其当代价值》，载《理论学刊》2011 年第 7 期。

92. 宋元林：《论网络思想政治教育的本质、现状及其有效运用》，载《毛泽东邓小平理论研究》2008 年第 7 期。

93. 迟成勇、吴锦旗：《论中国传统文化与大学生思想政治教育》，载《北京青年政治学院学报》2008 年第 3 期。

94. 杨涛：《"官本位"是大学功利化的根源》，新华网 2007 年 9 月 10 日（http：//news.xinhuanet.com/comments/2007 - 09/10/content_ 6691984.htm）。

95. 赵蓓蓓：《治学术不端，须改变功利的评价体系——访教育部科技发展中心主任李志民》，人民网 2014 年 10 月 21 日（http：//politics.people.com.cn/n/2014/1021/c1001 - 25872911.html）。

96. 《历史传统文化对官员的功利主义价值观的影响》，张家界在线 2014 年 11 月 26 日（http：//www.zjjzx.cn/news/zjjplsz/574619.html）。

后 记

"实现中国梦，是物质文明和精神文明比翼双飞的发展过程。"（2014年习近平语）这句话可谓一语中的，道出了精神文明建设对于实现中华民族的伟大复兴和推进中国特色社会主义事业的发展所具有的战略性意义。尤其是在当前提出建设社会主义文化强国战略目标、大力培育和践行社会主义核心价值观的深刻背景下，如何将社会主义核心价值观融入精神文明建设之中，实现社会主义核心价值观与精神文明建设之间的良性互动就成为摆在我们面前一个亟待解决的紧迫而又非常重要的任务。这也是本书写作的一个主要背景和目的所在。本书的写作始终围绕社会主义核心价值观融入精神文明建设这条主线，阐述了与该问题相关的一些重大的理论和实际问题，提出了一些科学、合理化的建议，以期为我国的精神文明建设事业提供一定的理论参考和借鉴，为中国梦的实现贡献自己的一份绵薄之力。在本书的写作过程中查阅了大量与主题相关的文献资料，并在一定程度上吸收了学界同仁已有的一些成果。凡参考和借鉴的文献资料或他人已有成果，在文中均做了详细注释，并在参考文献中列出。尽管我为本书的写作付出了艰辛的努力，但由于能力有限，难免对一些问题的理解存在偏颇之处，文中如有不当之处，敬请各位同仁和专家学者批评指正，我将以百倍的诚意虚心接受大家提出的各种建议，来完善自己的书稿，提高自己认识问题、分析问题的能力。

在书稿即将出版之即，我要感谢为书稿的顺利完成给予我极大帮助和指导的所有人。感谢中国社会科学出版社的田文老师，在书稿的编辑、校对和出版方面给予的大力支持。感谢我在马克思主义学院的同事、研究生在本书的写作过程中所给予的热情的帮助和提出的宝贵意见。此外，还要感谢我的妻子为保证我按时完成本书的写作任务而给予的支持和做出的无私奉献。

崔志胜

2015年9月于河南大学